Laurence GRARD-GUENARD
avec la participation de Virginie GOVOROFF-REGNAULT

mes galops 1 à 4

PROGRAMME OFFICIEL

Je monte à poney

APPRENDRE, COMPRENDRE ET S'EXERCER… EN S'AMUSANT !

amphora
27 rue Saint-André des Arts - 75006 PARIS

Mise en page : www.alphastudiocom.com
Dessins : Laurence Grard-Guenard © Éditions Amphora
Photos intérieures : Madame et Monsieur Stern et Virginie Govoroff-Regnault © Éditions Amphora
Imprimé en Europe par Sagrafic
Plaza Urquinaona, n° 14-7°, 3a – 08010 Barcelona

ISBN : 978-285180-820-2

Sommaire

Introduction 5

Galop 1

① Connaissances
Qu'est-ce qu'un poney ? 19

② Soins
Nettoyer et préparer mon poney pour la séance 31

③ Équitation
Stabilité et équilibre 55

Galop 2

① Connaissances
Qui est mon poney ? 79

② Soins
Préparer mon poney tout seul 97

③ Équitation
Confiance et dynamisme 121

Galop 3

① Connaissances
Mieux communiquer avec mon poney 143

② Soins
Vérifier que mon poney va bien
en le préparant et en le ramenant 165

③ Équitation
Contrôle de la vitesse et de la direction 179

Galop 4

① Connaissances
Perfectionner mes connaissances
sur la vie quotidienne de mon poney 205

② Soins
Préparer et protéger mon poney 227

③ Équitation
Être autonome aux trois allures,
sur le plat, à l'obstacle, et en extérieur 249

Introduction

①
Présentation d'un poney-club 6

②
Le matériel du cavalier 10

③
Les séances 14

1 Présentation d'un poney-club

Le poney-club est le lieu idéal pour que tu puisses monter à poney :

- il y a des poneys de toutes les tailles pour s'adapter à la tienne au fur et à mesure que tu vas grandir ;
- les poneys de club sont généralement faciles à approcher et gentils à monter ;
- le manège est un lieu fermé, adapté et sécurisé ;
- le moniteur diplômé est la personne compétente pour te donner des conseils et t'aider à débuter et à te perfectionner.

La taille des poneys se mesure au garrot (la bosse au début du dos) : taille A plus petit que 1,07 m ; taille B entre 1,08 m et 1,30 m ; taille C entre 1,31 m et 1,40 m ; taille D entre 1,41 m et 1,51 m. E, ce sont les chevaux.

Retrouve la taille des quatre poneys en reliant les points :

A • • Celui qui tire la langue.
B • • Celui qui regarde à droite.
C • • Celui qui cache sa tête.
D • • Celui qui a la flèche sur le garrot.

Réponses :
A, il regarde à droite ;
B, il cache sa tête ;
C, il tire la langue ;
D, il a une flèche sur le garrot.

Les différents lieux

Quand tu arriveras au poney-club, tu verras plusieurs endroits différents. L'endroit où vivent les poneys et celui où ils sont montés sont ceux que l'on voit en premier, mais il y a aussi :

- **L'accueil :** c'est un bureau où tes parents t'inscrivent pour l'année scolaire, les stages pendant les vacances, ou encore les animations les dimanches ou jours de fête.
- **Les écuries :** là, vivent les poneys, ils peuvent être en box, stalle ou stabulation. Généralement les poneys vivent à plusieurs et sont en stabulation libre. Il arrive aussi que pendant certaines périodes, ils vivent dehors, au pré.
- **L'aire de préparation :** c'est ici que tu attacheras ton poney pour le nettoyer, mais aussi le préparer pour la séance, mettre la selle, le filet, des protections. C'est aussi là que tu reviendras après la séance pour déshabiller ton poney et prendre soin de lui.

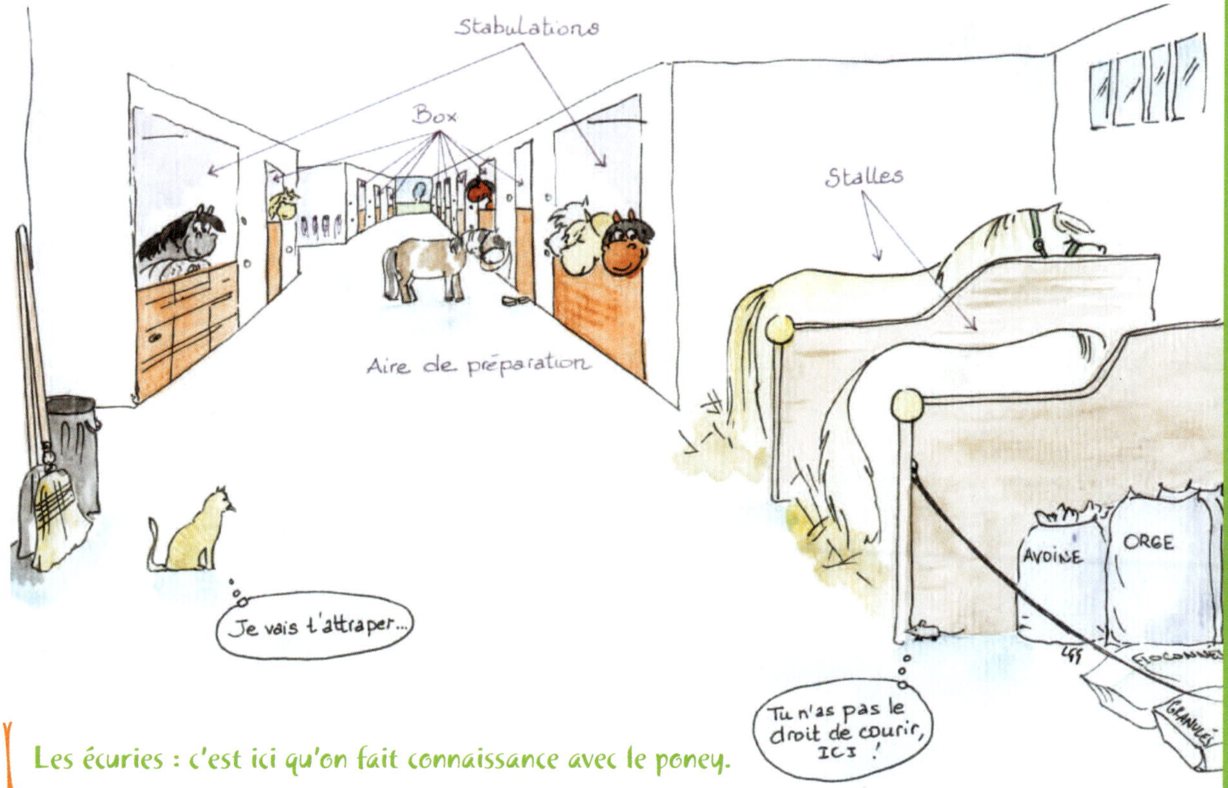

Les écuries : c'est ici qu'on fait connaissance avec le poney.

> **La sellerie :** ton moniteur te montrera où tu peux trouver tout le matériel de ton poney, et il faudra reconnaître sa place pour le ranger après la séance grâce à un numéro, une couleur, au nom du poney ou à sa photo. C'est souvent dans la sellerie, où se trouvent les selles et les filets, que ton moniteur te dira quel poney tu montes. Même si tu es très content d'être là et pressé de savoir, n'oublie pas de dire "bonjour" en arrivant.

> **Le manège et la carrière :** ce sont des endroits où les poneys sont montés et "travaillent". Ils sont totalement fermés afin que les poneys ne puissent pas en sortir. Le sol est en sable. Le manège est à l'abri avec des murs et un toit, et la carrière est à l'extérieur sous le soleil... ou la pluie.

> **Le rond de longe :** est rond et sert à faire travailler les chevaux à la longe.

> **Le club-house :** c'est une petite salle décorée où il est de coutume de se réunir pour manger les gâteaux. Les cavaliers doivent en faire à chaque chute de poney. C'est là aussi que tu feras les séances de travail sur la théorie lors des stages.

> **La tribune :** elle se trouve à côté du manège ou de la carrière. Tes parents doivent pouvoir s'y asseoir pour assister à ton cours s'ils le souhaitent.

Retrouve les différentes activités et le lieu de travail en les reliant.

Promenade •	• Extérieur
Horse-ball •	• Terrain de cross avec obstacles naturels
Voltige •	• Carrière de dressage (sans obstacles)
Saut d'obstacles •	• Carrière avec paniers pour marquer des buts
Attelage •	• Rond de longe
Pony-games •	• Extérieur
Amazone •	• Carrière d'obstacles
Cross •	• Manège

Réponses : rends-toi page 27
pour les découvrir.

2 Le matériel du cavalier

Pour monter à poney, il faut que tu adoptes une tenue confortable et pratique.

- En été : un jogging ou un pantalon souple en coton seront très bien pour commencer. Il faut éviter les pantalons avec de grosses coutures à l'intérieur des jambes comme les "jeans", car ces coutures provoquent des frottements qui irritent la peau.
- En hiver : les gants sont indispensables mais ils doivent être spéciaux, avec des petits picots, afin que tes rênes ne glissent pas de tes mains. N'oublie pas un blouson chaud et plusieurs paires de chaussettes épaisses.

En hiver, ce sont surtout aux mains et aux pieds que tu risques d'avoir froid. Tu pourras retirer ton manteau dès que tu seras échauffé, mais n'oublie ni des gants chauds ni plusieurs paires de chaussettes.

Il faut éviter les tenues inadaptées.

- Les shorts qui ne protègent pas des frottements.
- Les jupes et les longs manteaux qui gênent lorsque tu t'assois à califourchon sur la selle.
- Les ficelles des pulls ou des blousons qui s'accrochent partout.
- Les imperméables qui claquent ou les coupe-vents qui bruissent, ils peuvent inquiéter le poney.
- Les tongs.

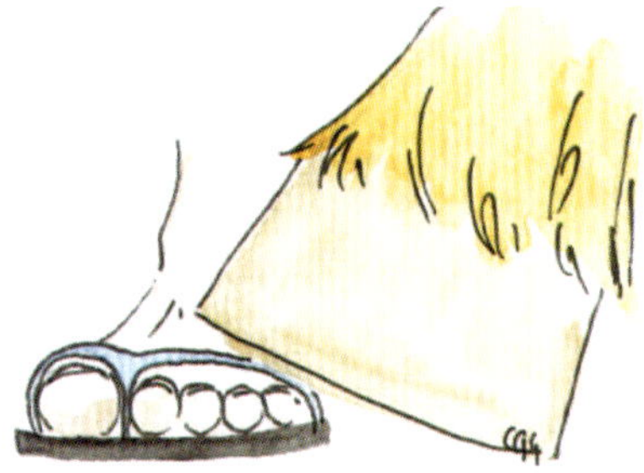

Protège tes pieds en mettant des chaussures fermées quand tu viens voir les poneys.

Le matériel équestre : il est là pour te protéger.

- **Protéger ta tête :** le poney-club peut te prêter une "bombe" ou un casque à ta taille, mais c'est mieux d'avoir le tien pour des raisons de propreté. Il doit être adapté à l'équitation, ce n'est pas le même casque que pour faire du vélo.
- **Protéger ton mollet du pincement de l'étrivière :** les bottes ou les mini-chaps.
- **Libérer ton pied de l'étrier :** si tu utilises des étriers, il te faudra des chaussures avec un petit talon comme les bottes d'équitation en caoutchouc ou les bottines, mais pas les baskets.
- **S'il n'y a pas d'étriers les premières années** où tu montes à poney, tu pourras venir en baskets.
- **Le vrai pantalon d'équitation :** il est confortable et sans coutures gênantes, il possède un petit renfort au niveau du genou qui frotte sur la selle.
- **Protéger tes mains :** la tenue de certaines rênes en caoutchouc ou avec des arrêtoirs peut te faire mal aux mains. Il existe des gants d'équitation dans lesquels les rênes ne glissent pas, et qui peuvent t'éviter d'avoir des cloques.

La bombe, les bottes et le pantalon sont à changer souvent quand tu vas grandir.

La bombe doit être adaptée à ta taille : trop petite elle risque de te donner mal à la tête, trop grande elle tombera sur ton nez en te faisant mal, et en plus, tu ne verras rien. Il faut la changer au fur et à mesure que tu grandis.

Tu peux choisir des bottes ou des bottines et des mini-chaps. Quand ton pied grandit, il n'y a que la bottine à changer et les mini-chaps peuvent durer plusieurs années contrairement aux bottes.

Comme tu as besoin de voir ce que tu fais, attache tes cheveux avant de mettre ta bombe. Fais une attache basse en dehors de la bombe. Si tu mets un nœud trop haut, le casque va te compresser la tête.

Si tu montes sans étriers, tu verras que les baskets sont plus pratiques que les bottes qui peuvent tomber du pied lors des secousses du trot.

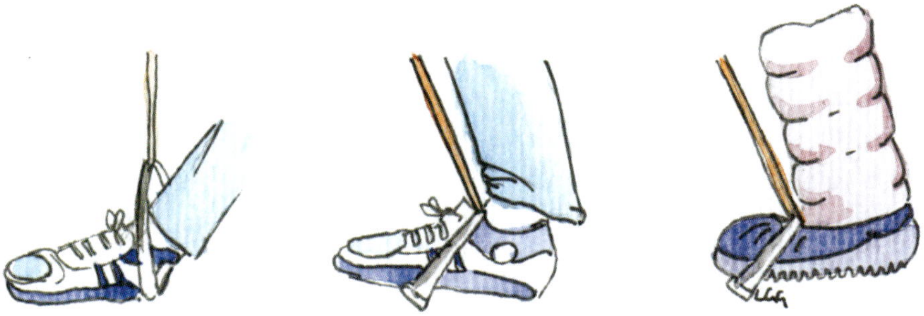

Si tu as des étriers, ne mets pas de baskets, car ton pied peut glisser entièrement dans l'étrier et rester coincé.
La languette peut aussi s'accrocher et te causer des soucis.
C'est la même chose avec la coque des grosses bottes de neige, qui ne sont pas du tout adaptées aux étriers.

Il existe aussi du matériel pour t'aider à communiquer avec ton poney.

- La cravache : ton moniteur t'apprendra comment la tenir, comment t'en servir et quand. Choisis-la avec une vraie poignée qui s'élargit vers le haut. Fais un test : ne mets pas la dragonne et vérifie qu'elle ne glisse pas de tes doigts trop facilement s'ils ne sont pas serrés.
- Les éperons : c'est ton enseignant qui te donnera le feu vert pour en mettre car ils sont réservés à des cavaliers déjà confirmés qui ne risquent pas de piquer le poney par erreur avec des jambes qui bougent dans tous les sens.

Une cravache correcte doit être ni trop grande, ni trop petite, ni trop large, ni trop lourde. La poignée est surmontée d'un pommeau qui permet de la garder facilement en main, même sans la dragonne.

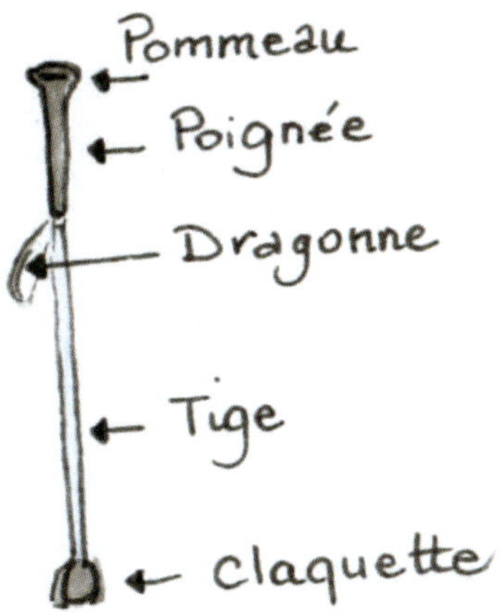

Les cravaches sans pommeau glissent de la main. Les cravaches trop légères et souples ne servent à rien, les poignées trop épaisses sont impossibles à tenir correctement.

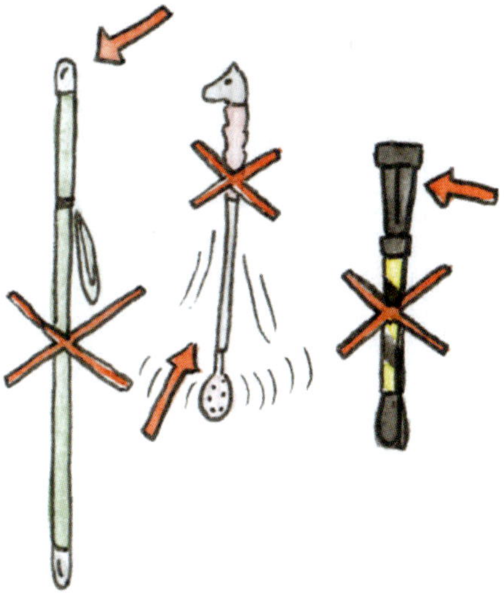

3 Les séances

Une fois par semaine

Le rythme d'une séance par semaine est un bon rythme pour progresser. Tu es dans un groupe du même âge et du même niveau que toi. Tu te feras très facilement des copains que tu verras toutes les semaines, le même jour à la même heure. Si tu manques un cours, ton moniteur te proposera alors un autre cours dans un autre groupe pour le rattraper.

Le stage d'une journée

Le stage est l'idéal pour passer du temps avec les poneys et voir comment ils vivent pendant toute une journée : tu participeras sans doute à la distribution de nourriture le midi, avant d'aller manger. Le stage permet aussi de préparer les examens des galops car il y a du temps pour aborder la théorie et les soins. C'est aussi un excellent moyen de découvrir une autre activité, comme la voltige ou le horse-ball, car les cavaliers montent plusieurs fois dans la même journée et ne font pas deux fois la même chose.

Le stage d'une semaine

Il y a deux formules, soit tu rentres chez toi tous les soirs, soit tu restes sur place pendant une semaine. Dans les deux cas, tu retrouves toute la semaine le même groupe avec une véritable ambiance de vacances. Le stage d'une semaine permet de monter des poneys différents et de progresser très rapidement dans tous les domaines.

Les animations

Les poneys-clubs proposent des animations certains dimanches ou jours de fête. Pour ceux qui ne font pas de stages, c'est l'occasion de découvrir d'autres activités. Les places sont souvent limitées, il faut donc s'inscrire rapidement.

> La promenade joint l'utile à l'agréable. Tu découvres la nature tout en perfectionnant ton équilibre (montée et descente qu'il n'y a pas dans le manège) et la maîtrise de ton poney. Les promenades peuvent aussi être l'occasion de faire un pique-nique.

- La randonnée est une grande promenade sur plusieurs jours où les poneys et les cavaliers dorment lors des étapes. Ton poney et toi devenez de vrais compagnons de route.
- Les concours où chaque cavalier essaie d'être le meilleur. Il existe des concours "maison", avec uniquement les cavaliers de ton poney-club, ou des vrais concours avec d'autres cavaliers d'autres clubs. Il y a des parcours pour tous les niveaux de cavaliers, et c'est normalement ton moniteur qui te propose l'épreuve dans laquelle tu as des chances de réussir.
- Autres activités : attelage, voltige, pony-games, equifun, trek... sont des disciplines que tu découvriras dans la partie Galop 1.

La chute équestre

Les chutes sont fréquentes dans la pratique d'un sport. La perte d'équilibre du pratiquant est la première cause de chute : à vélo, sur la poutre, en roller, en équitation…
Le poney n'est donc pas responsable de toutes les chutes et il n'est pas utile de s'en prendre à lui.

Il y a encore bien d'autres sports à risques comme le ski, le parachutisme, le rafting, le parapente, la plongée...

Le poney se déplace et le cavalier doit apprendre à se lier à ses mouvements. Si le cavalier se bloque, il ne peut pas suivre le poney et risque l'inconfort ou la chute. La force centrifuge qui s'exerce dans les courbes avec la vitesse est aussi fortement déstabilisante.
Les chutes peuvent être impressionnantes, mais la plupart du temps elles sont sans gravité grâce au sable qui sert d'amortisseur : petites écorchures ou bleus, dont il faudra quand même prendre soin.

Les chutes sont aussi l'occasion de réunir les enfants autour d'un gâteau qui sert de "gage".

Les cours sans étriers permettent de mieux maîtriser l'équilibre, d'apprendre à se stabiliser en toute occasion et de moins tomber. Il ne faut pas les fuir, ils sont très utiles dans la prévention des chutes.
Pour les cours d'obstacles ou les sorties en extérieurs, il est possible de porter, en plus du casque obligatoire, un gilet "spécial équitation" qui permet de protéger le dos et la colonne vertébrale.

Gilet de protection

Prends un gilet à ta taille : s'il est trop grand il va buter contre la selle et t'empêcher de t'asseoir correctement et il va pousser ta bombe vers l'avant.

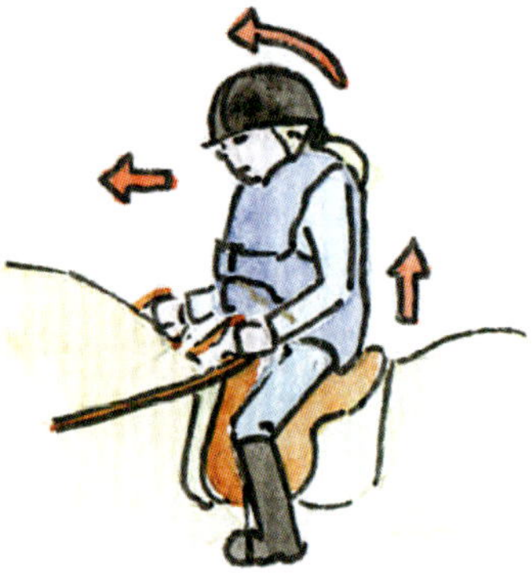

PARENTS

En cas de chute de votre enfant, ne paniquez pas. La chute peut être tout à fait anodine jusqu'à ce que votre enfant croise votre regard paniqué. Dans ce cas, vous allez lui transmettre votre inquiétude même s'il n'a rien. N'intervenez pas sauf si l'enseignant vous le demande. Si vous êtes naturellement stressés, assistez aux cours de loin ou pas du tout.

Les chutes sont souvent sans gravité, ne communiquez pas votre peur à votre enfant.

Par contre, ne négligez pas les conséquences d'une chute (peur ou douleur) et faites un suivi les jours suivants. Donnez ces informations aux moniteurs car il en a absolument besoin pour accompagner au mieux votre enfant lors de ses prochaines séances.

Enfin, les chutes à répétition dans les cours de débutants ne sont pas normales (cavalerie mal dressée, élève-moniteur laissé seul au lieu d'être encadré, chiens divagants autorisés...). Pensez à changer de club !

1 Qu'est-ce qu'un poney ?

1 Faire attention avec les poneys : les règles de sécurité 20

2 Décrire ton poney : parties principales, robes 21

3 Où vit-il ? L'hébergement 26

4 Qu'est-il capable de faire ? Les différentes activités 27

1 Faire attention avec les poneys

Les règles de sécurité

Il y a quelques règles et consignes à respecter dès que tu rentres dans le poney-club.

- Ne pas crier auprès des poneys, même si tu as peur, cela leur fait peur.
- Ne pas courir autour des poneys, cela les excite et les agace, ils risquent de bouger, de te bousculer ou même de ruer.
- Prévenir le poney avant de s'approcher de lui, en lui parlant, pour qu'il ne soit pas surpris.
- Ne pas faire de gestes brusques, car, comme les cris, ils rendent le poney peureux.
- Ne pas mettre ses pieds sous ceux des poneys, ça fait très mal.
- Ne pas rester juste derrière le poney, car il ne te voit pas et risque d'être surpris quand tu vas bouger.
- Bien attacher son casque avant de monter.
- Avoir des bottes avec des petits talons, pour que les pieds ne glissent pas dans les étriers.
- Ne pas tendre les doigts vers la bouche de son poney, il pourrait les croquer comme des carottes et ça fait aussi très mal.
- Ne pas laisser les rênes par terre, ton poney ou toi pourriez vous prendre les pieds dedans et tomber ou casser les rênes.
- Ne pas lâcher le poney quand on le déplace en main.
- Ne pas jouer avec la cravache ou l'agiter près des poneys, cela les effraie.
- Écouter le moniteur : il connaît chaque poney et son caractère et il pourra t'aider en cas de problème.

Si tu es trop joyeux et brusque, tu vas effrayer ton poney.

2 Décrire ton poney

Les parties principales

Pour t'expliquer comment t'occuper de ton poney, ton moniteur va te parler des différentes parties de son corps : "Attention au garrot", "Brosse aussi les postérieurs", "Caresse-le sur l'encolure", "Touche ses oreilles"...

Le poney est divisé en trois parties :

- celle où tu es assis : le corps du poney ;
- devant toi : l'avant-main ;
- derrière toi : l'arrière-main.

Un des endroits fragiles du poney est la petite bosse en bas de l'encolure : le garrot.

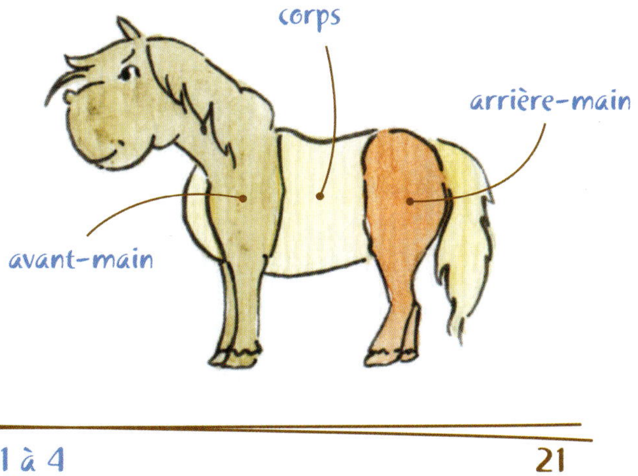

Le poney n'a pas de pattes, on dit qu'il a des jambes, comme nous !

Les différentes parties de son corps sont faciles à connaître car ce sont souvent les mêmes que nous :

- Le cheval n'a pas de pattes, mais des jambes et des pieds.
- Il n'a pas un museau, mais un nez.
- Il n'a pas une gueule comme le chien ou le chat, mais une bouche et des lèvres.

Les robes de base

Il faut bien faire la différence entre les poils qui sont sur le corps du poney, et ses crins qui forment sa crinière et sa queue.

La robe c'est la couleur des poils et des crins.

On appelle "robes" la couleur du poney. Il existe sept robes de base :

Les deux robes les plus courantes sont "A & B" : alezan et bai.

- **Alezan :** cela veut dire marron et comprend toutes les nuances. Le "palomino" est particulièrement joli avec sa couleur claire et ses crins blonds. Il y a aussi la couleur "café au lait."
- **Noir :** si le poney est presque tout noir avec quelques traces de marrons aux articulations, on dit qu'il est "noir pangaré".
- **Bai :** les jambes, la queue et la crinière sont noires, tandis que le corps est d'une autre couleur comme l'alezan, le doré (on dit alors robe <u>isabelle</u>) ou le gris (qu'on appelle <u>souris</u>).
- **Blanc :** ils ont les yeux foncés et sont très rares.
- **Crème :** ils ont les yeux clairs, souvent bleus, et le poil crème.
- **Gris :** c'est un mélange de poils et crins, blancs et noirs. La robe peut être uniforme ou pas et s'éclaircit avec le temps. Quand il y a des taches qui ressemblent à des nuages gris, on dit que le poney est "gris pommelé".
- **Chocolat :** c'est un marron très foncé, pas tout à fait noir.

Facile à retenir, les trois robes qui n'ont pas la couleur : noir, gris et blanc.

La robe "souris" désigne un poney gris avec les crins noirs et le bas des jambes noir.

Pour retenir les robes restantes, il suffit de penser à des choses que tu peux aimer : chocolat, crème, café au lait, Isabelle...

Les pies

Les poneys sont souvent noirs, alezans, bais mais aussi "pie". La robe "pie" signifie que le poney a des grosses taches blanches et colorées. Il faut donc préciser la couleur qui se partage avec le blanc :

- pie-alezan ;
- pie-noir ;
- pie-bai ;
- …

Pour un poney noir et blanc, S'il y a plus de blanc, on dit pie-noir, s'il y a plus de noir, on dit noir-pie.

La robe "pie" signifie que le poney a des grosses taches blanches, comme les pies. Ici, c'est un pie-alezan.

LES RACES, LES TAILLES ET L'ÂGE

Les plus petits poneys sont les shetlands, c'est avec eux que tu vas débuter si tu commences à monter très tôt. Ils ressemblent à de grosses peluches. Ensuite tu passeras sur des poneys un peu plus grands.

Dans les clubs, il y a des poneys de toutes les tailles pour s'adapter à la tienne quand tu vas grandir. L'important pour toi, c'est que le moniteur les a choisis pour leur gentillesse avec les cavaliers.

Les grands poneys ressemblent à de petits chevaux, on les appelle aussi "doubles-poneys".

Les plus grands poneys sont aussi appelés "doubles-poneys".

Le terme "double-poney" n'est pourtant pas adapté puisqu'un poney à deux têtes et à huit jambes, ça n'existe pas.

L'âge des poneys ne dépend pas de leur taille.

Galop 1

Connaissances

3 Où vit-il ? L'hébergement

Les poneys aiment vivre ensemble. L'hébergement qui leur convient le mieux, surtout aux plus petits, ce sont les stabulations libres : il s'agit d'un enclos avec de la paille, où ils peuvent circuler, boire, manger, se coucher, à leur guise.
Les plus grands poneys vivent seuls dans un box, qui est plus petit qu'une stabulation. Ils peuvent manger, boire, se coucher, mais ils peuvent moins circuler.
La stalle est encore plus petite. Comme elle n'est pas fermée, le poney est attaché en permanence au mur. La stalle n'est pas très pratique pour aborder un poney, car tu arrives par derrière. Généralement, cet hébergement est utilisé pour les chevaux, pas pour les poneys, et devient de plus en plus rare.
Selon les périodes de l'année, les poneys peuvent vivre à l'extérieur, au pré ou dans un paddock (plus petit qu'un pré).

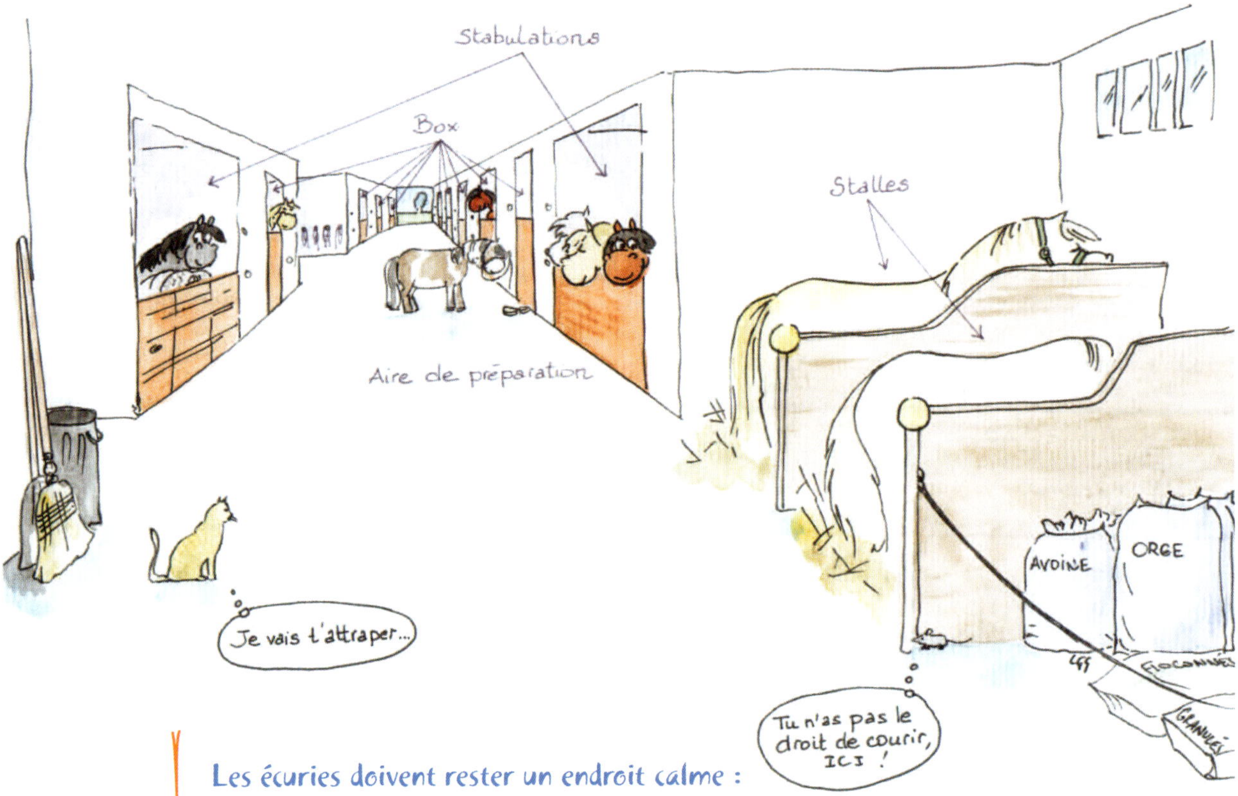

Les écuries doivent rester un endroit calme : tu ne dois pas courir, ni crier, ni jouer.

4 Qu'est-il capable de faire ? Les différentes activités

Certains dimanches ou pour des fêtes spéciales de Noël ou de fin d'année, ton moniteur peut te proposer des animations. En fait, il s'agit souvent de pratiquer, sous forme de jeux, des activités que tu ne fais pas en cours.

Ce que tu pourras faire avec ton poney :

- **Le horse-ball :** un jeu de ballon à poney et par équipe.
- **Le pony-games :** des jeux d'équipes avec des piquets, des drapeaux, des tasses... à déplacer sur des lignes.
- **La promenade ou randonnée en extérieur**, ce qui permet de découvrir la nature.
- **La voltige :** faire des figures de gymnastique sur un poney longé, à différentes allures.
- **L'attelage :** conduire un poney qui tire une voiture où tu es assis.
- **Les concours de sauts d'obstacles :** un parcours d'obstacles numérotés.
- **Le trek, équifun ou gymkhana :** ce sont des parcours d'embûches qui mélangent des sauts, des slaloms et des figures dans un ordre précis.

Il existe également d'autres disciplines que tu connaîtras peut-être plus tard :

- Le dressage : enchaîner des figures dans un ordre établi.
- L'endurance : parcourir beaucoup de kilomètres en ménageant sa monture.
- Le hunter : parcours de sauts d'obstacles où le travail doit être bien fait car il est noté.
- Le cross : sauter des obstacles naturels et fixes sur un terrain en herbe.
- Etc.

Intérêts

Savoir qu'il existe différentes disciplines, c'est bien. Mais si tu as l'occasion de découvrir l'une d'elle, surtout n'hésite pas ! Chaque expérience à poney t'apportera des bénéfices dans ta façon de monter. Tu peux par exemple apprendre à galoper sur un poney de voltige, à t'équilibrer en ramassant le ballon de horse-ball, découvrir la vitesse en jouant au pony-games, affiner la communication avec le poney grâce à l'attelage... Il se peut même que tu découvres une discipline qui te plaise vraiment et que tu pourras pratiquer régulièrement.

LES DISCIPLINES OLYMPIQUES

Il existe trois disciplines olympiques :

- le dressage ;
- le saut d'obstacles ;
- le complet : une épreuve de dressage, une épreuve de saut d'obstacles, une épreuve de cross.

FONCTIONNEMENT DE LA FFE : LES PRINCIPAUX ÉVÉNEMENTS

La Fédération Française d'Équitation a pour mission d'encourager la pratique de l'équitation. Pour cela, elle organise différentes manifestations sportives ou de loisirs comme :

- la journée nationale du cheval ;
- la journée nationale de l'attelage de loisir ;
- l'équirando et l'équirando junior ;
- la semaine du développement durable ;
- les championnats de France poneys et clubs ;
- et bien sûr, des concours de hauts niveaux.

2 Nettoyer et préparer mon poney pour la séance

1
Chercher mon poney : identifier ses expressions et l'aborder, mettre le licol et l'attacher 32

2
Nettoyer mon poney : le matériel de pansage et comment l'utiliser 40

3
Aller à ma séance : emmener mon poney au manège 45

4
Ranger le matériel après ma séance : enlever le filet et la selle, rentrer le poney au box, les friandises 47

1 Chercher mon poney

Le poney ! C'est pour lui que tu es venu.
Prends le temps de faire connaissance avec lui, à pied avant la séance.

Identifier ses expressions et l'aborder

En arrivant au poney-club, ton moniteur te donnera le nom du poney que tu vas monter. Au début, lui, ou un cavalier confirmé, t'aidera sûrement à le préparer.
Les box et les stabulations ont généralement des pancartes qui indiquent quels poneys se trouvent à l'intérieur. Il faudra donc commencer par repérer où habite ton poney.
Si tu as ta bombe et ta cravache à la main, pose-les quelque part où tu les retrouveras, et prends un licol pour ton poney.

Avant d'ouvrir la porte du box ou de la stabulation, ton poney doit être tourné vers toi. Commence par le prévenir en l'appelant. Selon sa réaction, tu pourras t'approcher ou te faire aider.

> S'il pointe ses oreilles vers toi avec un air curieux, ou s'il relève la tête en te regardant gentiment et avec confiance, tu pourras ouvrir, entrer et approcher dans le calme tout en lui parlant. Une fois à ses côtés, pour en faire ton ami, caresse-le sur l'encolure. C'est seulement après que tu pourras lui mettre le licol.

> S'il relève la tête brusquement en mettant ses oreilles en arrière, et parfois en pinçant son nez, il faut te méfier et demander de l'aide. Observe bien comment la personne fait.

> Si le poney fait soudain demi-tour pour te montrer les fesses quand tu rentres dans son box, ressors dans le calme, et demande de l'aide.

Observe les oreilles de ton poney pour savoir s'il est de bonne humeur.

Pour aborder ton poney, approche-toi de son épaule gauche en lui parlant et en lui laissant sentir ta main ou le licol. Évite de t'approcher de face, et n'approche surtout pas par derrière sans prévenir.

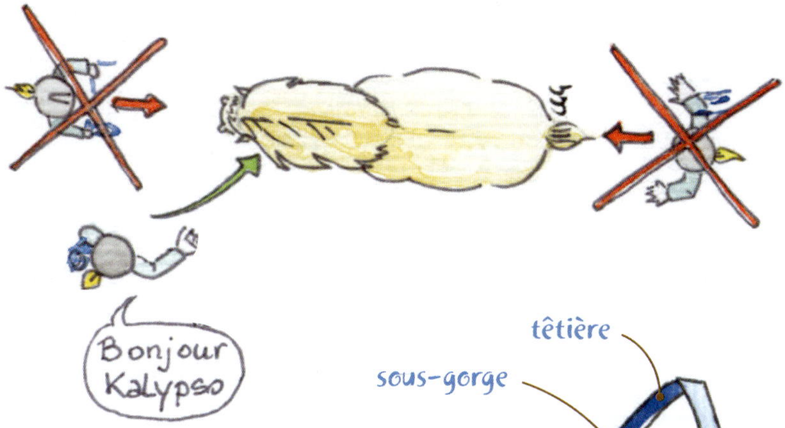

Mettre le licol

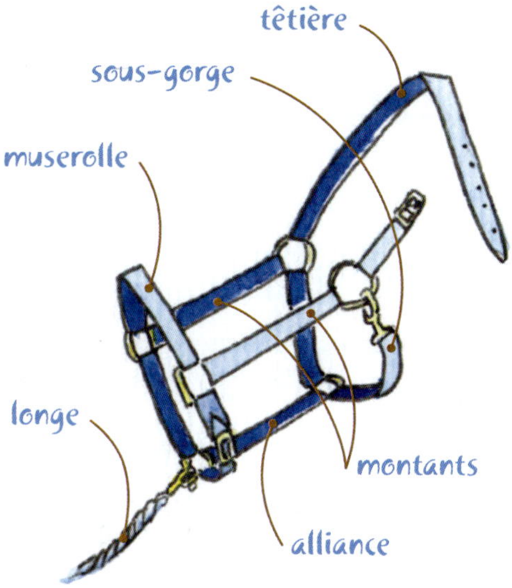

Les différentes parties du licol

Mettre le licol sur la tête du poney n'est vraiment pas facile au début, alors ne t'inquiète pas si tu n'y arrives pas, et n'hésite pas à demander de l'aide à un autre cavalier.

À gauche, un licol bien mis. À droite, le licol est sur les yeux et ne passe pas derrière les oreilles... il est à l'envers.

LA LONGE SUR L'ENCOLURE

Une fois que tu as abordé ton poney, pose la longe du licol sur son encolure, tu seras plus à l'aise pour lui enfiler le licol, et elle ne traînera pas par terre.

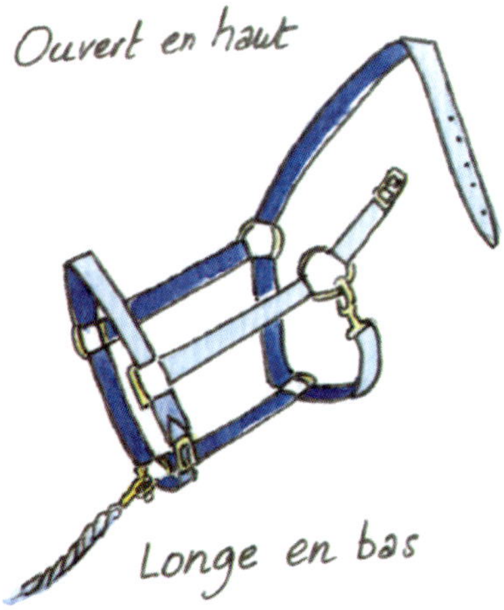

Commence par trouver le sens du licol :
le côté ouvert doit être en haut,
et la longe doit pendre vers le bas.

Glisse le licol autour du nez en suivant la flèche. Termine en attachant la boucle derrière ses oreilles.

Si c'est très difficile, tu peux faire une première étape en mettant le licol en collier de chien, c'est-à-dire, juste autour de l'encolure du poney, sans passer le bout du nez. Dans ce cas, il faut serrer davantage quand tu fermes le licol.

Ferme le licol autour de l'encolure de ton poney, comme si c'était un collier.

Le licol en collier de chien signifie qu'il est attaché seulement autour de l'encolure.

LE NEZ DANS LA PAILLE

Quand tu vas chercher un poney dans sa maison, il est souvent en train de manger sa paille et il se préoccupe assez peu de toi. Pour lui relever la tête, tu peux attraper les crins de son toupet, ça ne lui fait pas mal comme nos cheveux. Ensuite il faut être rapide pour mettre le licol car il va replonger tout de suite son nez !
Si tu es rusé et adroit, tu peux t'accroupir et glisser le licol autour du nez pendant qu'il mange. Fais bien attention à ne pas marcher sur la longe pour ne pas bloquer tes mouvements.

On peut aussi procéder en plusieurs étapes : mettre le licol en collier de chien. Et une fois le poney sorti de son box ou de sa stabulation, mettre le licol correctement autour de son nez.

Pour mettre le licol en collier de chien, prends le licol par le haut dans la main gauche. Entoure l'encolure du poney avec tes bras, comme si tu lui faisais un gros câlin. Quand tes deux mains se rejoignent, sépare le licol en prenant la partie sans boucle avec ta main droite. Puis ramène les mains vers toi pour attacher le licol autour de l'encolure.

Pour remettre le licol autour du nez de ton poney, détache le licol sans lâcher la partie qui est dans ta main droite. Lâche la boucle avec ta main gauche et prends la muserolle, fais passer le nez du poney dedans, et boucle à nouveau le licol.

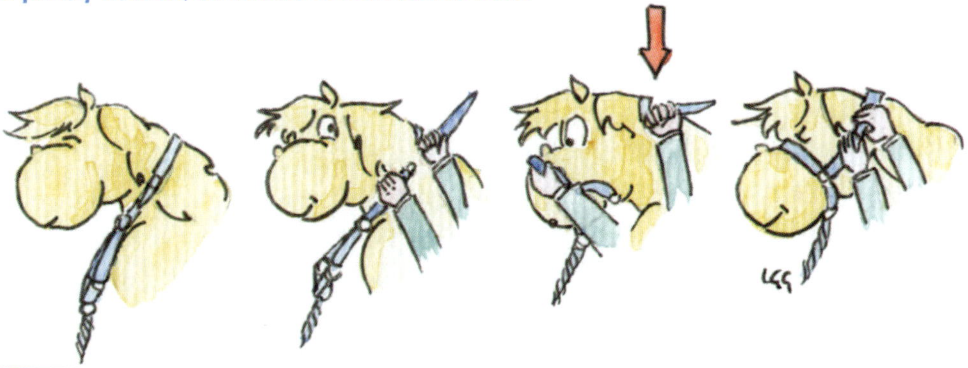

Galop 1 · Soins

Attacher

Une fois que le licol est mis, tiens la longe en laissant de la distance pour que ton poney te suive. En effet, c'est lui qui doit être derrière toi, et pas l'inverse. Si la longe est longue, prends-la avec les deux mains.

Quand tu promènes ton chien, celui-ci est plutôt devant toi.
Ton poney, lui, doit être derrière toi, mais il ne faut pas que tu te retournes pour le regarder : il doit te suivre.

N'enroule pas la longe autour de tes doigts ou de ton poignet.
Si le poney décidait de t'emmener malgré toi, tu dois pouvoir tout lâcher.

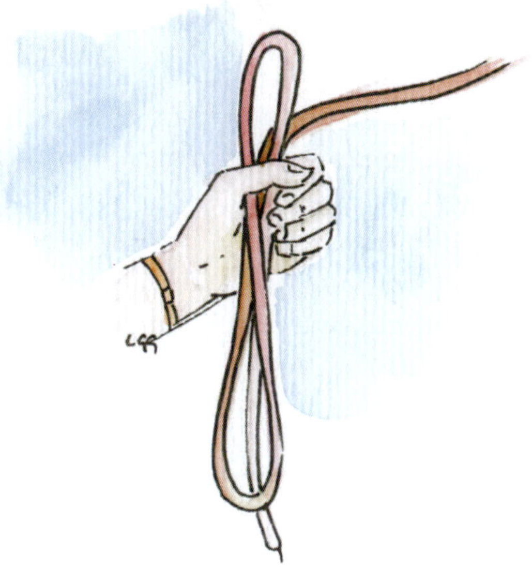

Tenue de la longe en huit.

Tu peux également plier la longe en deux pour la tenir avec une seule main quand tu as besoin de l'autre main, pour ouvrir la porte du box par exemple.

Sors le poney de sa maison (box ou stabulation), referme bien la porte et conduis-le jusqu'à l'endroit où tu vas le brosser.
Maintenant, il te faut l'attacher à un anneau en utilisant un nœud spécial "de sécurité". Peu de personnes y arrivent du premier coup, alors te t'inquiète pas, ton moniteur te montrera, ce sera plus facile pour comprendre.

Si le poney est surpris ou prend peur et qu'il veut bouger, il va se rendre compte qu'il est attaché et va paniquer. Il va alors tirer sur la longe pour chercher à se dégager. C'est ce qu'on appelle "tirer au renard".
Le nœud de sécurité permet de le détacher rapidement et dans le calme avant qu'il ne se fasse mal (ici, le licol est resté attaché en collier de chien).

Il existe deux façons de faire le nœud d'attache, choisis la plus simple pour toi :

> Nœud 1

Pour lacer tes chaussures tu fais une rosette... eh bien là c'est pareil, on appelle ça une boucle. C'est la boucle qui permet à la fois de serrer le nœud et de le défaire.

Passe la longe dans l'anneau du mur, et forme une boucle avec la longue partie qui pend vers le sol.

Forme une autre boucle avec la longe autour de l'anneau et tu fais un nœud avec les deux boucles.

Si le poney tire, il doit serrer le nœud, si tu tires sur l'autre extrémité, tu dois défaire le nœud comme pour les lacets de tes chaussures.

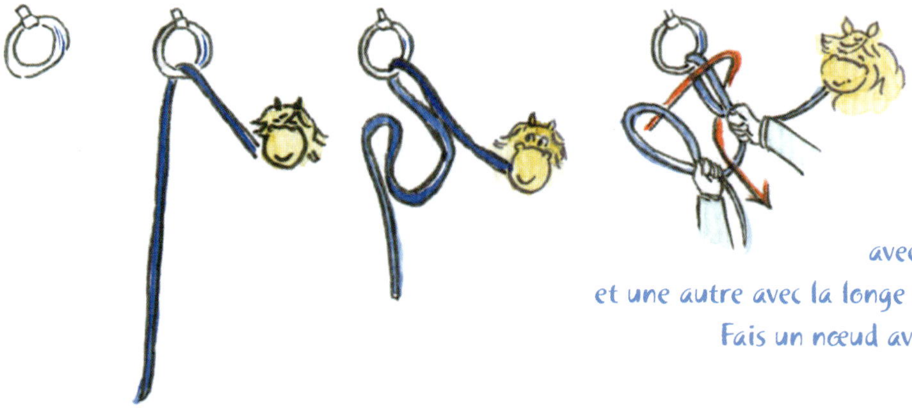

Passe la longe dans un anneau. Forme une boucle avec la partie qui pend, et une autre avec la longe autour de l'anneau. Fais un nœud avec les deux boucles.

> Nœud 2

Forme une boucle avec la longe. Passe-la dans l'anneau du mur.

Fais une deuxième petite boucle avec le bout de la longe qui pend. Passe-la dans la première boucle.

S'il reste encore de la longueur, fais une troisième petite boucle, et passe-la dans la deuxième. Et ainsi de suite, ton nœud va ressembler à une petite chaînette.

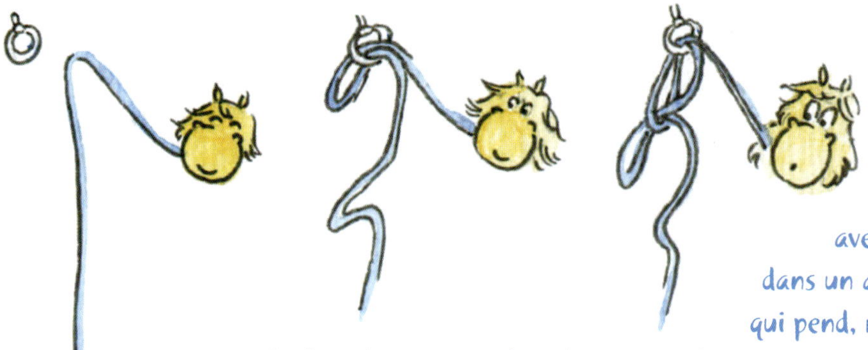

Forme une boucle avec la longe et passe-la dans un anneau. Avec la partie qui pend, reforme une boucle et passe-la dans la première boucle et ainsi de suite comme une petite chaînette.

Si ton nœud est mal fait, tu retrouveras sûrement ton poney ailleurs...

Si tu laisses trop de "mou" à ton poney, il risque de se prendre les pieds dans la longe. C'est très inconfortable, mais surtout, il peut se blesser.

2 Nettoyer mon poney

Une fois ton poney attaché, tu peux le préparer. Le pansage est un moment particulier et très agréable pour ton poney (même si ton poney te semble propre et si tu n'es pas le premier à le monter). Ce moment te permet également de faire connaissance avec lui.

N'aie pas peur si ton poney bouge, se tourne et te regarde, il est simplement curieux.

Lorsque tu brosses ton poney, pose la main qui ne fait rien sur son corps. Ainsi, il saura où tu es et sera en confiance. S'il bouge, tu le sentiras tout de suite et tu pourras éviter de te faire marcher sur les pieds, par exemple.

Quand ton poney est au repos, il soulage un de ses postérieurs en le soulevant légèrement. N'aie pas peur, ce n'est pas pour te donner un coup de pied.

Le poney est un animal impressionnant par sa taille, mais ceux des poneys-clubs sont normalement gentils et habitués aux enfants.

Le matériel de pansage et comment l'utiliser

Le pansage est important car ton poney ne peut pas travailler correctement s'il est sale.

> **L'étrille :** c'est une brosse, souvent en plastique, qui "pique", mais ne t'inquiète pas, elle ne fait pas mal au poney, elle soulève le poil et décolle la poussière. Elle se passe en rond, de façon énergique, sur les parties charnues du poney, c'est-à-dire toutes les parties où tu ne sens pas les os.

Lorsque tu brosses ton poney, tu peux poser la main qui ne brosse pas sur le poney. L'étrille se passe en faisant des ronds sur les parties charnues.

> **Le bouchon** est rugueux, c'est lui qui décrasse le plus, il fait aussi un massage à ton poney. On le passe dans le sens du poil, sur tout le corps sauf la tête. Il élimine la poussière décollée par petites poussées. Il sert aussi à démêler la crinière et la queue.

Chaque brosse correspond à une zone : avec l'étrille rouge tu peux brosser les zones en rouge, avec le bouchon vert, les zones vertes et enfin avec la brosse douce, la tête et les oreilles.

Pour brosser la queue, mets-toi sur le côté, jamais derrière.

> La brosse douce comme son nom l'indique est douce. Si tu veux que le poil de ton poney soit brillant, tu la passes tout à la fin. Elle sert aussi à brosser la tête car c'est la plus douce.

> Le cure-pied et un petit instrument avec une sorte de crochet métallique et parfois une petite brosse. Le cure-pied sert à nettoyer le sabot. Pour l'utiliser, il faut commencer par soulever le pied du poney.

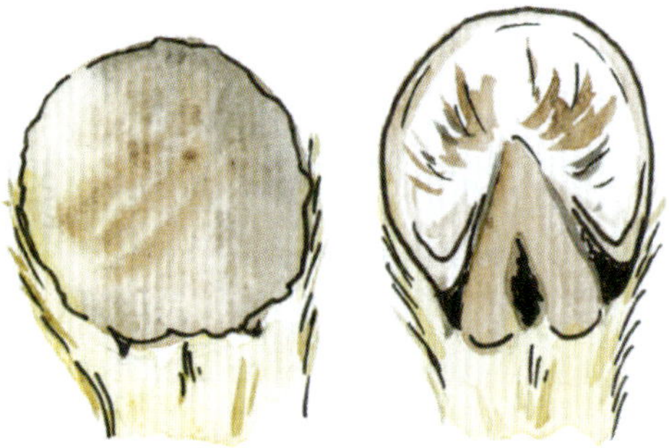

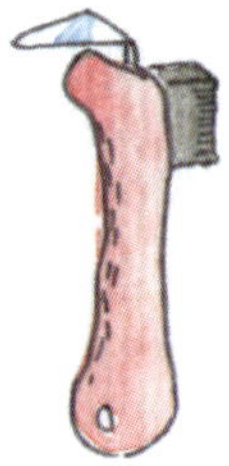

Quand tu vas soulever le sabot tu vas sous doute voir le sabot plein de saletés, de terre ou de fumier.
Il faut nettoyer le pied, comme si tu creusais un bol avec le cure-pied, en faisant attention à la forme en V, appelée la "fourchette". Les parties noires peuvent être fragiles.

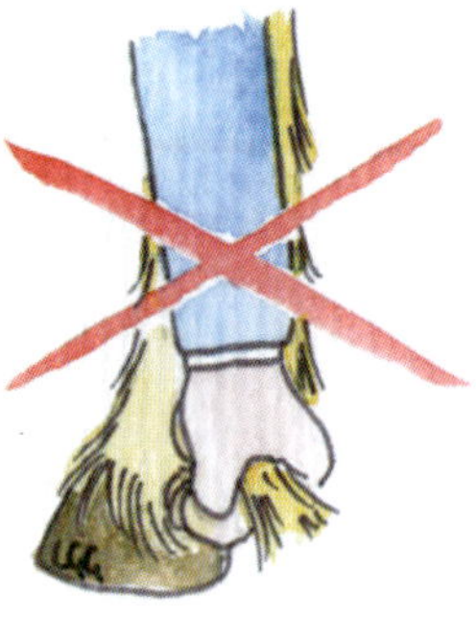

Ne tire surtout pas sur les fanons.

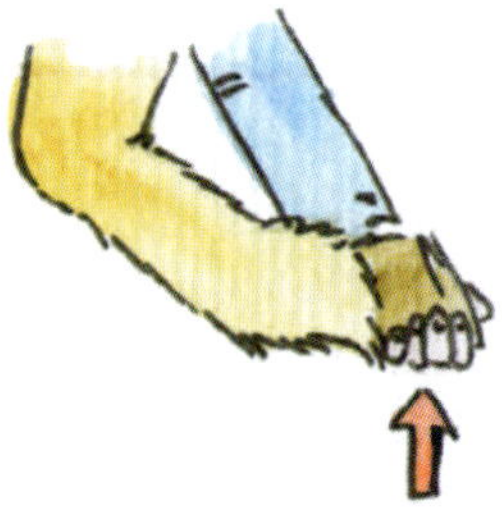

Ne garde pas ta main au niveau de l'articulation, ce sera plus confortable pour ton poney et pour toi, si tu prends bien le sabot.

1 Mets-toi à côté de l'épaule de ton poney et tourne le dos à sa tête.

2 Appuie-toi sur lui pour le déséquilibrer, fais descendre ta main sur sa jambe et dis-lui : "Donne !"

3 Garde son pied dans ta main et cure-le.

4 Quand tu cures le sabot d'un postérieur, fais exactement pareil en restant sur le côté.

Si tu fais mal au poney, il va retirer son pied de ta main brutalement : le seul risque c'est qu'en le reposant, il y ait ton propre pied dessous.
Si tu es trop long, ton poney va fatiguer et il commencera à s'appuyer très fort sur toi. N'hésite pas à reposer le pied et à le nettoyer en plusieurs fois ou à demander à quelqu'un de t'aider.

Si tu tires trop le postérieur vers l'arrière, tu vas faire mal à ton poney et il va essayer de se dégager.

Quand ton poney n'a pas les pieds propres,
cela peut lui faire mal comme lorsque
tu as un caillou dans ta chaussure.

Lorsque tu prépares ton poney, il te faudra passer souvent de l'autre côté. Si tu n'as pas beaucoup de place pour circuler, tu as deux solutions :
soit tu passes sous l'encolure, soit tu fais le tour par derrière, mais dans ce cas, laisse une main sur le poney, ou tiens sa queue, comme ça il sait où tu es et n'est pas surpris.

Si ton poney fait un crottin en dehors de son box, il faut le ramasser et le mettre dans une poubelle spéciale "crottins".

SOINS APRÈS LE COURS

Après ton cours, il faudra refaire un petit pansage au poney : curer les pieds et brosser l'endroit où il y avait la selle.

3 Aller à ma séance

Lors des premiers cours quelqu'un t'aidera à équiper ton poney avec sa selle et son filet. Dans certains poneys-clubs, tu apprendras à mettre la selle la première année.

Quand l'heure de ton cours arrive, tu dois finir de t'équiper, mettre ta bombe, tes gants, prendre ta cravache si le moniteur te la demande. Ensuite, quand le moniteur vient vous chercher ou vous appelle, tu emmènes ton poney "en main" dans le manège. Le manège est l'endroit où tu pourras enfin monter.

Si ton poney ne te suit pas, c'est peut-être qu'il est resté attaché au mur par son licol.

Pour tenir les rênes de ton poney, mets-toi à sa gauche.

Il y a deux façons de faire et c'est ton moniteur qui te dira laquelle il faut utiliser avec lui.

- Soit tu passes les rênes par-dessus l'encolure et tu les tiens avec tes deux mains : une main près de la bouche du poney, et une au bout des rênes.

Si tu passes les rênes par-dessus l'encolure, prends garde à ne pas perdre le bout des rênes, tu pourrais te prendre les pieds dedans.

> Soit tu laisses les rênes sur l'encolure, et tu attrapes seulement la rêne de ton côté, à côté de la bouche du poney.

Pour l'emmener, tu dois marcher légèrement devant ton poney sans le regarder. Tu ne dois pas marcher à reculons et il ne doit pas te dépasser.

En laissant les rênes sur l'encolure, il n'y a pas de risque de se prendre les pieds. Coince les rênes sous un étrier pour qu'elles restent en place, et ne prends que la rêne de ton côté.

Ne prends pas les deux rênes trop serrées sous le menton, tu risques de freiner.

4 Ranger le matériel après ma séance

Après ta séance, tu dois déshabiller ton poney. Pour cela, il faut enlever le filet et la selle, dans un certain ordre.

Cet ordre dépend d'une chose : est-ce que tu attaches ton poney, ou pas ?

- Si tu rentres ton poney dans un box et que tu ne l'attaches pas, enlève la selle en premier. Pour qu'il reste tranquille pendant que tu le desselles, passe ton bras gauche dans les rênes. Ensuite, enlève le filet.
- Si tu attaches ton poney : mets le licol en collier de chien, enlève le filet et remets le licol correctement autour de sa tête. Une fois que ton poney est "confortablement" accroché, enlève la selle.

Si tu rentres ton poney au box, enlève d'abord la selle. Après le travail et une fois dans leur box, les poneys adorent se rouler dans la paille, et n'attendent pas forcément que tu aies fini.

Le filet

N'attache jamais ton poney par les rênes : les seules places des rênes sont sur l'encolure ou dans tes mains.

Avant d'enlever le filet, il faut attacher le licol autour de l'encolure.

- Enlève les deux boucles attachées sous la tête du poney.
- Prends le filet et les rênes et fais glisser doucement l'ensemble du filet vers toi. Laisse bien le temps au poney d'ouvrir la bouche pour qu'il libère le mors. Si tu vas trop vite ou si tu tires, tu risques de lui cogner les dents.
- Une fois le filet enlevé, replace le licol correctement autour de la tête de ton poney.

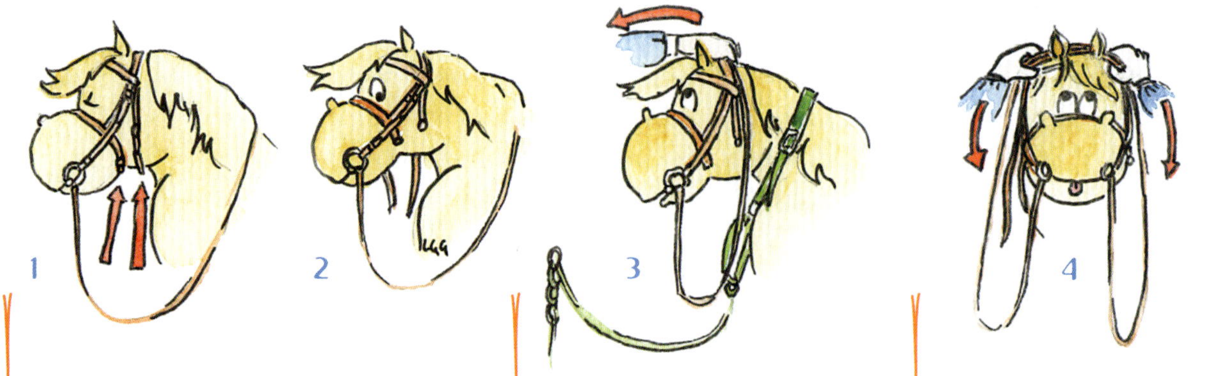

1 et 2 > Les deux choses que tu dois décrocher se trouvent en dessous : en dessous du menton, et en dessous de la gorge.

3 > Mets les rênes derrière les oreilles et vérifie que ton poney est attaché par son licol s'il n'est pas dans un box. Fais glisser le filet doucement vers l'avant.

4 > Plus facile, tu prends le filet avec tes deux mains, de chaque côté des oreilles, et tu l'attires doucement vers toi.

Avant d'enlever ton filet, pense à remettre le licol autour de l'encolure, pour que ton poney ne se sauve pas.

La selle

La selle est beaucoup plus simple à enlever ! Si tu as oublié de remonter les étriers, fais-le avant d'enlever la sangle.

- Détache la sangle du côté gauche, en tirant doucement les lanières de cuir vers le haut, comme si tu voulais serrer plus fort.
- L'ardillon va sortir du trou et tu pourras laisser descendre la sangle sous le ventre du poney en faisant attention à ce que les boucles ne tapent pas contre ses jambes. Si tu n'as pas assez de force, demande à un plus fort de t'aider (1).
- Fais le tour de ton poney pour prendre la sangle et la poser sur la selle. Si elle est courte et ne tient pas, coince-la dans un étrier (2).
- Si la selle est munie d'une croupière (partie qui est attachée à la queue du poney), fais glisser la selle en arrière sur la croupe du poney, en tirant le tapis pour que tout vienne ensemble. Descend la croupière en bas de la queue (3 et 4).
- Puis prends la selle et le tapis par l'avant et l'arrière, soulève légèrement et tire le tout vers toi.

Si la selle est attachée à la queue, suis les numéros 1 à 6.

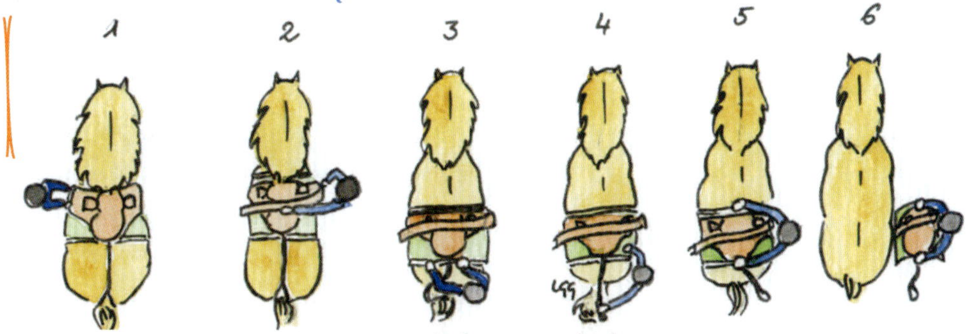

Si ta selle n'a pas de croupière, suis les étapes 1, 2 puis 3 bis et 4 bis.

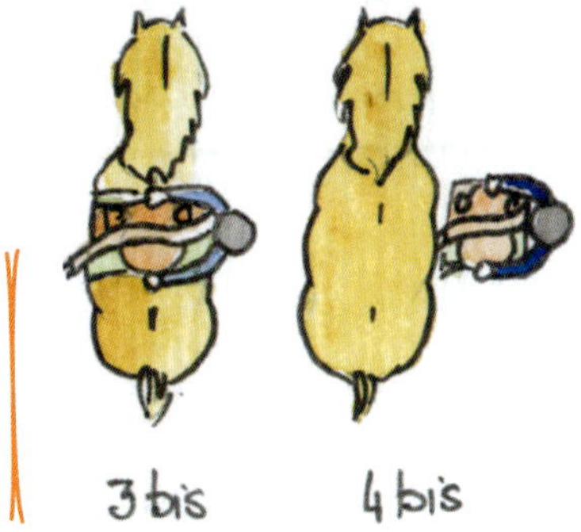

S'il n'y a pas de croupière, soulève et tire directement la selle vers toi, avec le tapis (3 bis et 4 bis).

- Ne pose pas la selle par terre n'importe comment : si tu es dans un box, pose-la sur la porte, et si ton poney est attaché, va directement la ranger dans la sellerie.

À DROITE OU À GAUCHE

Peu importe à partir de quel côté tu enlèves la selle, du moment que tu as bien dessanglé à gauche. Mets-toi du côté où tu vas poser la selle pour la porter le moins longtemps possible, surtout si tu la trouves lourde.

Ranger le matériel à la sellerie

La selle et le filet ne doivent pas traîner par terre dans le couloir ou devant les box. Il faut les emmener à la sellerie et retrouver leur place.

Retrouve le numéro, le nom ou la photo de ton poney et range chaque élément dans le bons sens. Si tu as un doute, tu peux prendre exemple sur les autres filets et selles qui sont déjà rangés à côté.

Certaines croupières ne peuvent pas s'ouvrir, mais pour celles qui ont des boucles, tu peux aussi la détacher pour l'enlever. Soulève bien la queue et sans tirer, fais passer la boucle dessous. Pense à la refermer.

Pense à laver le mors avant de ranger le filet, sinon ton poney va faire la grimace quand il faudra lui remettre.

Pose le filet comme s'il était sur ton poney, puis pose les rênes par-dessus pour qu'elles ne traînent pas par terre.

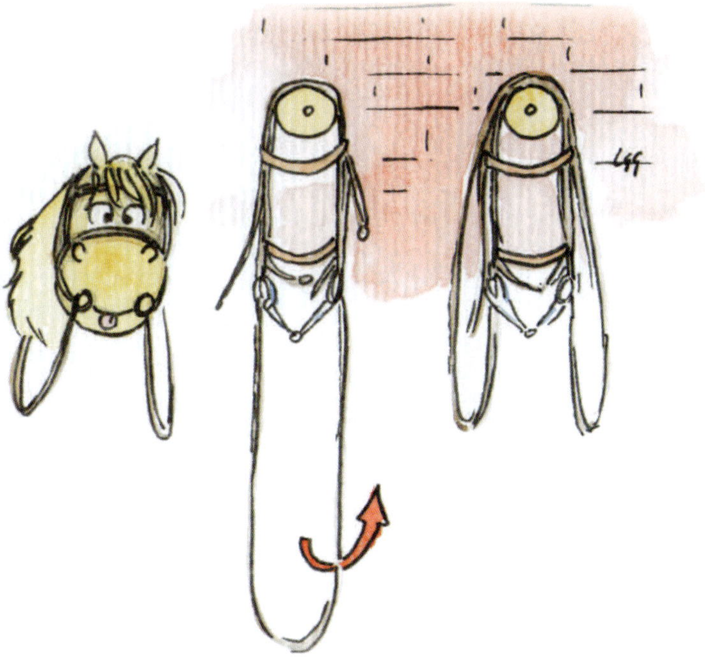

La selle se met sur un porte-selle, l'arrière de la selle vers toi.

La selle est posée dans le bon sens si la poignée (devant de la selle) est vers le mur, et si la croupière (derrière de la selle) est vers toi.

La sangle peut rester sur la selle ou se positionner dessous, comme ton moniteur te le dira.
Le tapis se met par-dessus la selle et à l'envers, pour qu'il puisse sécher car il est souvent mouillé par la transpiration du poney.
S'il y a un autre élément en mousse, qui s'appelle un amortisseur, il se met entre les deux.

La selle en premier, puis par-dessus l'amortisseur s'il y en a un, et en dernier et à l'envers le tapis.

Rentrer le poney au box

Ouvre bien la porte du box.
Quand tu as fini les soins après ton cours, remets ton poney dans son box ou sa stabulation. Détache-le du mur en tirant sur la longe (le nœud doit se défaire tout seul). Emmène ton poney jusqu'à son box et ouvre bien la porte : il est plus gros que toi et risque de se cogner et de s'écorcher contre la porte ou le mur.

Ouvre la porte assez grande pour que ton poney puisse aussi passer.

Pour rentrer dans le box, passe franchement devant lui sans traîner, parce que :
- vous ne pouvez pas passer tous les deux en même temps dans la porte ;
- il sera tellement content de retrouver sa maison qu'il ne va pas t'attendre.

Ton poney ne se rendra même pas compte qu'il te bouscule si tu passes en même temps que lui par la porte.

Avant de le détacher, tourne-le vers la sortie : tu n'auras pas à passer derrière ses fesses pour regagner la porte.

Veille à bien refermer la porte du box.
S'il y a un mousqueton, n'oublie pas de le mettre : certains poneys savent en effet pousser le verrou avec leur nez ou leurs dents et ouvrir la porte !

Les friandises

Pour aborder ton poney, surtout s'il est un peu peureux, tu peux lui apporter une friandise. Il viendra te dire bonjour plus facilement. En général on donne des friandises au poney après le cours pour le récompenser.
Pour donner une friandise à un poney, forme un bol avec ta main et mets la friandise dans le creux, en gardant bien les doigts serrés. Ne mets pas la main tout à plat, sinon ta friandise va rouler et tomber, et ne donne pas non plus du bout des doigts, sinon ils finiront dans la bouche du poney.

Forme comme un bol avec ta main, et mets le sucre bien au milieu. Pense que tes doigts doivent chatouiller le menton du poney, comme ça ils ne finiront pas dans sa bouche.

Parmi les friandises que les poneys adorent et que tu peux trouver facilement à la maison, il y a : le sucre, les pommes, le pain dur, les carottes… Dans les magasins spécialisés, tu trouveras aussi des "bonbons pour chevaux" aromatisés à la pomme, à la carotte et à d'autres parfums.

Les poneys sont très malins et surtout très gourmands. Ils n'hésiteront pas à chercher dans quelle poche tu caches tous ces trésors de friandises. Le mieux est de les ranger dans une boîte hermétique.

Attention aux sacs plastiques : leur simple bruit réveille les estomacs de ces coquins de poneys. Même s'il n'y a rien à manger dedans, on se retrouve vite entouré d'ogres !

JALOUSIE

Fais également attention car les poneys sont très jaloux quand il s'agit de manger. Si tu donnes une friandise à un poney devant d'autres poneys, ils vont réclamer ! Pour cette raison, ne donne jamais de friandises aux poneys quand tu es dans leur stabulation car ils vont te bousculer.
Sors de la stabulation et dépose les friandises par terre, pour tous les poneys, afin qu'il n'y ait pas de jalousie.

3

Stabilité et équilibre

1

Entrer dans le manège : marcher sur la piste et s'arrêter 56

2

S'installer à poney : monter et prendre les rênes 58

3

Se déplacer à poney : s'équilibrer, avancer, diriger 65

4

Galop 1 : évaluation montée 73

5

Sortir du manège : s'arrêter et descendre 76

1 Entrer dans le manège

Marcher sur la piste

Entre dans le manège seulement quand ton moniteur t'appelle.

Attends que ton moniteur ait fini le cours précédent et qu'il t'appelle pour rentrer dans le manège.

Le moniteur est le grand chef des entrées et des sorties du manège ou de la carrière.

En entrant, fais marcher ton poney sur la piste, dans le sens inverse des aiguilles d'une montre.
La piste, c'est le chemin qui fait le tour du manège. Comme ton poney est à droite de toi, tu ne risques pas de te faire écraser entre son gros ventre et le mur.

Si tu es entre le mur et ton poney, tu es du mauvais côté. Arrête ton poney et passe devant lui pour changer.

S'arrêter

Après la moitié d'un tour ou un tour, selon ce que ton moniteur te dira, viens arrêter ton poney au milieu du manège. Il faut que tous les poneys puissent se garer sur la même ligne et laisser de la place à droite et à gauche, sinon ils vont faire des bêtises quand tu vas monter.

Laisse de la place entre ton poney et ceux d'à côté sinon tu ne pourras pas monter.

Dirige-toi vers l'endroit précis où tu dois arrêter ton poney et arrête-toi sans tirer sur les rênes, et sans chercher à arrêter ton poney. Ne le regarde pas, il va s'arrêter tout seul. Une fois qu'il est arrêté, tu pourras te retourner vers lui et finir de préparer le matériel pour monter.

Laisse le poney s'arrêter tout seul derrière toi.

2 S'installer à poney

Avant de monter

Avant de monter, il y a plusieurs choses à faire :

1 • Passe les rênes par-dessus l'encolure, sans les croiser.
2 • Ressangle gentiment la selle ou attends que ton moniteur le fasse.
3 • Descends les deux étriers.

Pour faire le tour de ton poney quand tu es au manège, passe par devant en tenant toujours au moins une rêne.

Passe ton bras dans les rênes, comme le cavalier au pull jaune, car tu ne pourras pas retenir ton poney d'une autre façon.

Si ton poney est grand ou lève la tête,
fais avec tes rênes, comme avec une corde
à sauter pour les passer par-dessus l'encolure.

Fais attention à ce que ton pied
n'accroche pas la croupière,
ni la croupe du poney.

Monter

Monter avec des étriers

- Prends tes rênes et ajuste-les dans ta main gauche avec un peu de crinière.
- Avec ta main droite, tiens l'étrier et mets ton pied gauche dedans.
- Une fois que c'est fait, mets ta main droite sur l'avant de ta selle et non sur l'arrière.

Mets la main droite sur l'avant de la selle
pas à l'arrière : cela évitera à la selle
de pivoter ou de tirer sur la croupière.

- Saute sur ton pied droit pour t'élancer.
- Pousse sur ton pied gauche tout en t'élevant au-dessus de la selle.
- Mets-toi bien en travers de la selle en t'appuyant sur ta main droite ou même en te tenant à plat ventre, mais ne reste pas du côté gauche, sinon la selle risque de glisser de ce côté.
- Passe la jambe droite par-dessus la croupe du poney sans la heurter avec ton pied.

Si tu es pressé et que tu montes avant que ton moniteur ne ressangle, ta selle risque de tourner avec ton poids.

Assieds-toi doucement sur le dos de ton poney sinon il va croire que tu es un hippopotame.

> Chausse ton deuxième étrier. Si la longueur n'est pas bonne, ton moniteur t'aidera à la régler.

Si, pour monter, tu mets ton pied droit dans l'étrier, tu vas te retrouver à l'envers.

RÉGLER SES ÉTRIERS À PIED

Certains conseillent de régler les étriers avant la séance ou avant de monter : si tu veux essayer, pose le poing sur le début de l'étrivière. L'étrier doit arriver juste sous ton bras.
Parfois en le réglant à l'avance, il est malheureusement trop haut pour monter...

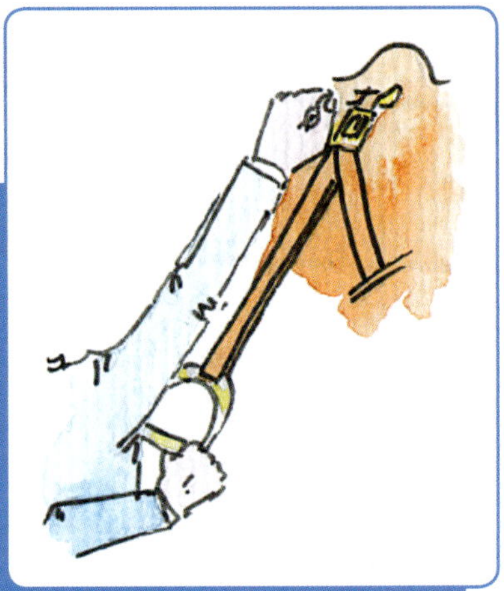

Monter sans étriers

Quand il n'y a pas d'étriers, il faut sauter à poney, un peu comme les Indiens mais pas par la croupe.

Pour monter sans étrier ou sans selle, il faut sauter !

> Appuie tes deux mains sur le dos du poney ou sur la selle.
> Saute plusieurs fois à pieds joints pour prendre de l'élan.
> Puis pousse fort pour te mettre à plat ventre sur le dos du poney.
> Passe ensuite tranquillement ta jambe par-dessus la croupe sans te redresser.
> Redresse-toi seulement quand ta jambe droite est de l'autre côté.

Une personne peut t'aider à monter en te faisant la courte échelle avec ta jambe pliée vers l'arrière.

Parfois, les parents poussent trop fort quand ils aident !

Sauter sur son poney comme les Indiens est très difficile... et cela peut surtout être dangereux si ton poney n'est pas prévenu.

Galop 1 Équitation

Le montoir

Tu peux aussi te servir d'un montoir : c'est un objet sur lequel tu montes pour t'aider. Cela peut être un cube, on en trouve dans les manèges et les carrières, mais aussi un tabouret, une bordure...
Cette façon de monter peut être utilisée avec ou sans étriers.

Utiliser un montoir est plus facile pour le cavalier et plus doux pour le dos du poney.

Prendre les rênes

Une fois assis sur ton poney, lâche les rênes si tu les tiens.
Pour les prendre à l'endroit, il y a deux techniques :

Technique n° 1 : à la pêche !

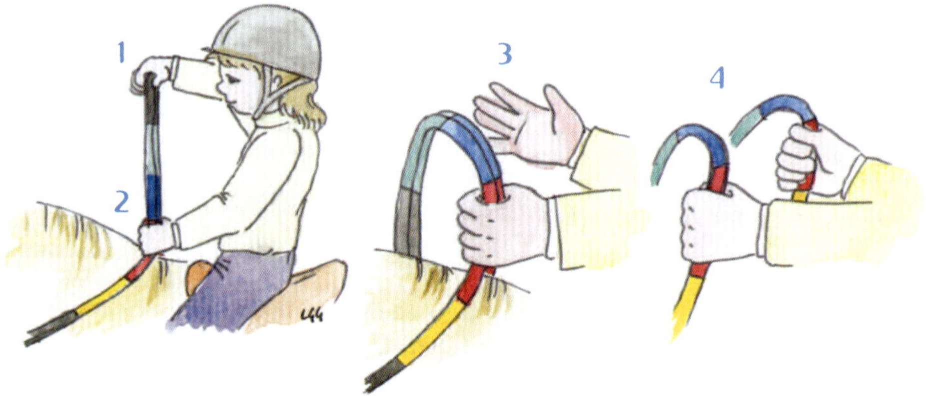

À la pêche

1 > Prends la boucle du milieu qui relie la rêne droite et la rêne gauche et mets-la le plus haut possible avec une seule main.
2 > Avec ton autre main attrape les deux rênes au ras de la crinière.
3 > Lâche le bout du haut vers les oreilles du poney.
4 > Imagine que tu tiens deux cornets de glace dans une seule main, il faut que tu les sépares dans tes deux mains sans faire tomber les boules de glace ! Avec des couleurs c'est facile ! Sépare les deux rênes en les prenant dans le rouge par exemple. Le bleu doit rester au-dessus de tes mains.

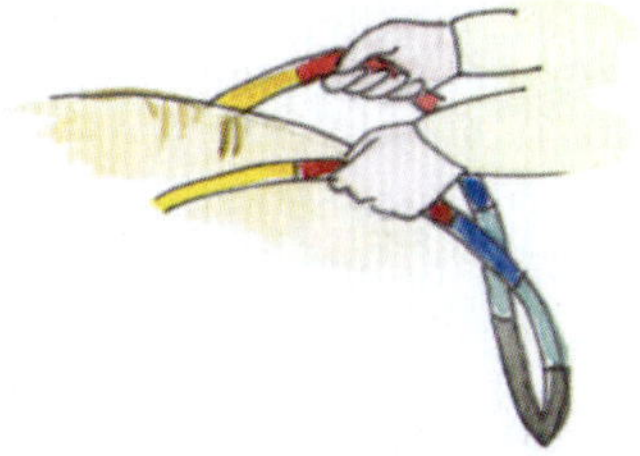

Si le bleu passe en dessous, c'est que tu tiens tes rênes à l'envers !

CONNAIS-TU L'HISTOIRE DU CROCODILE QUI VEUT IMITER LE SINGE ?

C'est l'histoire d'un crocodile qui tient les rênes tout là-haut. Un petit singe arrive et fait du toboggan sur les rênes jusqu'à toucher le garrot du poney. Le crocodile trouve que c'est trop drôle et décide de se changer en petit singe et vient piquer la deuxième rêne et les deux petits singes s'installent devant la selle.

Technique n° 2 : comme à vélo !

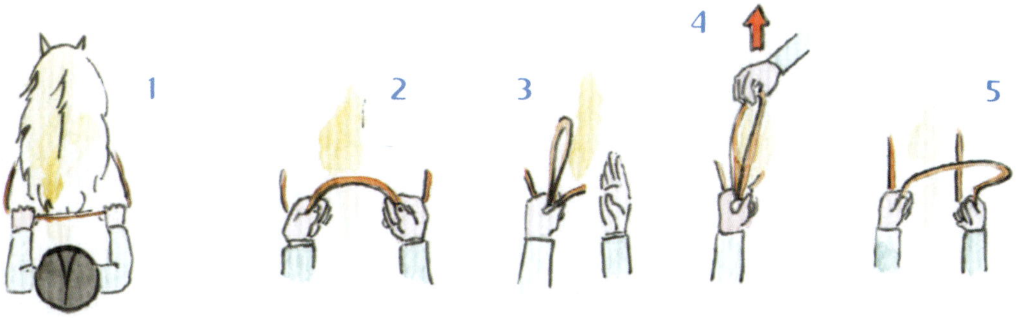

À vélo

1 > Une fois sur ton poney, pose tes mains sur les rênes comme sur un guidon de vélo, sans te pencher en avant.

2 et 3 > Tourne les pouces vers le ciel et prends les deux rênes dans une main.

4 > Avec la main libre, tire doucement la boucle vers le haut : tu viens d'ajuster les rênes.

5 > Reprends une rêne dans chaque main.

Ne fais pas sauter tes mains sur tes rênes pour les raccourcir : ça t'oblige à te pencher en avant et tu risques de les perdre encore plus à chaque "saut de doigts".

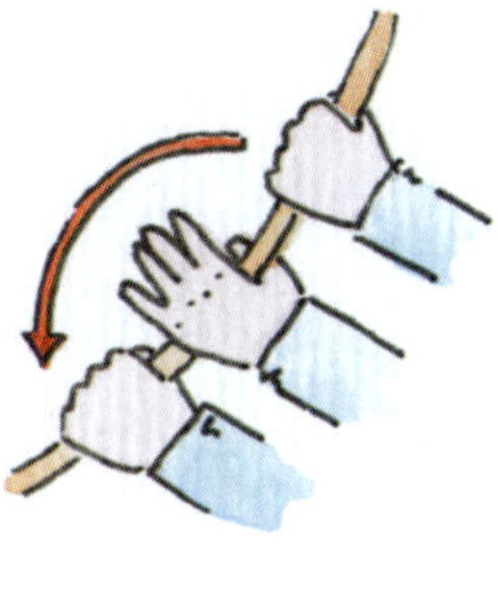

La rêne est de la bonne longueur quand ton bras est plié et la rêne tendue. Si la rêne est trop longue, il faut la raccourcir. Mais pas au point de tendre ton bras, là, la rêne est trop courte.

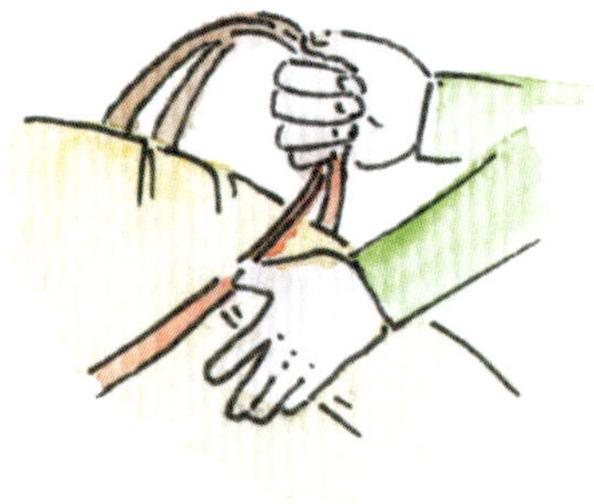

Quand tu voudras caresser ton poney pour le remercier, tu tiendras les deux rênes avec une seule main.

LE PONEY NE PLEURE PAS

Quand il a mal, ton poney ne crie pas et ne pleure pas. Alors tu ne te rendras pas compte que tu lui fais mal. Fais surtout attention à sa bouche : ne tire pas et ne secoue pas les rênes.

La bouche du poney est fragile, fais attention avec tes rênes.

Non seulement tu peux faire mal au poney, mais en plus tu peux perdre l'équilibre : "mains en l'air, cavalier par terre."

3 Se déplacer à poney

En te déplaçant à poney, il se peut que tu lâches les rênes sans faire exprès... Ne t'affole pas en te penchant en avant ou en tirant sur celle qui te reste sinon ton poney va tourner sur place.
Recommence tout à zéro, lâche les rênes, et utilise la technique que tu préfères.

Soit bien attentif à ce que tu veux faire avec ton poney, sinon, c'est lui qui prendra les décisions.

Quand on ne contrôle pas tout, il arrive que les poneys se rentrent dedans comme des auto-tamponneuses... Tu risques de te faire écraser.

RÈGLE DE SÉCURITÉ

Tu dois rester à la place que ton moniteur t'a donnée.
à poney, on ne double pas celui qui est devant comme papa et maman font sur la route.
On ne double pas comme en voiture car on risque de se prendre un coup de pied en passant près des fesses d'un poney : le poney gris peut donner un coup de sabot au poney alezan, le poney alezan peut donner un coup de sabot au poney pie.

Écoute bien les consignes de ton moniteur, ou bien il va penser que tu es sourd et qu'il doit crier !

Main droite/main gauche

Quand tu tournes sur la piste, c'est dans un sens ou dans l'autre. Pour le dire, on utilise l'expression "piste à main gauche" ou "piste à main droite".

- Piste à main gauche : en arrivant dans les coins, ton poney tourne à gauche. Ta main gauche est celle qui est vers l'intérieur du manège. Tu tournes dans le sens inverse des aiguilles d'une montre.
- Piste à main droite : en arrivant dans les coins, ton poney tourne à droite. Ta main droite est celle qui est à l'intérieur du manège. Tu tournes dans le sens des aiguilles d'une montre.

S'équilibrer

Chaque allure va te procurer des sensations différentes.

Assis

Au pas, le poney bouge son dos d'arrière en avant et de droite à gauche. Au trot, il bouge surtout son dos vers le haut ce qui te fait sauter sur la selle. Le galop est comme une chaise à bascule dans laquelle tu dois rester très souple.

Au trot et au galop assis, le bas de ton dos fait comme un accordéon pour que tes fesses restent collées au dos du poney. Si tu te raidis, tu vas rebondir dans la selle.

Si tu n'as pas d'étriers, sois souple pour rester assis au milieu et coller à la selle. Garde tes épaules légèrement en arrière pour que ton dos fasse plus facilement une vague et que tes fesses accompagnent bien l'allure du poney.

Pour rester lié à ton poney, il te faudra plutôt être souple !

Un exercice amusant pour apprendre à tenir en selle, c'est de faire le pédalo avec les pieds en l'air.

Regarder ses mains est un défaut : ton dos s'arrondit et ne peut plus faire une vague. Et pendant ce temps, seul ton poney voit ce qui se passe devant vous deux.

Garder les étriers

Si tu as des étriers, il va falloir les mettre à tes pieds au bon endroit. Ils vont glisser au début et il faudra, dès que c'est possible, les remettre au tiers du pied.

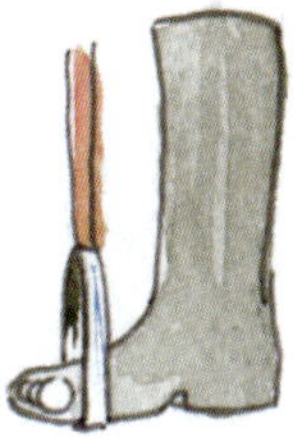

L'étrier se met au tiers du pied, la partie la plus large de ta chaussure et juste derrière les orteils.

Le trot enlevé

Avec des étriers, ton moniteur t'apprendra le trot "enlevé" : il faut faire l'ascenseur en même temps que le poney en se levant sur les étriers.
Pour y arriver plus facilement, tu peux te tenir à la poignée de la selle ou à un bout de crinière, cela ne fait pas mal au poney. Par contre, il ne faut pas tirer sur les rênes, car à ce moment tu heurtes sa bouche.
Une fois que tes mains sont à leur place, ne les regarde plus.

*Au trot enlevé, tu peux compter 1-2 dans ta tête ou dire "hip hop".
À cette allure, le bas de ta jambe et tes mains ne bougent presque pas quand tu te lèves et que tu t'assois.*

Au contraire, redresse-toi un peu pour regarder devant toi. Laisse le poney te donner le rythme du trot : c'est lui qui doit t'envoyer vers le haut avec les secousses du trot. Ce n'est pas toi qui pousses sur les étriers et qui te lèves de toi-même. Ne déplie pas entièrement ta jambe, ne te mets pas complètement debout, et ne te rassois pas en mettant les épaules en arrière.

Quand tu redescends vers la selle, tu dois le faire doucement pour ne pas tomber sur le dos du poney. La place de tes fesses est dans le creux de la selle, pas sur la partie arrière qui remonte, ni sur le boudin de derrière. Ne serre pas tes genoux, ne t'appuie pas non plus sur eux pour te lever : tes pieds et tes mains doivent suffire. Tu peux même écarter un peu les genoux au moment où tu redescends vers la selle.

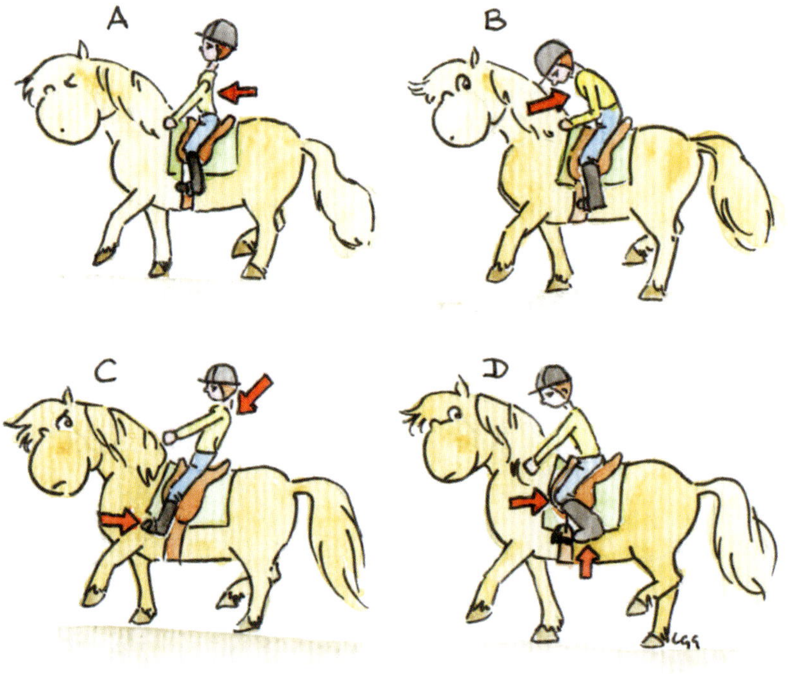

Quelques erreurs de position :

A > Trop cambré : un cavalier raide monte ses mains en se levant au lieu de les laisser sur le poney, les rênes tirent sur la bouche du poney. Le cavalier ralentit son poney chaque fois qu'il se lève.

B > Dos rond : le cavalier est trop en avant et regarde par terre, il ne peut pas conduire.

C > Le cavalier tire sur ses mains pour se lever et retombe lourdement dans la selle : il ralentit le poney en heurtant sa bouche et son dos. Ses pieds, partis en avant, ne peuvent plus lui servir à se lever ni à faire avancer le poney.

D > Genoux serrés : le cavalier se lève sur ses genoux et non sur ses pieds qui partent en arrière et perdent les étriers. Pour se rattraper, le cavalier met ses épaules en avant et regarde par terre. Il ne peut plus conduire.

Et en équilibre sur les étriers ?

Ne déplie pas entièrement ta jambe, ne te mets pas debout, ne te tiens pas tout droit : les petits ressorts de ton corps ne pourraient pas fonctionner et tu risques de perdre l'équilibre.

En équilibre, tu peux t'accrocher avec tes mains à la crinière, ça ne fait pas mal au poney. Tu dois avoir trois ressorts dans ton corps au niveau des hanches, des genoux et des chevilles. Ils doivent toujours être en train de fonctionner, comme ceux d'un skieur. C'est comme si tu t'accroupissais sur ton poney.

Avancer & diriger : utiliser un code

Tu vas parler avec ton poids du corps, tes jambes et tes mains, pour t'équilibrer, avancer et tourner.

Maintenant que tu es stable sur ton poney, il faut que tu lui dises d'avancer et tourner. Mais on ne parle pas au poney avec des mots. Pour qu'il te comprenne, il faut que tu parles avec ton corps, en faisant certains gestes qu'il connaît. Il saura alors ce que tu veux et il pourra te répondre en faisant ce que tu lui demandes. C'est une sorte de code. Pour parler avec ton corps, tes mains et tes jambes seront suffisantes pour commencer.

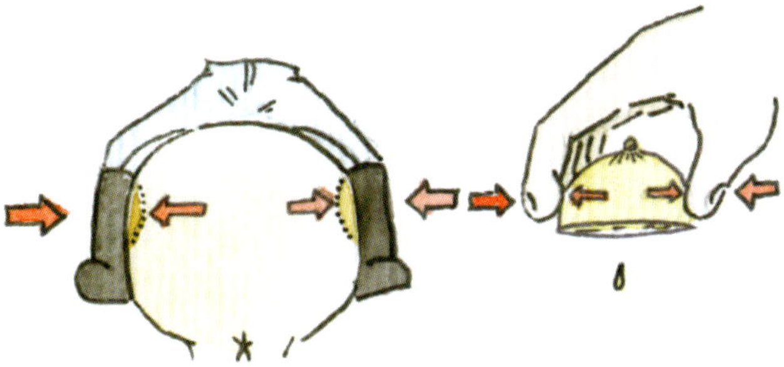

Pour avancer : serre un peu tes deux jambes et desserre-les.

Pour avancer, tu dois presser les mollets contre ton poney comme si tu pressais un citron. Quand tu desserres les jambes ton poney doit avancer.

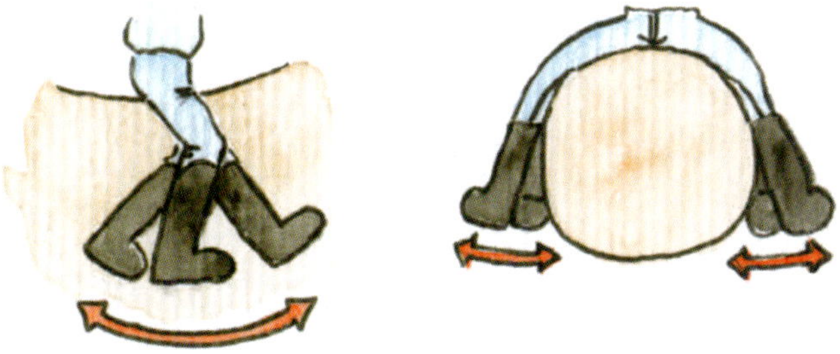

Si ton poney ne comprend pas bien, rien ne sert d'agiter ta jambe d'arrière en avant comme un essuie-glace. Tu peux légèrement la décoller pour tapoter ton poney.

Pour ralentir : penche-toi en arrière et ensuite lève doucement les mains.

Pour ralentir, il y a deux choses à faire, dans un ordre précis :

1 > se pencher en arrière ;

2 > relever un peu les mains sans tirer.

Pense bien que tu ne veux pas ramener la tête vers l'arrière mais la relever.

Si tu tires trop fort pour ralentir, ton poney risque de tirer à son tour… et il est plus fort que toi.

Si tu tires, tu vas détruire toute ta position : tes pieds vont appuyer sur les étriers et partir en avant, tes fesses vont reculer dans la selle, tes coudes vont passer dans ton dos, tu seras penché en avant et tu regarderas forcément par terre !

Attention à ne pas serrer tes jambes en même temps que tu essaies de ralentir ton poney, car il ne comprendrait pas si tu veux avancer ou t'arrêter et il risque de faire n'importe quoi.

Pour diriger : regarde où tu veux aller et montre la direction au poney avec ta main et ta rêne.

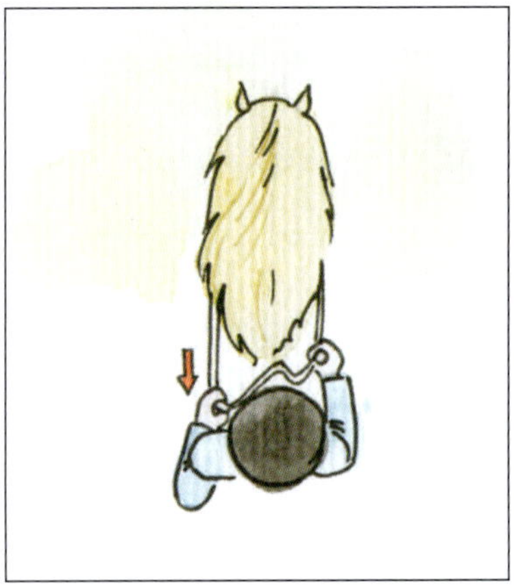

1 > Montre la direction à ton poney avec ta main et ta rêne.
2 > Ne montre pas ton ventre car ce n'est pas là...
3 > ...que ton poney doit aller !!

Si tu écartes tes deux mains en même temps, c'est comme si tu demandais à ton poney de se couper en deux : une moitié vers la droite, une moitié vers la gauche.

DEMANDE-LE GENTIMENT

Quand tu utilises tes jambes ou tes mains, tu touches une partie du poney. Tu dois être gentil dans tes gestes : "S'il te plaît, Tornado, tourne à gauche".
Il aura plus envie de t'écouter que si ta main tire d'un coup sec, car ça reviendrait à lui hurler : "TOURNE !".

La première figure

La première figure que tu vas apprendre sera sans doute un "doubler". Ça ne ressemble pas aux voitures qui se doublent, c'est plutôt une sorte de raccourci. Le doubler coupe le manège en deux et permet de passer devant quelqu'un, sans aller plus vite.

Imagine le petit chaperon rouge qui est obligé de rester sur la piste car sa maman lui a dit de ne pas s'éloigner du chemin. Il a rencontré le loup et celui-ci, pour arriver chez la grand-mère avant le petit chaperon rouge, va prendre un raccourci en faisant un doubler.

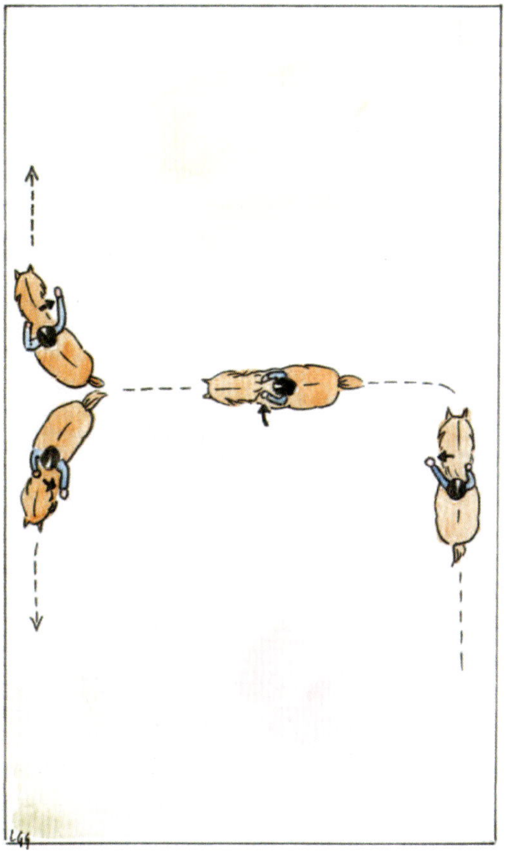

Quand tu sauras faire un doubler, tu pourras aussi choisir de changer de sens en tournant avec l'autre main.

Galop 1 : évaluation montée

Voici la liste des choses que tu dois savoir faire à poney pour passer le GALOP 1.

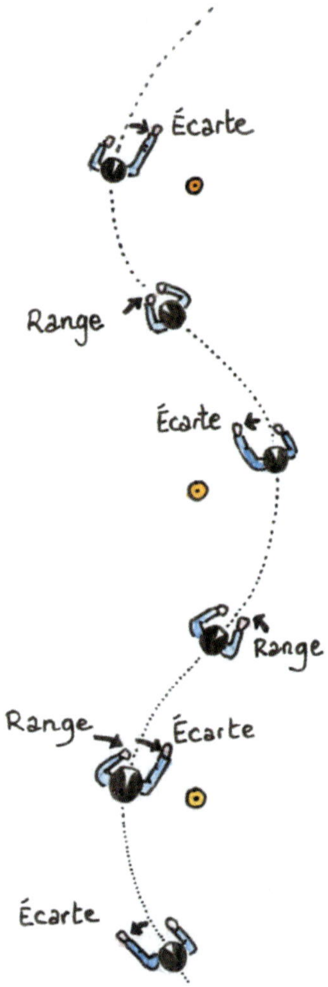

Au pas

Tu sais marcher assis sans perdre l'équilibre, avec ou sans étriers : tu ne dois pas te raccrocher avec tes jambes. Tes épaules doivent rester un peu en arrière, même quand tu tournes.

Tu sais aussi marcher en conservant l'équilibre sur les étriers.

Tu peux tourner sans ralentir et sans te pencher en avant : tu t'amuseras à faire des cercles, des slaloms, à traverser le manège, à changer de sens...

Quand tu fais un slalom, pense à ranger ta main après chaque virage.

Au trot

Tu trouves tout de suite le rythme 1-2 ou "hip-hop" du trot enlevé et tu le gardes sans te tenir, dès que tu pars au trot.

Tu trottes assis sans perdre l'équilibre, avec ou sans étriers et en tenant la selle ou la poignée de la selle s'il y en a une, pour garder les épaules en arrière. Pense bien à respirer, un peu comme une locomotive ("tchou-tchou"), pour éviter d'avoir un point de côté.

Au galop

Tu galopes assis sans perdre l'équilibre, avec ou sans étriers : là, tu peux t'accrocher avec tes mains à la selle (ou au surfaix si tu fais un peu de voltige). Tes épaules restent en arrière pour t'aider à bien coller à la selle.
Tu sais galoper en équilibre en tenant la crinière.

RESSANGLER PETIT À PETIT

Ta selle a été sanglée à l'écurie quand tu as préparé ton poney, mais pas trop serrée pour ne pas le gêner. Ensuite, en arrivant au manège, ton moniteur ou toi, vous avez ressanglé pour que la selle tienne au moment de monter. Un dernier ressanglage sera nécessaire avant de galoper.

Passer d'une allure à l'autre

T'arrêter, partir au pas, partir au trot ou au galop, revenir au trot et au pas, avec ou sans étriers doivent te sembler facile.

Si tu suis un autre poney, il faut maintenir les distances pour ne pas lui rentrer dans les fesses. Si tu es en tête, ne sème pas ceux qui sont derrière toi en allant trop vite. Si ton poney est à la traîne, sois bien dynamique.

Il doit y avoir un poney imaginaire entre chaque poney qui se suit pour éviter qu'ils ne fassent des bêtises !

Tu maintiens la bonne distance avec le poney devant toi si tu vois presque ses sabots.

Voici un modèle de parcours sur lequel tu pourrais passer le galop 1 :

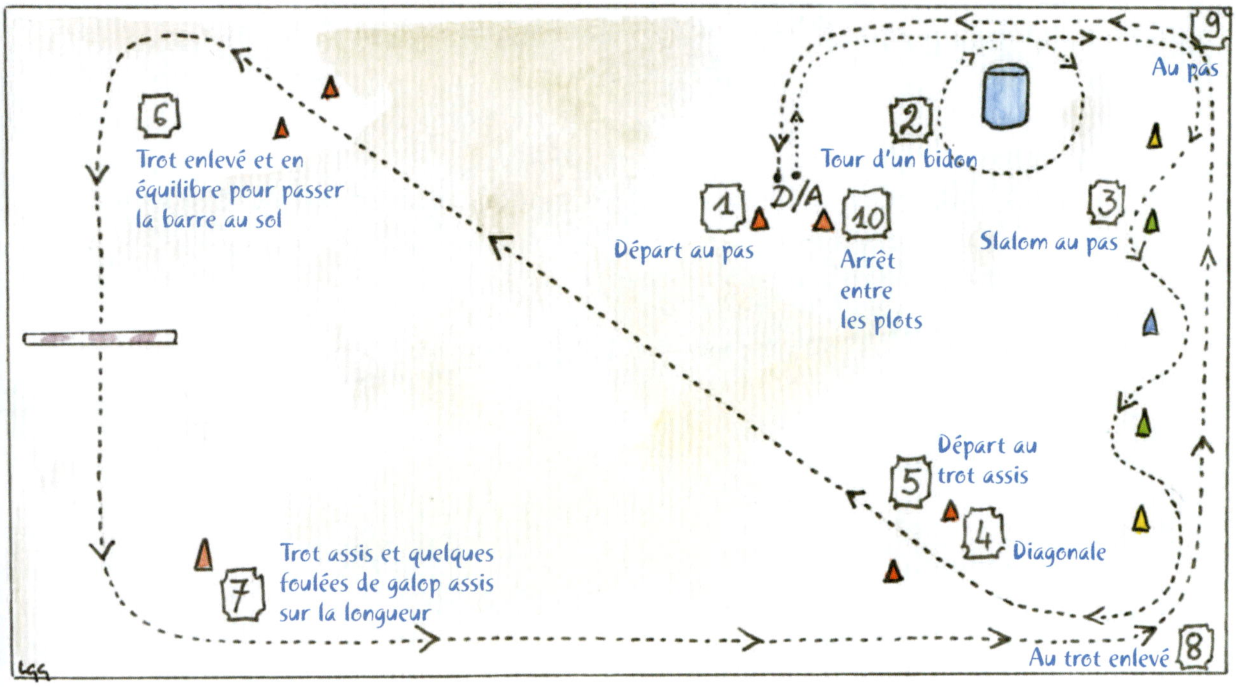

PAUSE PIPI

Si ton poney a envie de faire pipi pendant le cours, il faudra te mettre en équilibre sur les étriers pour soulager son dos. C'est aussi à ce moment que tu verras la différence entre un poney fille qui fait pipi derrière elle et un poney garçon qui fait pipi sous son ventre.

5 Sortir du manège

S'arrêter

À la fin du cours, le moniteur vous demandera de venir vous arrêter au milieu. Il faudra garer tous les poneys comme au début de l'heure, les uns à côté des autres, mais pas trop proches pour garder de la place pour descendre.

Gare ton poney comme au début de l'heure pour descendre (ligne du milieu).

Descendre

Une fois que tout le monde est arrêté, il faut attendre la consigne de ton moniteur. Avant de descendre, il est possible qu'il te fasse faire un petit jeu d'équilibre sur la selle, comme le moulin ou le tour du monde.

1 > Pour descendre, demande un arrêt à ton poney.
2 > Enlève les étriers et lâche les rênes.
3 > Penche-toi en avant comme si tu voulais faire un gros bisou sur l'encolure de ton poney.
4 > Lève la jambe droite vers l'arrière et passe-la par-dessus la croupe.
5 > Laisse-toi glisser vers le sol, en tenant la selle.

En hiver, descend doucement, surtout si tu as froid aux pieds, car si tu sautes de trop haut, ça va te faire très mal aux orteils.
Après être descendu, pense à remonter les étriers pour qu'ils ne ballottent pas sur les flancs de ton poney et ne risquent pas de s'accrocher en sortant du manège.

Attrape la lanière en cuir et remonte l'étrier par en dessous en le faisant glisser. Tu dois entendre "CLING" quand tu arrives au bout.

Tu peux alors dessangler de quelques trous pour soulager ton poney. Si c'est trop serré, ton moniteur t'aidera.
Ensuite, prends les rênes comme tu as fait pour venir dans le manège. Comme vous ne pourrez pas tous passer en même temps par la porte, attends ton tour pour sortir. Retrouve l'endroit où tu as préparé ton poney pour remettre le licol et le déshabiller.

Attends ton tour pour sortir.

UN CAVALIER AVANT OU APRÈS TOI

Dans les poneys-clubs les cours se suivent. Il est possible que tu n'aies pas à préparer ton poney et qu'il soit déjà dans le manège quand tu arriveras. Il est aussi possible que ton poney soit repris au cours suivant. Dans ce cas-là, le prochain cavalier prendra ton poney directement dans le manège pour le monter.
Si tu as une friandise à donner à ton poney, tu peux lui donner après l'avoir déshabillé ou avant de le confier au cavalier suivant.
Lors des stages, tu passeras plus de temps avec ton poney et tu pourras t'occuper vraiment de lui avant et après ton cours.

1 Qui est mon poney ?

1 Reconnaître mon poney : les marques blanches 80

2 Connaître le matériel de mon poney : filet et selle 84

3 Comment lui faire comprendre ce que je veux ? Langage du corps, les aides 90

4 Pourquoi certains avancent et d'autres pas ? L'impulsion 94

5 Comment fait-il pour sauter ? Mécanismes du saut 95

Reconnaître mon poney

Tu as vu ? Il y a plusieurs poneys de la même couleur dans ton poney-club. Note, par exemple, les noms de tous les poneys alezans. Comment peux-tu les différencier si tu veux expliquer à un nouveau cavalier "qui est qui" ?

Kalypso, c'est celui qui est tout alezan ; Apostrophe a une tache blanche sur le chanfrein ; Grâce aussi, mais la tache est plus allongée ; et Caramel a des jambes blanches mais pas toutes…

Retrouve où est Kalypso, Caramel, Grâce et Apostrophe.

Réponse
De gauche à droite : Caramel, Apostrophe, Grâce, Kalypso.

Chaque tache porte un nom, selon sa localisation et sa forme.

Les marques blanches sur la tête

Les en-têtes : ce sont les marques blanches que l'on trouve sur le front. Pour bien les voir, il faut souvent soulever le toupet.

Les listes : ce sont les marques blanches situées sur le chanfrein.

"Belle face" est une appellation spéciale quand le blanc est sur presque toute la tête.

"Boit dans son blanc» est l'appellation de la grande liste qui recouvre aussi la bouche, comme si le poney avait trempé ses lèvres dans du lait.

Les marques blanches sur les jambes

Les balzanes

Ce sont comme les chaussettes du poney. Selon leur taille, elles ont des noms différents.

- Petites balzanes jusqu'au boulet.
- Grande balzane entre le boulet et le genou/jarret.
- Balzane haute chaussée au-dessus du genou/jarret.

Ce poney a une petite balzane sur l'antérieur et une grande balzane sur le postérieur.

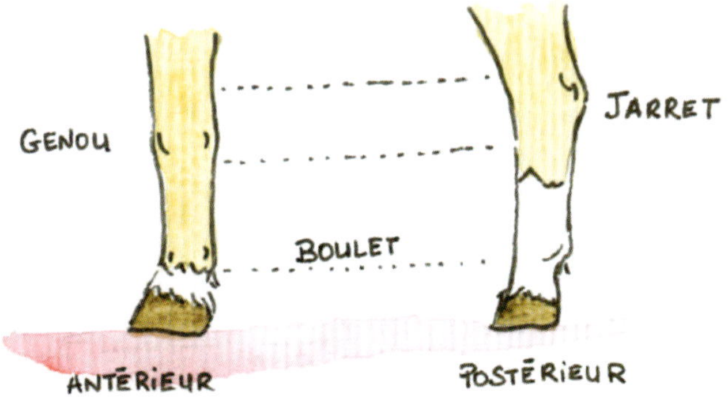

Il existe aussi deux autres balzanes :

- la "trace de balzane" : lorsqu'il y a une tache blanche près du sabot ;
- le "principe de balzane" : lorsqu'il y a une couronne blanche au-dessus du sabot, elle doit faire tout le tour.

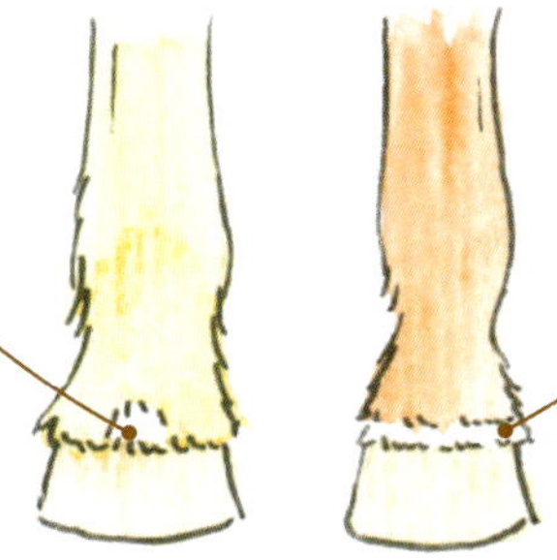

Toutes les marques blanches

Toutes les marques blanches peuvent être :

- herminées : la couleur du poney fait de grosses taches dans le blanc ;
- bordées : la couleur du poney est délavée sur le bord ;
- truitée : la couleur du poney fait de minuscules taches dans le blanc ;
- mouchetée : de minuscules taches, noires cette fois, apparaissent dans le blanc.

Les plus courantes sont bordées et herminées.

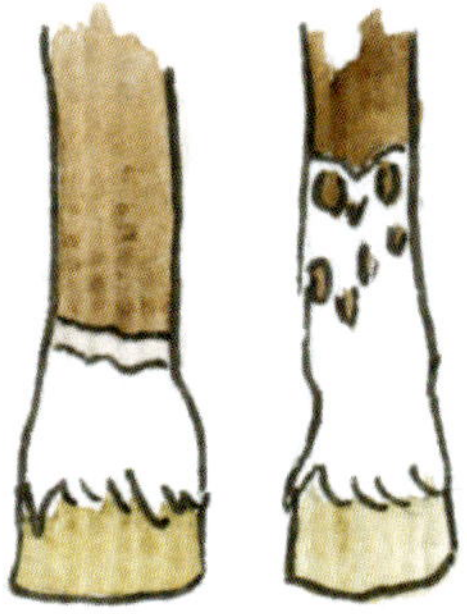

TON PONEY POURRAIT BIEN ÊTRE UNE PONETTE !

Ton poney peut être femelle ou mâle : généralement, les mâles sont castrés, ils ne peuvent plus reproduire, et on les appelle alors des "hongres".
Les ponettes peuvent être appelées des "juments".
Lorsqu'un mâle est utilisé pour la reproduction, on l'appelle "étalon". S'il n'en fait pas, mais n'est pas castré, on dit juste de lui que c'est un "entier".
Jusqu'à un an et demi, le jeune poney s'appelle "poulain" et la jeune ponette "pouliche".

Connaître le matériel de mon poney

Le filet

Le filet est fait de différentes parties, ayant chacune un nom et un emplacement précis.

Le filet est un ensemble de cuir qui permet de faire tenir le mors dans la bouche.

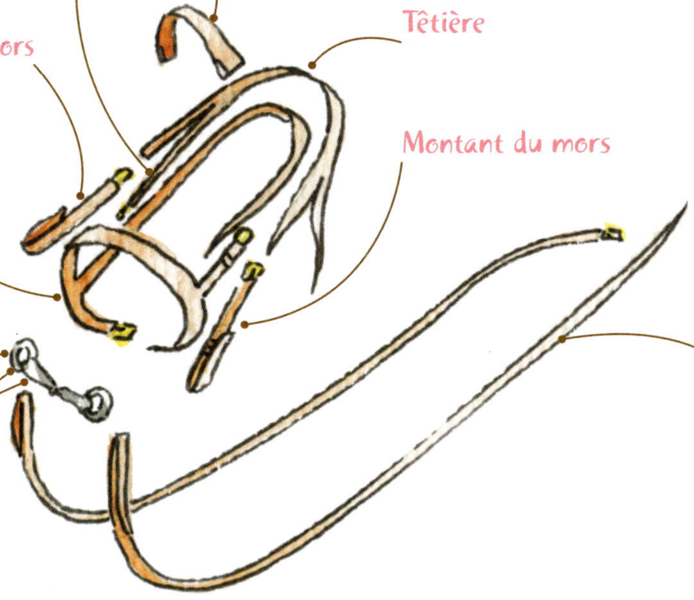

Il arrive qu'on démonte entièrement le filet pour nettoyer et nourrir le cuir. Cela permet d'avoir du matériel souple et solide à la fois. Si tu en prends soin, le cuir ne blessera pas le poney et ne cassera pas en plein cours.

Pour nettoyer le filet, commence par le démonter. Nettoie les deux faces de chaque partie en cuir avec une éponge humide et du savon spécial pour les cuirs, qu'on appelle savon glycériné.

Laisse sécher les morceaux nettoyés puis graisse-les avec un chiffon doux et un peu de graisse à cuir. Fais-la bien pénétrer, comme de la crème. Le mors, lui, se nettoie uniquement avec de l'eau.

Le savon glycériné ne doit pas mousser, attention à ne pas mettre trop d'eau.

Les erreurs courantes que tu risques de faire en remontant le filet sont :

- mettre la sous-gorge dans le mauvais sens (droite/gauche) ;
- mettre le mors à l'envers ;
- attacher les rênes au mauvais endroit sur le mors.

C'est un véritable puzzle ! Quelques conseils seraient bienvenus ?

Quelques conseils pour remonter le filet

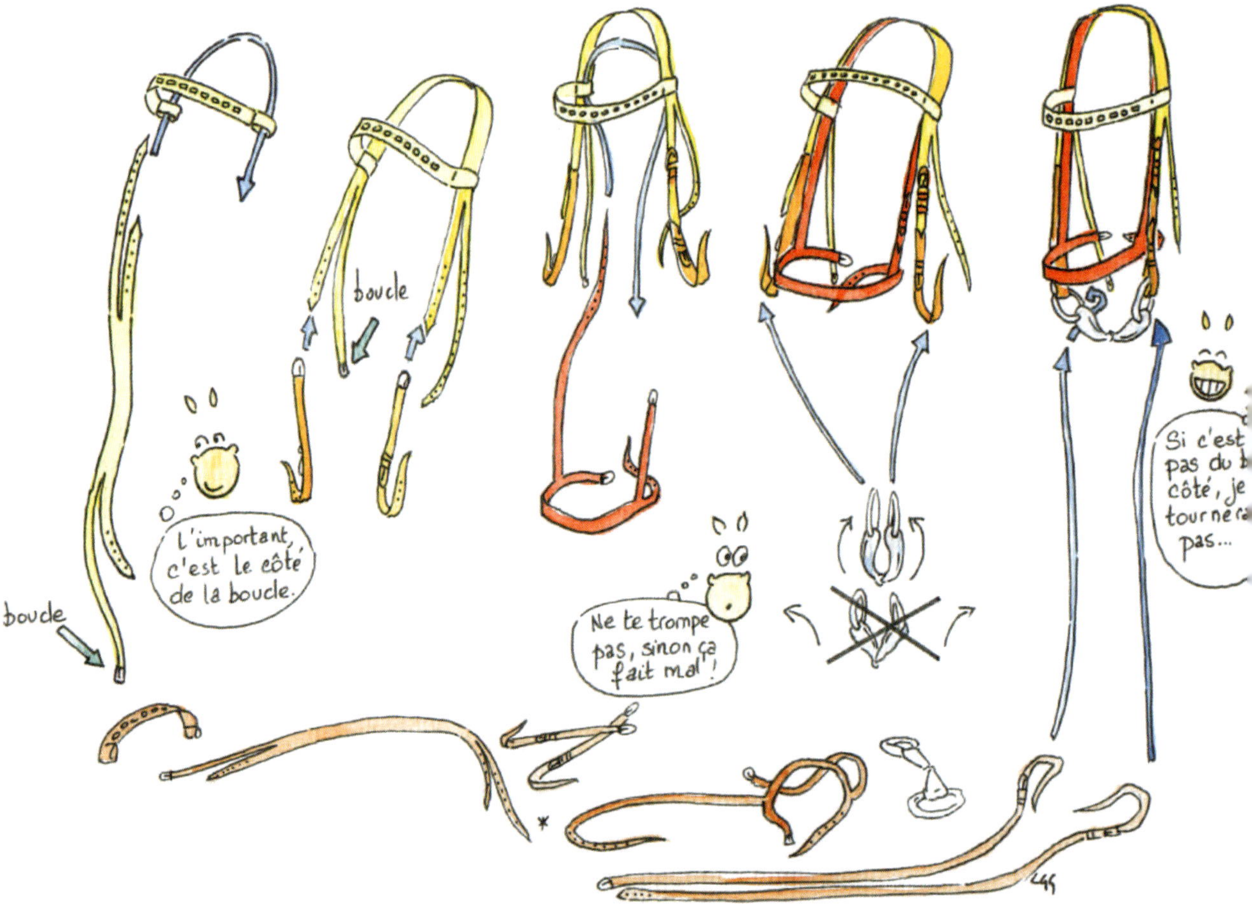

- Trouve le frontal et la têtière/sous-gorge : fais passer le côté sans boucle dans le frontal.
- Trouve les montants du mors et accroche-les aux petits sanglons de la têtière.
- Trouve la muserolle, passe-là dans le même sens, sous la têtière et ferme la boucle.
- Il reste le mors et les rênes : prends le mors et essaie de le refermer pour connaître son sens : c'est le sens où les deux bouts se rejoignent le plus.
- Accroche-le aux montants du mors.
- Suspends bien ton filet pour la dernière étape et accroche les rênes à l'arrière des anneaux du mors.

Tu découvriras sûrement deux sortes de boucles : elles ne s'attachent pas du tout de la même façon :

- à ardillon : facile à attacher, comme une ceinture de pantalon ;
- à crochet : il faut passer le cuir dans les passants puis revenir en arrière pour enclencher le crochet. Si tu avais une ceinture avec un crochet, le crochet serait tourné vers ton ventre, penses-y en remontant le filet. Les boucles à crochet sont positionnées à l'envers.

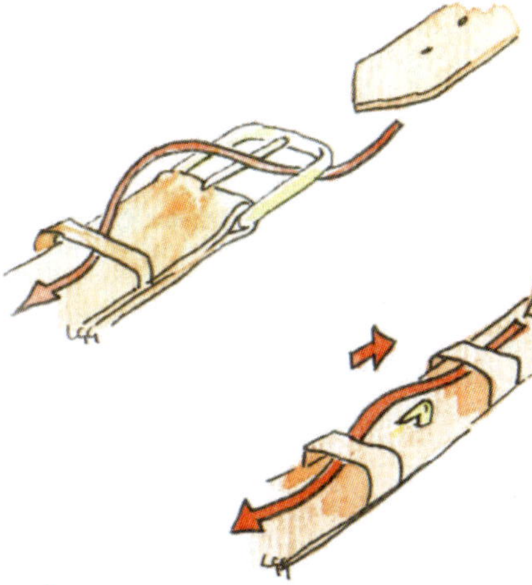

Boucle à ardillon en haut, à crochet en bas.

Le filet "shetland" est plus simple car la muserolle n'est pas une pièce détachable et il n'y a pas de sous-gorge.

ENRÊNEMENTS

Tu rencontreras peut-être deux enrênements qui sont le gogue et la martingale.

- Le gogue est fait de ficelle et de mousquetons. Il est accroché sur le filet.
- La martingale est une pièce de cuir, qui se passe autour de l'encolure du poney.

Les deux s'attachent à la sangle. Ton moniteur devrait t'aider à les mettre si ton poney en a besoin.

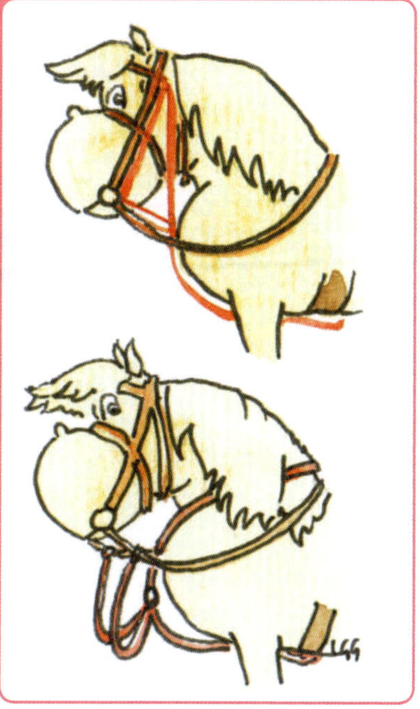

Le gogue est installé sur le filet, on le fait passer dans le mors juste avant de monter. La martingale est constituée d'un collier à enfiler aux poneys. Puis on fait passer les rênes dans des anneaux.

La selle

Il y a différentes sortes de selles : les bardettes peuvent être avec ou sans boudins, on les met sur les plus petits poneys. Il y a souvent une croupière qui s'attache à la queue pour éviter qu'elles ne tournent ou n'avancent sur l'encolure car ces poneys sont généralement très ronds.

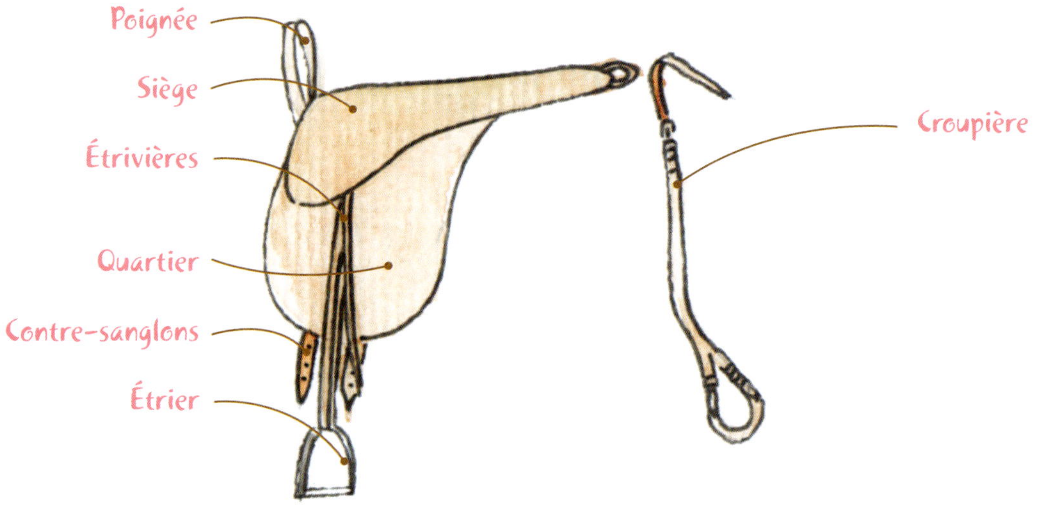

Bardette sans boudins.

Bardette à boudins.

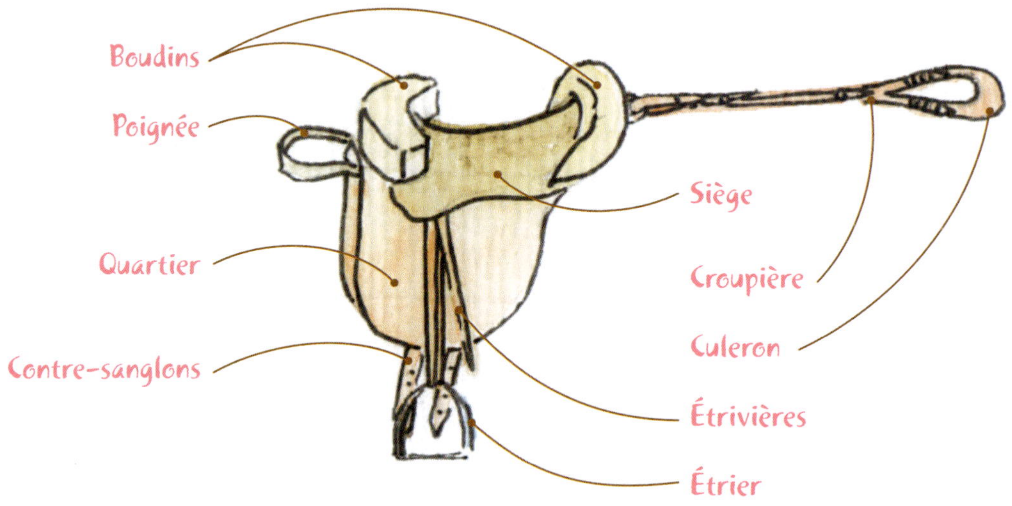

Les plus grands poneys sont équipés de selles dites "anglaises", qui permettent de faire un peu de tout à poney : saut, jeux, promenade, travail.

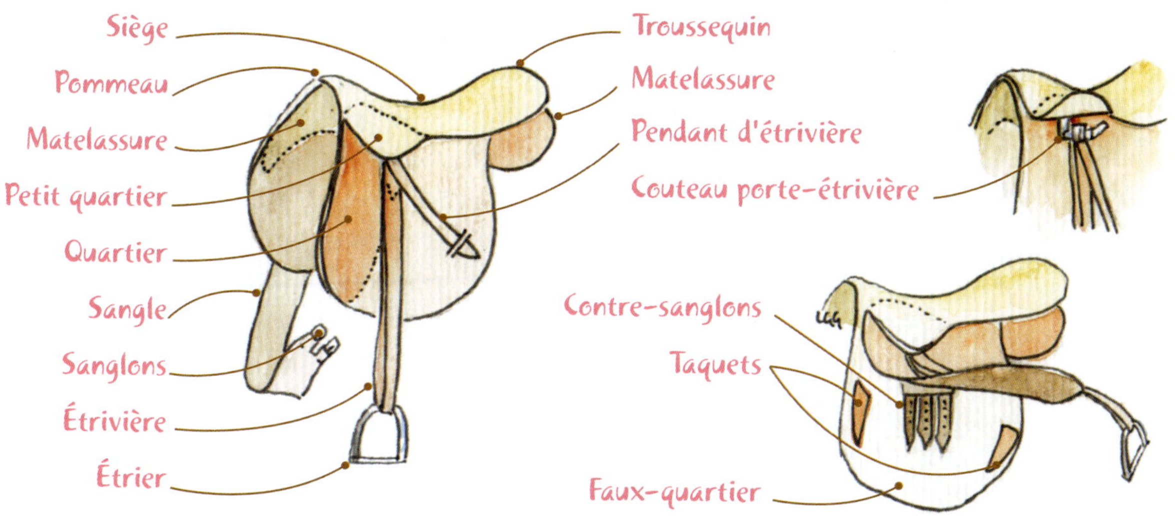

Si les selles sont en synthétiques (plastiques) ou en peau comme certaines bardettes, tu ne pourras pas les graisser.
Seul le cuir lisse se nettoie au savon et se nourrit à la graisse : dans ce cas, il faut démonter les étrivières et la sangle. C'est beaucoup plus simple que le filet !

Les deux étriers doivent avoir la même semelle.

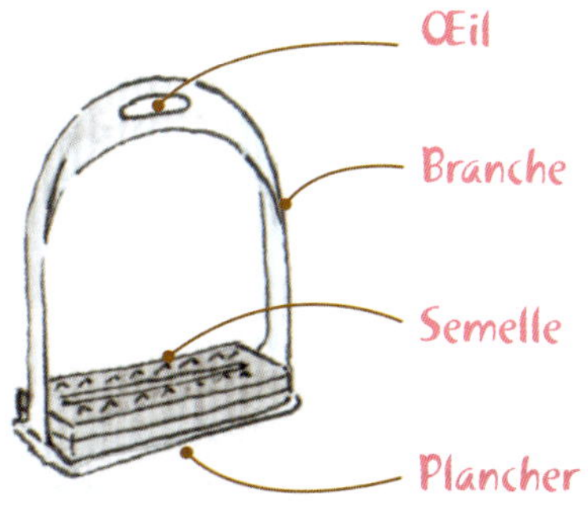

LE CUIR

Le cuir c'est de la peau de grands mammifères comme le bœuf ou le porc ayant subi un traitement pour la rendre souple et imperméable. C'est le tannage. Le cuir sert à faire les selles, les filets, mais aussi les bottes, les gants, les guêtres de travail.
Le cuir vit et se nourrit avec de la "graisse à cuir". Il est sec et cassant s'il n'est pas entretenu.

Comment lui faire comprendre ce que je veux ?

Langage du corps

Comme tu l'as compris dans le chapitre précédent, c'est avec des gestes et ton corps que tu vas faire comprendre à ton poney ce que tu veux qu'il fasse. Tu utilises tes mains et tes jambes, mais aussi ton poids du corps, et peut-être une cravache. Tout ce qui te permet de communiquer avec le poney s'appelle les "aides". Ton moniteur n'est pas une "aide".

Les aides

Les aides naturelles

Les aides naturelles font partie de ton corps :

- les mains ;
- les jambes ;
- le poids du corps appelé aussi l'assiette.

Les trois aides naturelles : mains, assiette, jambes.

Les aides artificielles

Les aides artificielles sont des outils qui permettent de renforcer une aide naturelle :

- la cravache : elle joue parfois le rôle de "baguette magique" car sa simple présence peut rendre les poneys très coopératifs ;
- les éperons.

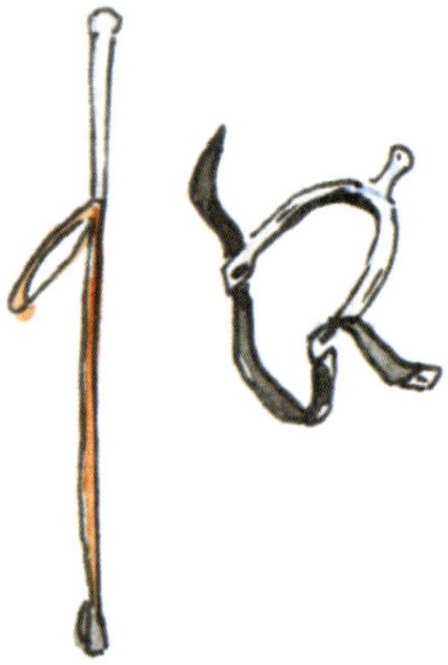

Les deux aides artificielles servent à faire avancer : cravache et éperons.

LA DRAGONNE

La dragonne est le nom de la petite poignée accrochée à la cravache. Elle est plutôt gênante car :

- elle s'emmêle avec les rênes quand tu changes ta cravache de main ;
- si tu lâches la cravache, elle reste accrochée à ton bras et ballotte dans tous les sens, elle peut agacer ou énerver ton poney ;
- si tu veux finalement te débarrasser de la cravache, tu ne peux pas le faire facilement.

Les aides pour avancer

- Les jambes, qui appuient ou qui serrent.
- Le poids du corps qui accompagne le mouvement quand le poney répond.

Les aides pour ralentir

- Le poids du corps qui va vers l'arrière et se bloque.
- Les mains : les doigts se serrent.

Les aides intérieures et extérieures

Au cours de tes reprises, tu vas entendre ton moniteur te parler de ta main intérieure ou de ta main extérieure, surtout pour tourner et prendre la cravache. C'est très simple, ta main extérieure est celle qui est du côté du mur ou de la barrière. Ta main intérieure est celle qui est du côté du milieu du manège.

Quand un cavalier tourne à main gauche, son côté gauche (jaune) est le côté intérieur et son côté droit (bleu) est le côté extérieur. La main gauche (jaune) est donc la main intérieure.

DÉCOUVRE LES AIDES POUR TOURNER

Pour tourner, tu utilises tes mains, mais ça ne suffit pas, car parfois "le poney, il veut pas tourner !"
Ton regard fait 50 % du travail ! La moitié ! C'est très important de regarder où tu vas !

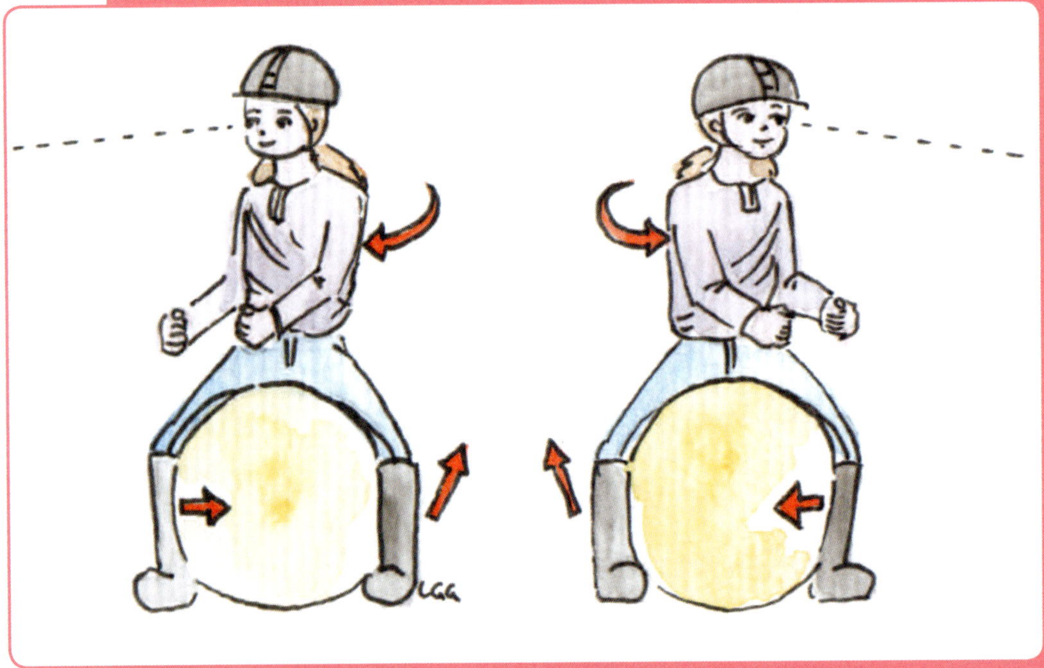

Fais un test : installe-toi sur ton poney, lâche les rênes, mets tes mains comme si tu les tenais. Regarde à droite en restant souple pour faire pivoter tes épaules. Sans le moindre effort, tes mains vont aussi aller vers la droite.

Recommence à gauche et à droite pour bien sentir le mouvement du haut de ton corps. Ensuite concentre-toi sur tes jambes : qu'est-ce qu'elles font quand tu te tournes ? Il y a une jambe qui recule un peu, et l'autre qui se serre contre le poney. Est-ce que tu le sens ?

Ton poney, lui, sent que tu es tourné à la façon dont tu es assis et la pression naturelle de tes jambes lui indique où il doit aller.

Si tu ne regardes pas où tu veux aller, sans t'en rendre compte, tu vas donner des informations contradictoires à ton poney.

Les autres aides

Si tu as un peu essayé d'autres disciplines, tu as pu découvrir une autre aide naturelle. On l'utilise en attelage par exemple, c'est la voix.

Si tu as l'occasion de voir ton moniteur faire tourner un poney à la longe, tu verras qu'il n'a pas une cravache mais une chambrière, plus longue, car il est loin du cheval. De même en attelage, mais l'instrument s'appelle alors un fouet.

Le filet, les rênes ne sont pas des aides, ce sont du matériel.

Pourquoi certains avancent et d'autres pas ?

Pour débuter, tu auras souvent des poneys très sages, qui n'avancent pas trop car ils sont rassurants. Par la suite, on te donnera aussi des poneys qui répondent tout de suite et que tu ne seras pas obligé de réveiller en permanence.

L'impulsion

L'impulsion est l'énergie naturelle du poney. Un poney qui dort, qui part très difficilement au trot ou au galop, qui ralentit tout le temps, est un poney sans impulsion. On peut aussi dire qu'il n'est pas motivé.
Un poney qui répond dès qu'on lui demande d'avancer, qui a toujours envie de participer, qui est motivé et à l'écoute de son cavalier, est un poney qui a de l'impulsion.

L'impulsion c'est de l'énergie !

Quand un poney n'a pas d'impulsion naturellement, on peut lui apprendre à en avoir en l'éduquant et en le dressant. C'est le rôle de ton moniteur et c'est un travail qu'il fait quand tu n'es pas là, ou qu'il fait faire en cours à des cavaliers confirmés.

Le moteur du poney est situé derrière, comme sur les vélos et ce sont tes jambes qui l'actionnent.

5 Comment fait-il pour sauter ?

Mécanisme du saut

Pour que ton poney puisse sauter, il doit commencer par prendre de l'élan. Exactement comme toi, c'est beaucoup plus facile de sauter en courant, qu'en marchant. Le poney doit prendre son appel (ou sa battue) en joignant ses pieds, d'abord les antérieurs, puis les postérieurs, comme tu fais quand tu sautes à pieds joints. C'est ensuite qu'il monte.

Il s'allonge et plane avec les antérieurs repliés sous lui pour passer au dessus de l'obstacle.

Enfin, il redescend et atterrit, d'abord sur les membres antérieurs, et ensuite sur les membres postérieurs.

Dans l'ordre, de haut en bas :

- battue des antérieurs ;
- battue des postérieurs ;
- planer ;
- réception avec les antérieurs ;
- réception avec les postérieurs.

Regarde bien les deux éléments importants pour toi : c'est comme si tu étais en équilibre sur un cylindre qui monte et qui descend, et que tes mains étaient reliées à la tête qui est au bout d'un ressort qui se déplie et se replie.

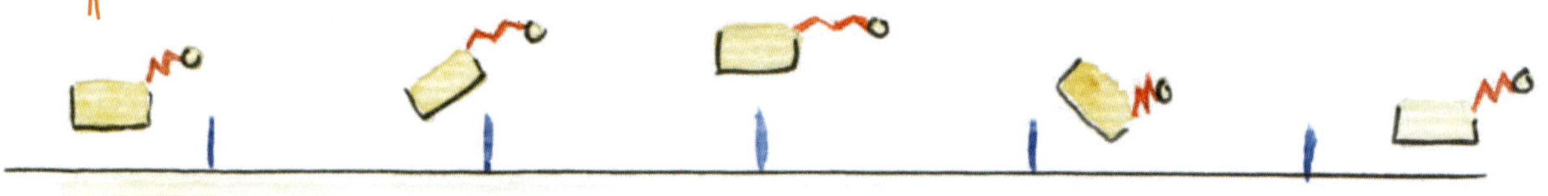

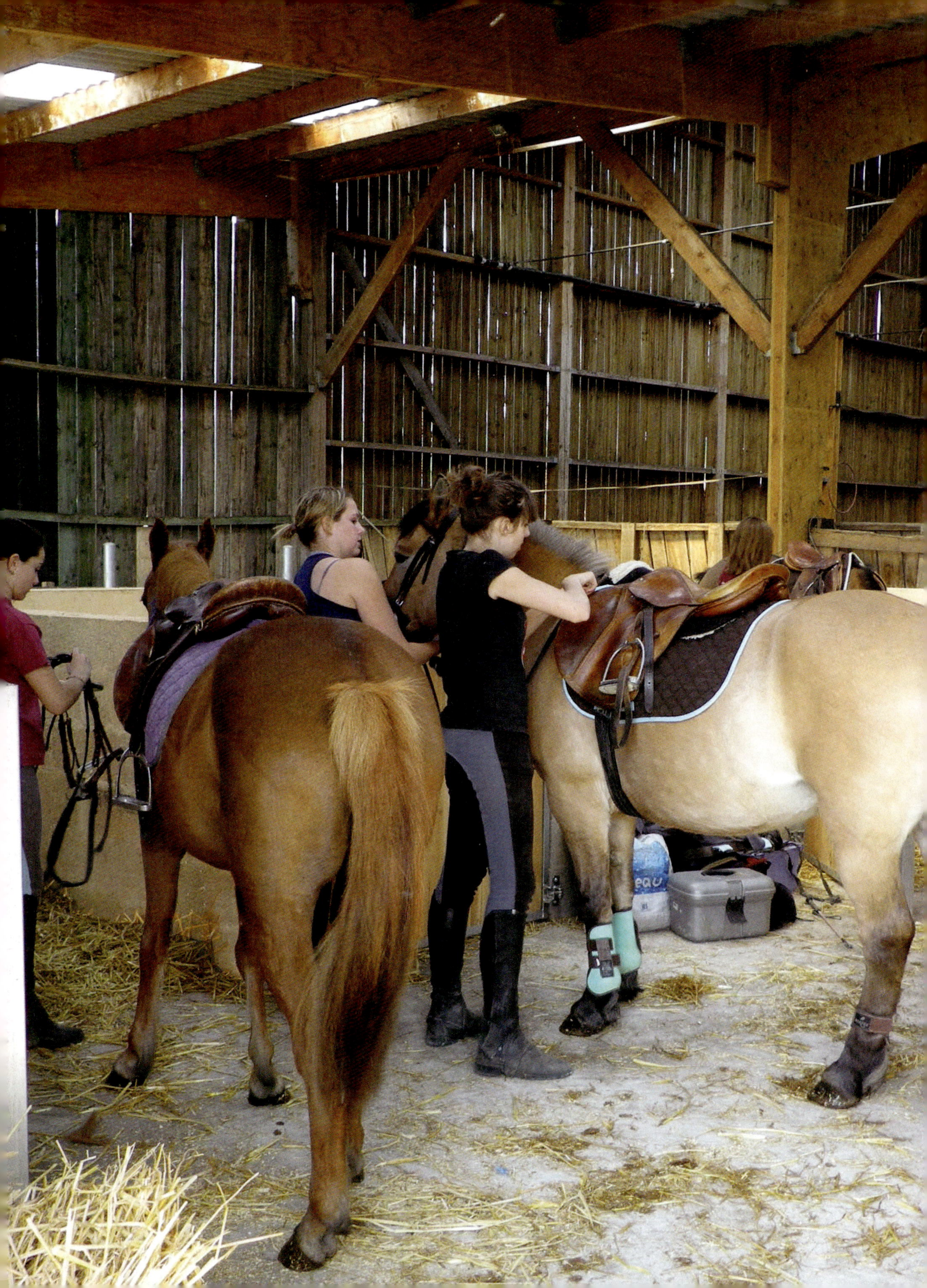

2 Préparer mon poney tout seul

① Nettoyer mon poney : le pansage complet 98

② Équiper mon poney : seller, mettre le filet, installer un enrênement, protéger les antérieurs 102

③ Prendre soin du matériel après la séance : nettoyer et ranger 115

④ Déshabiller et habiller mon poney en hiver : enlever et mettre une couverture 116

Nettoyer mon poney

À partir du galop 2, tu dois savoir préparer seul ton poney, ce qui comprend, aller le chercher, faire le pansage, mais aussi mettre sa selle et son filet. Pour cela, ton moniteur va certainement te demander d'arriver avant l'heure de ta leçon. C'est important que tu prennes du temps pour bien faire cette préparation car si ton poney est mal à l'aise, il risque de ne pas être très coopératif pendant ta leçon.

Le pansage complet

Le pansage est un moment particulier et très agréable pour ton poney, car le passage des brosses est pour lui comme un massage. Il adore se faire gratter le dos, même s'il est propre.
En le nettoyant, tu lui évites aussi d'être irrité et blessé, car le frottement de son matériel contre la saleté crée des blessures.
Utilise les trois brosses comme tu sais déjà le faire et dans le bon ordre : étrille pour décoller les saletés, bouchon pour les enlever, et brosse douce pour faire briller.

Il existe une étrille en fer qui est très efficace quand le poney est plein de boue séchée comme quand il revient du pré.

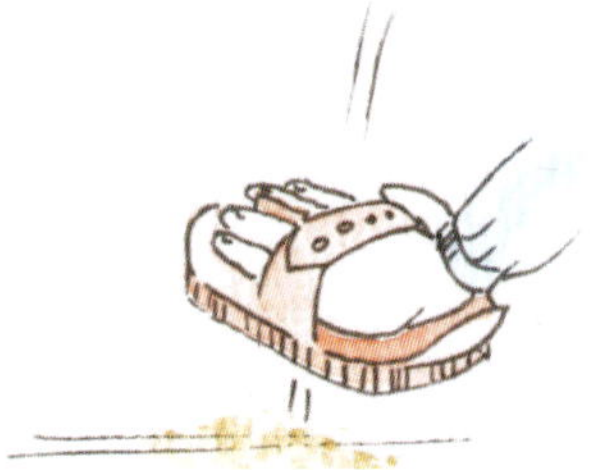

Pour nettoyer ton étrille lorsqu'elle est sale, frappe-la par terre.

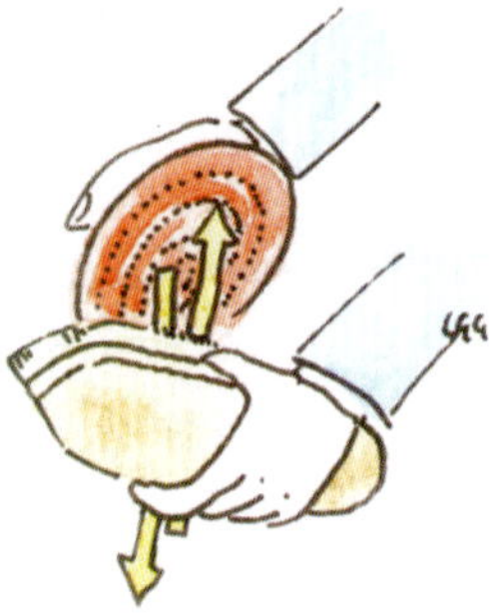

Pour nettoyer le bouchon ou la brosse douce lorsqu'ils sont pleins de poils, frotte-les contre l'étrille, puis frappe l'étrille au sol pour la nettoyer à son tour.

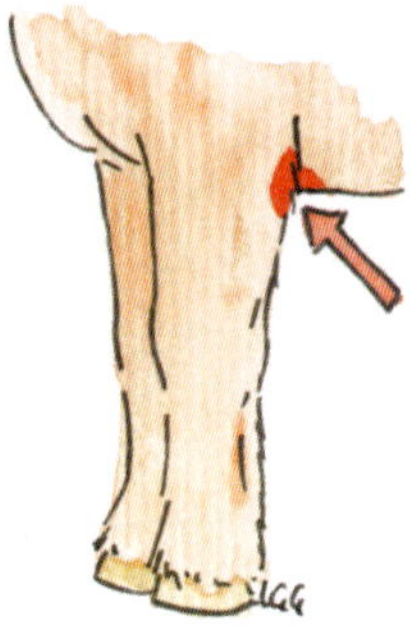

Quand le poney se couche, il salit beaucoup ses coudes, n'oublie pas de les nettoyer.

Soulève la crinière pour brosser toute l'encolure.

Avec la brosse douce, passe délicatement derrière les oreilles, là où tu poses le filet.

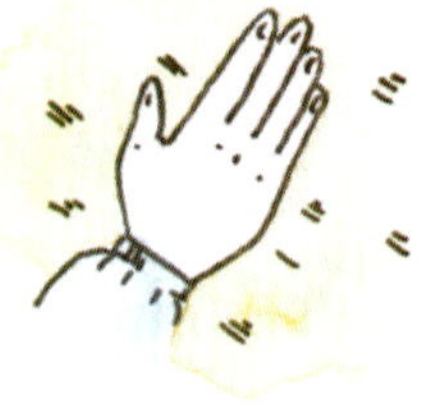

À la fin de ton pansage, passe ta main sur le corps du poney : partout où c'est doux, c'est propre. Si tu sens un endroit rugueux, reprends le bouchon pour le brosser surtout si c'est un endroit où il y a du matériel (filet, sangle, selle).

Si ton poney est habitué, tu peux aussi curer les quatre sabots en restant du même côté ! En fait, une fois que tu as soulevé un pied pour le curer, la plupart des poneys savent que tu vas demander les autres pieds.
Parfois le poney le donne même à l'avance. Il n'y a alors plus besoin de le déséquilibrer et tu peux demander les quatre pieds en restant du même côté : il sera juste obligé de croiser ses jambes.

Si ton poney est habitué à croiser ses jambes, tu peux curer tous ses sabots en restant du même côté.

L'époussette

L'époussette se passe à la fin du pansage. Comme la brosse douce, elle permet de faire briller le poil en enlevant les dernières petites poussières.

L'époussette est un chiffon en coton.

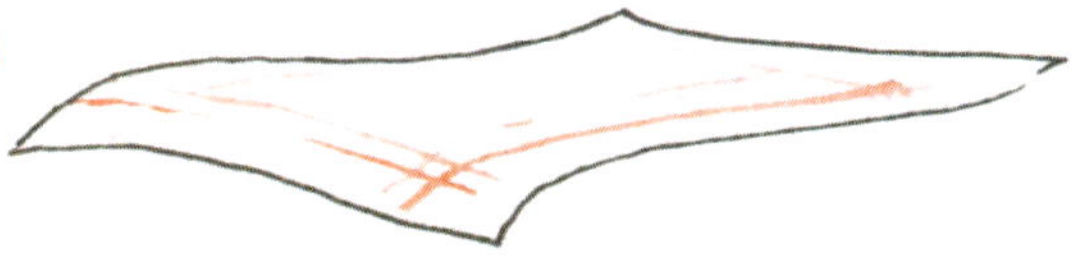

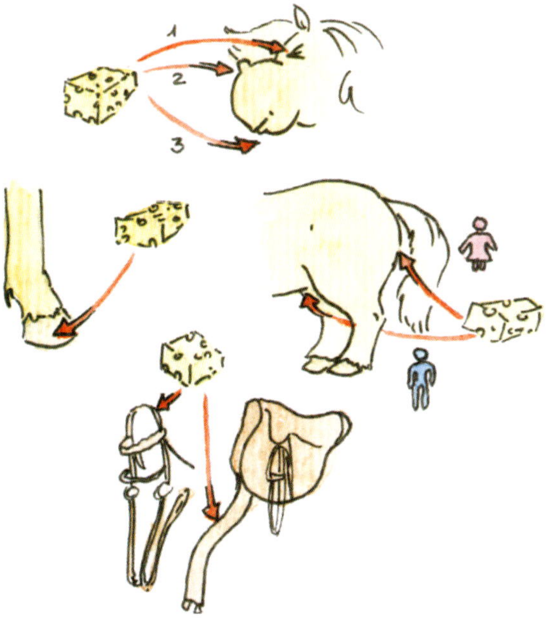

L'éponge

Tu peux avoir plusieurs éponges car elles servent sur des parties différentes du poney qu'il vaut mieux ne pas mélanger.

Rince bien l'éponge chaque fois que tu changes l'endroit à nettoyer.

L'éponge sert à trois choses :

1 > Nettoyer

- Les parties du poney où la brosse ne peut pas aller : les yeux, les naseaux, la bouche, le fourreau (si c'est un garçon), la vulve (si c'est une fille), l'entre-deux-cuisses, l'anus.
- Le matériel : les endroits qui sont couverts par la sueur du poney ou la boue, comme la têtière, la sangle et aussi le culeron de la croupière.
- Le sabot : si on nettoie avec une brosse, on risque d'enlever la fine pellicule qui recouvre la paroi. On dirait un vernis et cela s'appelle le périople.

2 > Rafraîchir le poney quand il fait chaud :
on imbibe l'éponge et l'applique sur l'encolure ou sur les veines qui ressortent.

3 > Éviter de doucher un poney quand il fait froid :
on ne peut pas faire sécher un poney en hiver, si on le douchait, il prendrait froid et serait malade. Mais on peut le nettoyer avec une éponge si nécessaire.

À la fin de ton pansage complet, il ne doit pas rester de paille dans la queue.

Équiper mon poney

Dans quel ordre ?

Que faire en premier, seller ou mettre le filet ? Cela dépend juste d'une chose : ton poney est-il attaché ?

- Ton poney est attaché avec son licol : tu mets la selle en premier et le filet en deuxième.
- Ton poney est libre dans son box : tu mets le filet en premier et la selle en deuxième.

Seller

Pour prendre ta selle facilement, fais-la glisser vers toi en la collant sous ton bras. Si tu dois la poser par terre, elle est déjà dans le bon sens.
Pense à protéger le troussequin en mettant la sangle entre la selle et le mur.
C'est une partie de la selle où le cuir est très fragile

Repère le sens du tapis : les deux languettes du haut doivent être vers les oreilles du poney et on doit les voir quand le tapis est posé sur le poney.
Le tapis est là pour absorber la sueur et protéger le poney des frottements de la selle.

Repère le sens de l'amortisseur : ils ont tous un côté arrondi qui se met vers les fesses du poney. Comme son nom l'indique, il amortit ton poids.

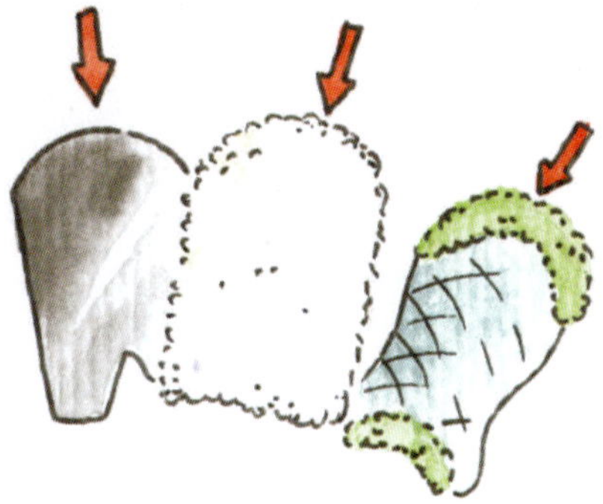

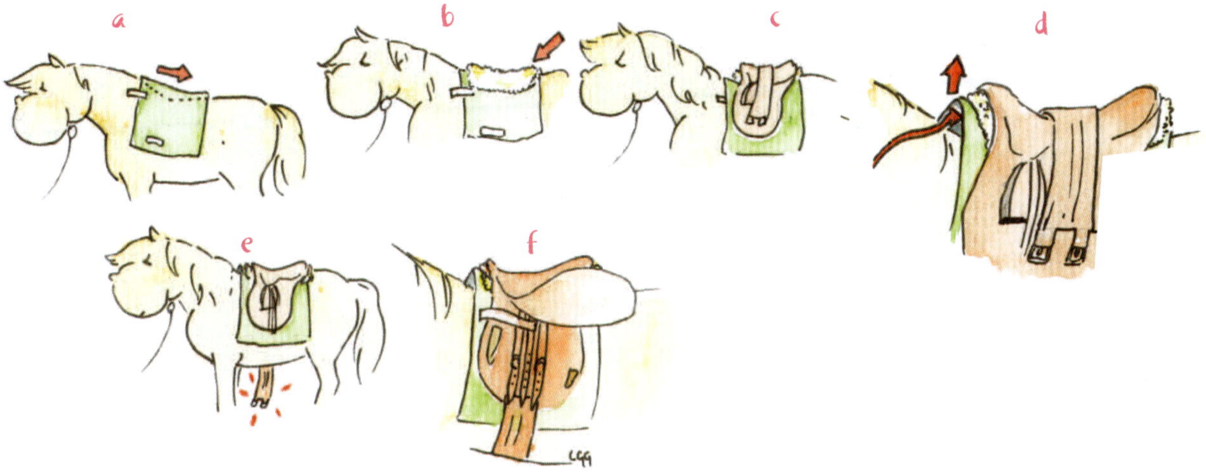

a > Positionne le tapis sur la moitié de l'encolure avec les languettes vers les oreilles et fais-le glisser vers l'arrière (dans le sens du poil) en t'arrêtant sur le garrot.

b > Mets l'amortisseur avec le côté arrondi vers l'arrière s'il y en a un.

c > Pose la selle doucement, sans la jeter, sur le dos du poney.

d > Dégarrote : passe ta main entre le tapis et le poney et remonte le tapis jusqu'au pommeau de la selle : rien ne doit frotter sur le garrot. Cela permet aussi de mettre la selle bien à sa place, pas trop en avant. Fais le tour de ton poney et vérifie que le côté droit de la selle est bien à plat en soulevant le grand quartier.

e > Descends la sangle sans cogner ses jambes avec les boucles.

f > Reviens à gauche et saisis la sangle sous son ventre pour l'attacher. Soulève le grand quartier et utilise le premier et le troisième contre-sanglons. Passe la languette du tapis dans le contre-sanglon du milieu qui est libre des deux côtés.

S'il y a une croupière, attache-la.

a
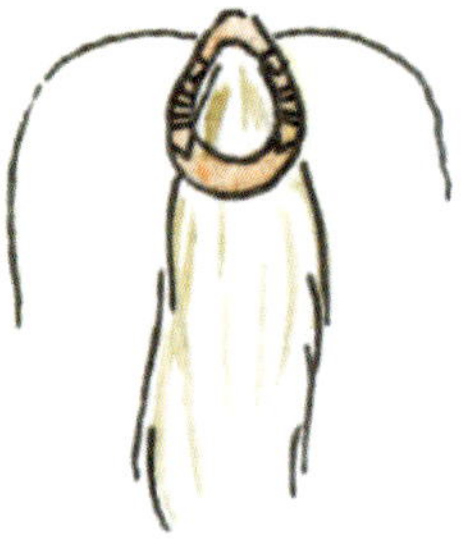

a > La partie arrière de la croupière et qui s'attache sous la queue s'appelle le culeron. Il doit toujours être fermé.

b

b > Commence par le déboucler et pour ne pas piquer les fesses du poney avec l'ardillon...

c
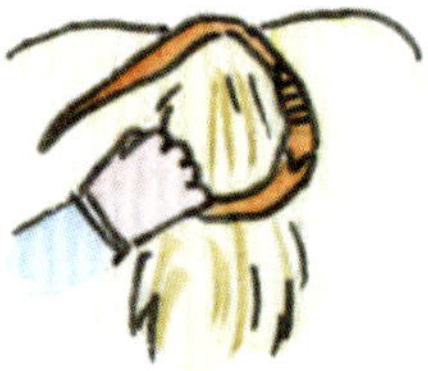

c > ... cache la boucle dans ta main droite,

d

d > soulève la queue avec ta main gauche et passe la main droite en dessous.

e

e > Ne t'occupe pas de la queue, elle va glisser toute seule de ton bras...

f

f > ...et referme le culeron.

N'attache pas la croupière en premier, elle risque de te gêner pour poser la selle au bon endroit.

LE TAPIS ET SES LANGUETTES

Sur le tapis, il y a plusieurs languettes, elles sont pratiques pour repérer l'envers de l'endroit et l'avant de l'arrière. Mais elles ne servent pas qu'à ça. Elles sont surtout conçues pour y glisser des morceaux de la selle :

- la languette n° 1 s'accroche à un contre-sanglon situé sous le grand quartier ;
- la languette n° 2 permet de passer la sangle.

Selon les modèles de tapis, la selle et la conformation du poney, la languette n° 2 n'est pas toujours placée au bon endroit. Parfois, il vaut mieux ne pas la mettre que de tirer le tapis trop vers l'arrière.

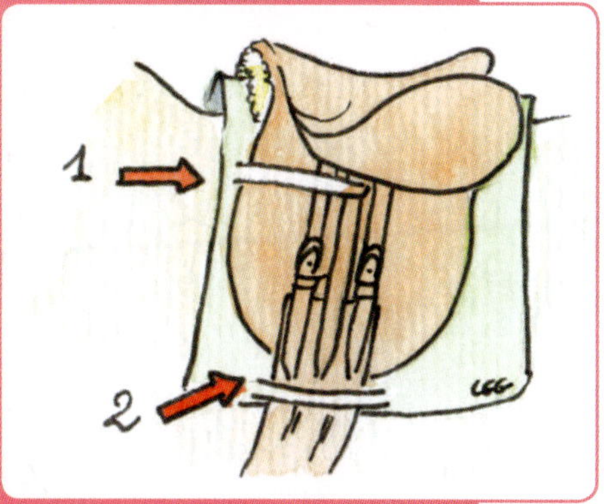

Vérifie que le côté droit de la selle est bien à plat en soulevant le grand quartier.

LES TROIS CONTRE-SANGLONS

En soulevant le grand quartier, tu vas voir trois contre-sanglons alors qu'il n'y a que deux sanglons à attacher. On n'utilise pas celui du milieu, il sert de "roue de secours". Si celui de droite ou de gauche casse, on utilise pour le remplacer, celui du milieu et dès qu'on a le temps, on emmène la selle chez le sellier pour la faire réparer.

N'attache pas la croupière en premier, si jamais ta selle glisse parce que ton poney bouge, elle restera accrochée par la queue et cela lui fera très mal.

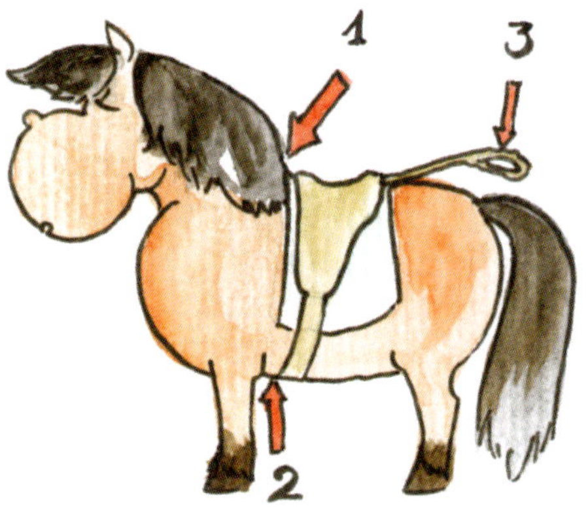

Pour vérifier que le poney est bien sellé :

1 > le tapis est sur le garrot ou à la base des crins ;

2 > la sangle est à une main de l'antérieur ;

3 > la croupière s'attache en dernier quand ces points sont bons.

Une fois la selle attachée, vérifie qu'il n'y a pas de pli de peau à la sangle. C'est souvent le cas avec les bardettes et comme les poneys sont très poilus, on ne voit pas qu'ils sont gênés et on les blesse chaque fois qu'on les monte.

Pour éviter les plis de peau à la sangle, étire doucement les antérieurs.

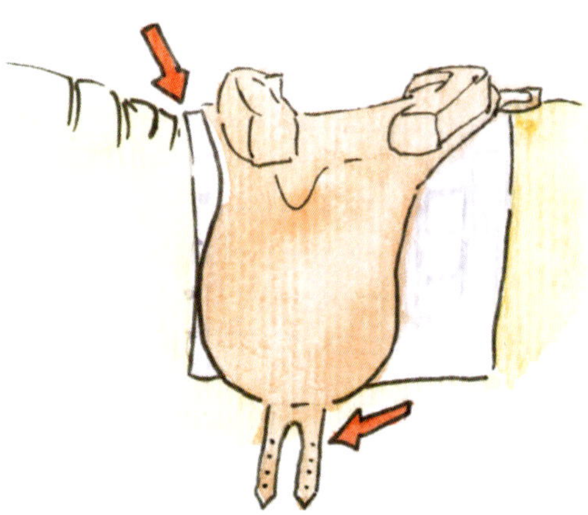

Avec une bardette, tu ne pourras pas dégarroter, et il faudra faire attention au sanglage car les boucles sont directement sur sa peau et peuvent se prendre dans ses longs poils.

Le sanglage des bardettes peut pincer la peau du poney. Dans ce cas, il ne va pas être très content et risque de te montrer ses dents !

TROIS SANGLAGES

- Le premier sanglage se fait au box, sans trop serrer.
- Ressangle avant de monter, une fois au manège, si tu as préparé toi-même ton poney.
- Ressangle une dernière fois avant de galoper.

Si tu reprends un poney après un autre cavalier, tu peux vérifier le sanglage en passant ta main entre la sangle et le poney. Si tu la passes très facilement et que tu peux écarter la sangle du ventre, c'est qu'elle n'est pas assez serrée : ressangle-la doucement. Si tu peux difficilement passer ta main, n'y touche pas.

Mettre le filet

Si ton poney a un licol, détache-le et passe-le autour de l'encolure pour éviter qu'il ne se sauve.

On ne place pas le filet comme on l'enlève, en se mettant devant : impossible de faire rentrer le mors dans la bouche de cette façon.

- Place-toi à gauche et commence par mettre les rênes sur l'encolure, tout en gardant le filet dans la main libre.
- Ensuite, il ne faut pas que le poney bouge sinon tu risques de lui cogner les dents et de lui laisser des souvenirs désagréables : après, il ne voudra plus se laisser faire !
- Pour cela, passe ton bras droit sous l'encolure et saisis les montants du filet avec ta main droite au niveau du chanfrein.
- Sépare bien le côté droit du côté gauche, de chaque côté de la tête du poney.
- Quand tu es prêt, présente le mors sous la bouche avec la main gauche et glisse ton pouce à la commissure des lèvres, tout en haut, pour qu'il ouvre la bouche. Il n'y a pas de dents à cet endroit et tu ne risques pas de te faire mordre. Par contre, la bouche du poney est humide, et ton doigt va être un peu mouillé, c'est normal, n'aie pas peur.
- Fais un peu "guili-guili" sur la commissure des lèvres si ton poney a un peu de mal à ouvrir la bouche.
- Quand tu vois que le poney ouvre la bouche, pousse délicatement le mors avec le plat de ta main. Ne met pas tes doigts dans la bouche à cet endroit.
- En même temps, si tu veux que le mors tienne en haut dans la bouche du poney, il faut lever aussi l'autre main en direction des oreilles.
- Comme ta main gauche n'a plus rien à faire, elle va aider la main droite à passer les oreilles du poney sous la têtière.
- Reste délicat avec la bouche (les dents) et les oreilles.

À l'endroit où tu dois mettre ton doigt, il n'y a pas de dents.

TENIR LA TÊTE PAR LE TOUPET

Si tu es un peu plus grand que le poney, tu peux mettre ton bras sur sa tête en attrapant le toupet pour que ton poney ne bouge pas.

Dans l'ordre :

a > commence par mettre les rênes sur l'encolure ;

b ou c > tiens la tête du poney avec le reste du filet : soit avec la main sur le chanfrein, soit avec la main sur le toupet. Place ta main gauche sous le menton avec le mors. Glisse ton pouce à la commissure des lèvres dans la bouche du poney ;

d > quand il ouvre la bouche, pousse le mors à l'intérieur sans y mettre tes doigts et remonte le reste du filet avec l'autre main en même temps ;

e > il ne te reste plus qu'à passer les oreilles.

Une fois que le filet est enfilé sur la tête du poney, il faut boucler la sous-gorge et la muserolle.

- La sous-gorge est une grande lanière fine qui pend de l'autre côté du poney, avec une boucle au bout. Attache-la mais pas trop serrée, avec le morceau de cuir qui descend des oreilles.
- La muserolle est autour du nez du poney. Pour la mettre il faut la passer sous les montants du mors puis la fermer en l'ajustant au poney.
- Pour finir, il faut ressortir le toupet du poney de sous le frontal parce qu'il sera plus beau.

Boucler la muserolle et la sous-gorge.

Pour ne pas serrer trop fort, vérifie que tu peux passer deux doigts sous la muserolle, et un poing entre la sous-gorge et la gorge du poney.

Ressort le toupet du frontal pour que ton poney soit plus beau.

Installer un enrênement

Le gogue

Si le gogue est détaché du filet, rattache-le par-dessus la têtière, en laissant bien les rênes pendre.

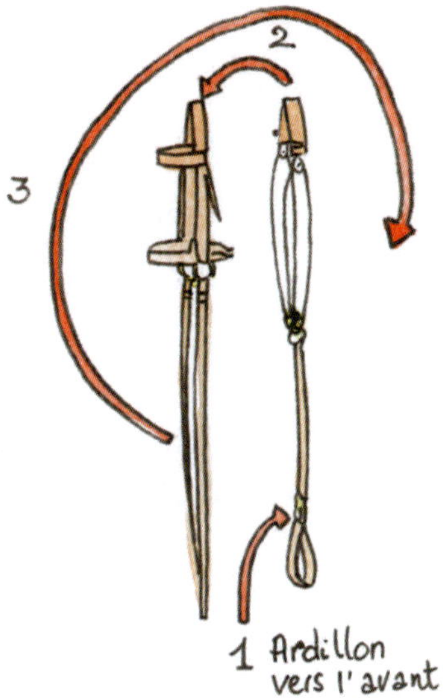

1 > Pour remettre un gogue sur le filet, commence par trouver l'avant du gogue grâce à la position de l'ardillon de la boucle ventrale.
2 > Attache le gogue sur la têtière du filet.
3 > Fais passer les rênes par-dessus le gogue et la têtière.

Quand tu mets le filet sur la tête du poney, laisse pendre la boucle en cuir.

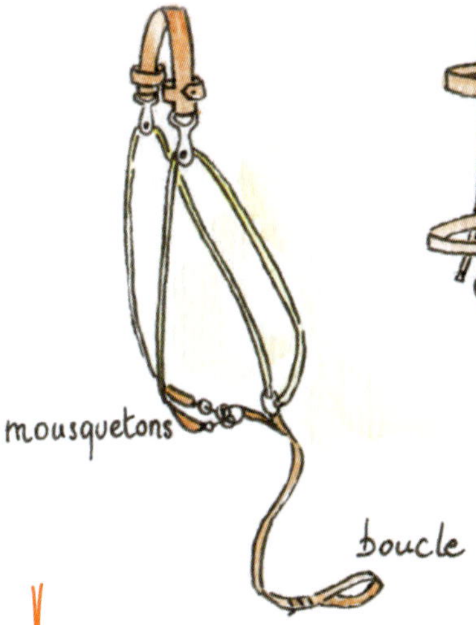

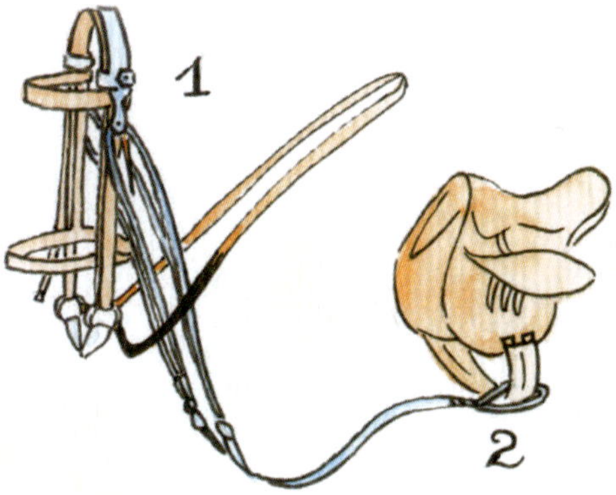

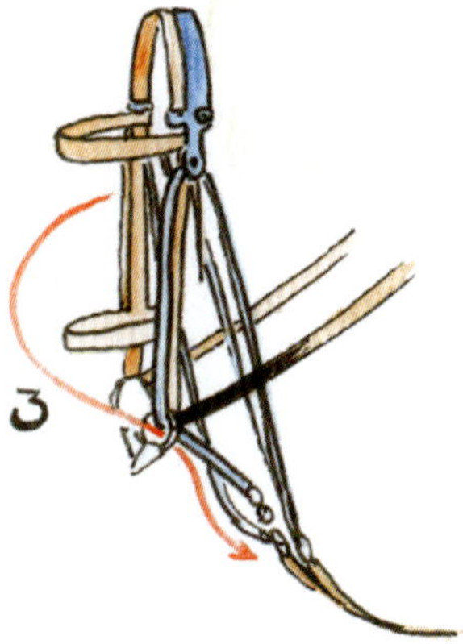

1 > Le gogue s'installe sur le filet. On le met en même temps que le filet sur la tête du poney.
2 > Ensuite on passe la sangle dans la boucle du gogue et on la positionne au milieu des deux antérieurs.
3 > Au manège, on passe les ficelles de devant dans les anneaux du mors.

En descendant, il faudra penser à détacher le gogue donc à enlever les ficelles du mors.

La martingale

La martingale ne s'attache
pas sur le matériel,
tu la trouveras à côté du filet.

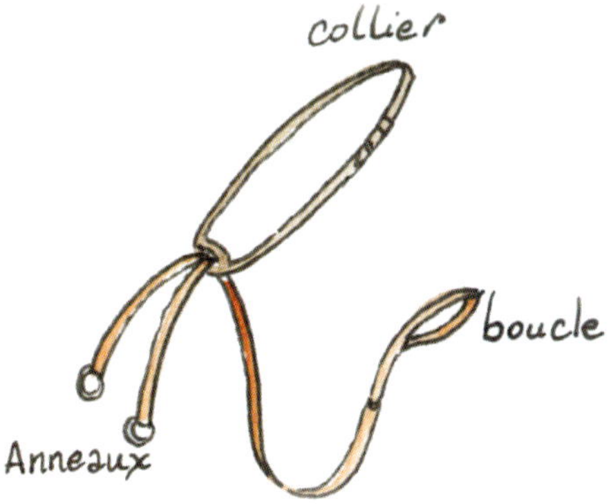

Martingale

1 > Passe le collier autour de l'encolure du poney.
2 > Glisse la sangle dans la boucle en cuir.
3 et 4 > Fais entrer les rênes dans les anneaux et referme-les.
Les rênes doivent avoir des arrêtoirs pour que les anneaux de la martingale ne descendent pas jusqu'à l'anneau du mors.

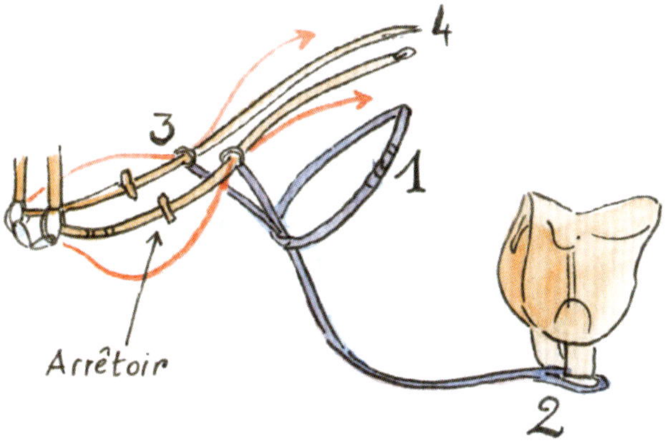

Mets bien la boucle des deux enrênements au milieu des deux antérieurs du poney, fais attention qu'elle reste à sa place quand tu ressangles, sinon les frottements le blesseront.

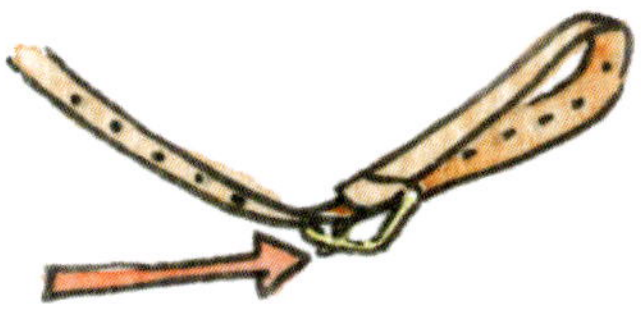

L'ardillon de la boucle où passe la sangle doit toujours être vers le bas, jamais contre le poney.

Protéger les antérieurs

Lorsque tu vas commencer à sauter, ton moniteur te demandera peut-être de mettre des protections aux antérieurs du poney. Ces protections s'appellent des guêtres.
C'est ton moniteur qui t'en prêtera. On met très rarement des protections aux shetlands. Pour les poneys plus grands, il faut des guêtres de la bonne taille. La taille "cheval" ne va pas à un poney.

Trouver le sens

Il y a toujours une coque en plastique dur sur les guêtres : commence par la repérer et mettre le côté le plus large en bas.
Ensuite fais comme si tu voulais fermer la guêtre, et regarde si le système (velcro ou boucle) va vers la droite ou la gauche.

- Si la guêtre se ferme vers la droite, mets-la sur l'antérieur gauche.
- Si la guêtre se ferme vers la gauche, mets-la sur l'antérieur droit.

Les fermetures sont toujours dirigées à l'extérieur vers l'arrière.

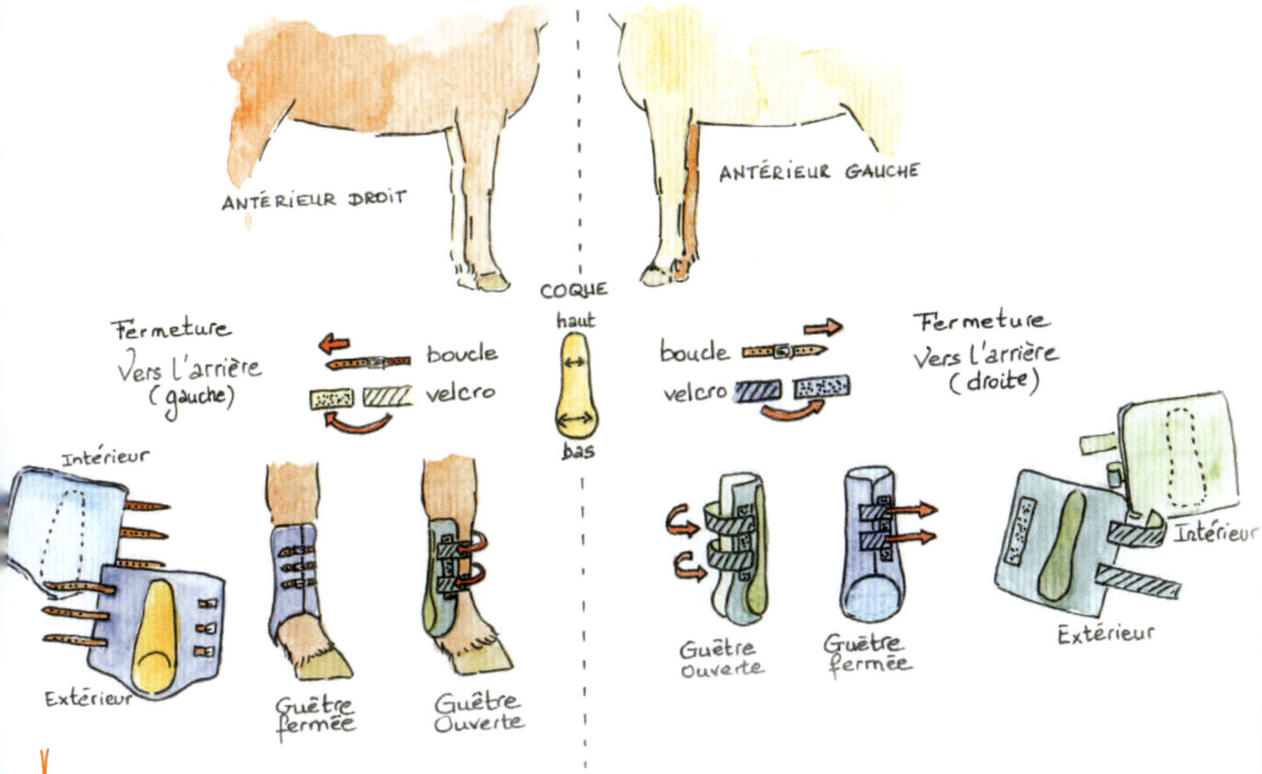

Prends des guêtres et essaie de retrouver leur sens d'après les dessins.

Galop 2

Soins

Guêtres ouvertes ou fermées

Une guêtre ouverte ne recouvre pas le devant de la jambe du cheval. La coque est à l'arrière de la jambe.
Une guêtre fermée couvre tout le tour de la jambe. La coque est à l'intérieur de la jambe, en face de l'autre jambe.

Des protections bien positionnées ne gêneront pas ton poney.

3 Prendre soin du matériel après la séance

Nettoyer et ranger

Il ne s'agit pas forcément de démonter, de savonner et de graisser le matériel à chaque fois avant de le ranger !
Le strict minimum que tu dois faire :

- nettoie le mors dans de l'eau jusqu'à ce qu'il n'y ait plus aucune salissure ;
- passe un petit coup de brosse ou d'éponge sur la sangle si elle est pleine de boue ;
- mets le tapis déplié et à l'envers sur la selle pour qu'il s'aère et sèche. S'il est plein de poussière ou de poils, tu peux le brosser avec le bouchon ;
- passe un petit coup de brosse sur les protections si elles sont pleines de sable et fais-les sécher.

Ne range pas le matériel sale, nettoie-le avant : le mors, le tapis, la sangle et les protections.

De temps en temps, quand tu as le temps et si le matériel de ton poney n'est pas repris, tu peux le nettoyer avec du savon puis de la graisse à cuir.

Ensuite tu ranges le matériel au bon endroit, comme tu sais déjà le faire.

4 Déshabiller et habiller mon poney en hiver

En hiver, ton poney fait un gros poil pour avoir bien chaud. Au printemps, il perd ses poils, comme les chiens ou les chats. Le pansage est alors très long et les brosses très sales.
Malheureusement, avec son gros poil, quand ton poney travaille en hiver, il transpire car il a trop chaud.
Pour cette raison, les poneys sont parfois tondus (rasés).

- Soit ils sont rasés là où ils transpirent, et on leur laisse les poils sur le dos pour leur faire comme une couverture.
- Soit les poneys travaillent beaucoup ou font des compétitions, et sont tondus entièrement. En fait, il reste un peu de poils au niveau du garrot pour le protéger des frottements. Dans ce cas, on leur met une couverture en remplacement de leurs poils quand ils ne travaillent pas.

Quand il fait très froid en hiver, beaucoup de poneys ont une couverture même s'ils n'ont pas été tondus.

En hiver, ton poney fait un gros poil.
Parfois il est tondu pour travailler sans transpirer.

Enlever une couverture

Tu as plusieurs possibilités pour enlever la couverture, ça dépend de ta taille, de la taille du poney et de l'épaisseur de la couverture.

Commence par enlever toutes les boucles :

- devant, au poitrail ;
- sous le ventre ;
- derrière les cuisses : ces courroies n'existent pas sur toutes les couvertures, il faut que tu vérifies.

Enlève toutes les courroies : devant, dessous et derrière.

Attrape la couverture en deux endroits sur le dos du poney et fais-la glisser vers l'arrière. Plie-la en deux pour la poser dans un coin du box, ou pose-la sur la porte du box.

Ou bien :

Replie la couverture de l'arrière vers l'avant. Passe ton bras sous la couverture au niveau du garrot et tire la couverture à toi. Tu peux la poser sur la porte du box.

OÙ POSER LA COUVERTURE ?

Si tu la plies à l'endroit, tu peux la poser à peu près partout car ça ne va pas salir l'intérieur qui est en contact avec le poney : dans un coin propre du box, sur la mangeoire, sur la porte, à l'extérieur devant la stabulation pour que les autres poneys ne l'arrachent pas avec leurs dents. Si tu la plies à l'envers, pose-la dans un endroit propre et sec, comme la porte, ou encore une malle, un tréteau, mais pas dans la paille, car celle-ci va s'accrocher dedans et va démanger ton poney quand tu lui remettras.

Mettre une couverture

Si la couverture est pliée à l'envers, prends-la sous le bras et pose-la en avant du garrot. Déplie-la vers l'arrière sans tirer.

Tu as plusieurs possibilités pour mettre la couverture, ça dépend de la façon dont elle a été enlevée.

Cherche le point de repère : il s'agit de la protection du côté du garrot, elle est molletonnée ou doublée (en bleu sur les dessins).

*Si la couverture est pliée à l'endroit, passe tes bras à l'intérieur.
Essaie de la mettre entièrement sur un seul bras.
Place-la ensuite dans le bon sens en avant du garrot.
Et étire-la doucement vers l'arrière.*

Tu peux aussi la prendre par le renfort du garrot (partie bleue) et la poser/lancer sur le dos du poney. Mais fais attention à ne pas le surprendre !

Si tu décides de poser la couverture sans la plier avant, tu risques de te prendre les pieds dedans !

Une fois la couverture à sa place, attache les courroies en commençant toujours par devant.

COUVERTURE TROP EN ARRIÈRE

Si tu mets la couverture trop en arrière, tu ne pourras pas attacher les courroies qui sont devant le poitrail. Tu auras envie de tirer, mais la couverture ne glissera pas bien, car elle est à rebrousse-poil. Dans ce cas, replie-la un peu, soulève-la, et replace-la un peu plus en avant. La couverture comme le tapis, ne peuvent glisser que dans le sens du poil.

En se roulant dans son box, le poney peut déplacer la couverture sur son dos ou même arriver à la détacher.

Galop 2

3 Confiance et dynamisme

① Évoluer à pied avec mon poney 122

② Gérer la cravache 126

③ Se déplacer à poney plus précisément : s'équilibrer et avancer 127

④ Les figures de manège : diriger 130

⑤ Commencer à sauter : s'équilibrer 136

⑥ Galop 2 : évaluation montée 140

Équitation

1 Évoluer à pied avec mon poney

Tu sais marcher à côté de ton poney, en te tenant à la hauteur de son épaule et sans le laisser ni te dépasser ni te bousculer. Maintenant, il va falloir faire la même chose, au trot, ce qui va te permettre de lui faire passer quelques embûches.

Pour partir au pas

Tiens dans ta main droite la longe, ou les rênes, en laissant une longueur d'encolure à partir du menton. Regarde où tu veux emmener ton poney, appelle-le pour le rendre attentif et commence à marcher en lui demandant de te suivre : "Kalypso ! Marche !"

Commence par appeler ton poney pour le rendre attentif, puis demande lui d'avancer.

Pour partir au trot

Cette fois, appelle ton poney et commence à courir sur place tout en l'invitant à te suivre. Ne tire pas sur la longe ou les rênes. S'il est un peu mou, encourage-le d'une petite tape sur le flanc gauche avec le plat de ta main ou la cravache. Dès qu'il saute dans le trot, avance en courant vers l'endroit où tu veux aller.

Si ton poney ne trotte pas vite, si son trot est vraiment lent et que tu peux marcher au lieu de courir, continue quand même de "courir au ralenti", car tes petits bonds aident ton poney à comprendre que tu veux qu'il trotte.

Si ton poney ne trotte pas vite, saute en courant pour le stimuler.

Tu dois pouvoir caresser ton poney au trot sans jamais tirer sur la longe.

Pour repasser au pas

Il suffit généralement de ralentir. Avec certains poneys dynamiques, tu peux même lever lentement le bras droit devant leurs yeux.

Pour faire reculer

Pour faire reculer ton poney, place toi devant lui. Rassure-le en le caressant sur le chanfrein : il ne faut pas qu'il te fuit mais bien qu'il recule gentiment quand tu vas le lui demander.

Tiens la longe à une longueur de bras du mousqueton et le flot dans l'autre main : si tu écartes tes deux mains, ta longe forme une barrière devant ton poney. Avance tes mains de chaque côté des épaules, sans les toucher, et dis à ton poney de reculer : "Tornado ! Re-cule !" Récompense dès le premier pas en caressant sur le chanfrein.

Fais une barrière avec ta longe et avance lentement vers ton poney pour le faire reculer.

Si ton poney ne recule pas, touche les épaules avec tes mains pour l'inciter à se pousser en même temps que tu lui demandes. Ne tire pas la longe vers l'arrière. Au moment où il recule, caresse et essaie à nouveau sans le toucher. Savoir faire reculer un poney sans le toucher est utile quand tu rentres dans une stabulation et que tu te retrouves face à un poney un peu collant qui n'est pas celui que tu viens chercher.

Faire reculer son poney sans qu'il ne lève la tête peut être aussi utile pour le faire descendre d'un van.

Si ton poney recule correctement dès la première tentative, essaie le jeu "le doigt le plus fort du monde" : face à ton poney, pose ton index sur le chanfrein (voir *La Récré des Cavaliers*, éditions Amphora, 2011). En appuyant légèrement, ton poney doit reculer.

En appuyant ton index sur le chanfrein de ton poney, tu peux le faire reculer.

Franchir des embûches

Maintenant que tu arrives à emmener ton poney partout comme ton ombre, tu peux tester ta conduite sur quelques embûches simples comme :

- un slalom au trot ;
- franchir des barres au sol au trot ;
- passer sous des "branches basses" ;
- passer un labyrinthe très serré au pas avec un endroit où il faut reculer ;
- franchir un petit obstacle ;
- passer sur une bâche ;
- etc.

Laisse toujours l'encolure du poney la plus libre possible pour qu'il puisse s'équilibrer. Essaie de mimer au maximum ce qu'il doit faire : lever les genoux, baisser la tête, marcher lentement, trotter...

Mime au maximum ce que ton poney doit faire, comme baisser la tête.

Pour tourner

Sur les courbes, tu dois attirer ton poney quand vous tournez à gauche et le repousser quand vous tournez à droite. Ces actions ressemblent plutôt à des invitations car ta longe ne doit pas se tendre.

Pour tourner à gauche, ton poney doit te suivre comme s'il regardait par-dessus ton épaule et sans que tu aies besoin de tirer sur la longe.
Pour tourner à droite, montre lui la direction en passant ta main sous sa tête et déplace-toi vers lui pour le repousser.

Le poney utilise son encolure comme un balancier pour s'équilibrer.
Nous, nous utilisons nos bras.

Gérer la cravache

Monter avec la cravache

Pour monter, mets ta cravache dans la main gauche avec les deux rênes et un peu de crinière.

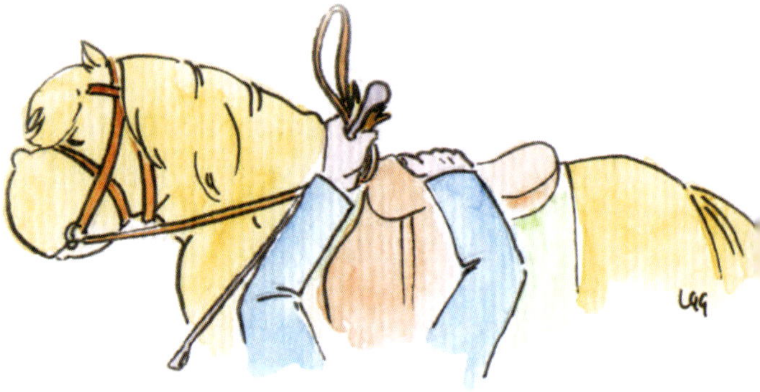

Si tu la place dans ta main droite, elle va passer au-dessus de la croupe du poney et risque de le faire avancer pendant que tu essaies de monter. Tu risques aussi de te retrouver assis sur ta cravache !

Tenir la cravache et les rênes

La cravache est une aide nécessaire, même si ton poney a de l'impulsion. La tenir va t'encombrer, puis tu vas t'habituer à l'avoir dans la main droite comme dans la main gauche. Tu pourras alors l'utiliser de plus en plus naturellement, sans perdre l'équilibre et sans faire peur à ton poney.

Du côté où tu tiens ta cravache, enlève la rêne d'un doigt : ton petit doigt va séparer ta rêne et ta cravache.

3 Se déplacer à poney plus précisément

S'équilibrer et avancer

Il s'agit maintenant de contrôler la vitesse et les changements d'allure sans perdre l'équilibre !

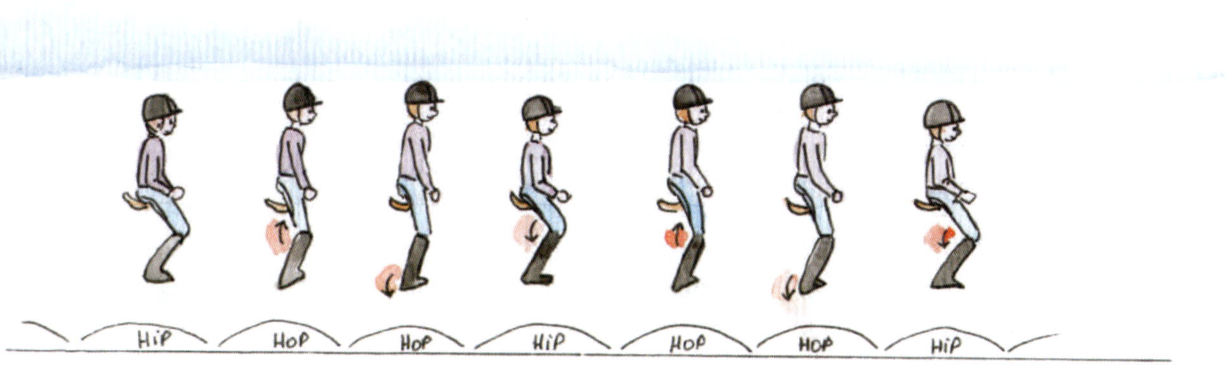

Pour améliorer ton équilibre au trot enlevé, tu peux adopter un autre rythme que "hip-hop" : c'est le "hip-hop-hop". Tu te lèves, tu restes en l'air, tu te rassois. Au moment où tu restes en l'air, pense à ta cheville qui fléchit.

Ton poney ne doit pas décider à ta place des accélérations, des ralentissements ou des pauses.

Les poneys ne font rien tout seuls.

Avancer

S'il ralentit, presse son ventre avec tes jambes. S'il n'y répond pas, utilise ta cravache sur les conseils de ton enseignant : ne t'en sers pas plusieurs fois de suite, mais une seule fois.

La cravache ne s'utilise jamais en premier pour demander d'avancer : ce sont tes jambes qui demandent en premier.

Au trot enlevé, si tu as besoin d'accélérer, il faut que tu arrives à serrer tes jambes au moment où tu t'assois, sans que ça ne perturbe le rythme de ton trot enlevé.

Pour utiliser la cravache, libère ta main en mettant les deux rênes dans l'autre main. Donne un petit coup juste derrière ta jambe, en continuant à regarder devant toi.

Surtout, ne garde pas ta rêne dans la main, sinon elle va tirer sur la bouche, ne regarde pas l'endroit où tu utilises la cravache, n'utilise pas la cravache trop en arrière ou trop haut.

Ne tire pas sur les rênes en même temps que tu utilises la cravache, ton poney ne comprendrait pas ce qu'il doit faire. Tiens un peu de crinière avec les rênes pour éviter de te contredire si tu n'arrives pas à garder ta main à sa place.

Ralentir

Si ton poney accélère, redresse ton dos et serre les doigts en discontinu sur les rênes : ça doit légèrement les tendre et les détendre, un peu comme un élastique.

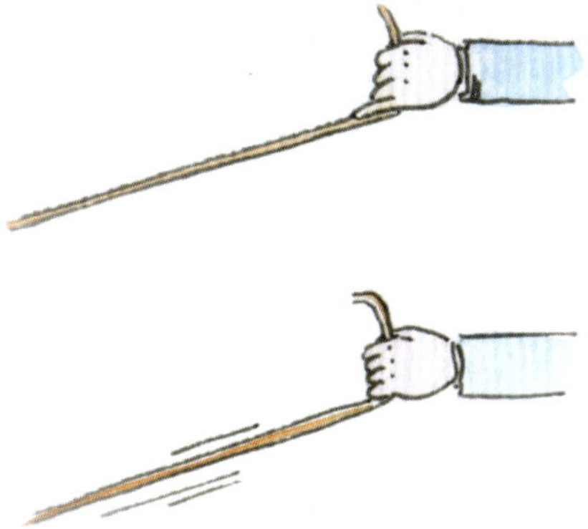

En conservant les mains à la même place, serre et desserre les doigts sur tes rênes pour les tendre plus ou moins. À chaque fois que tu serres les doigts, ton poney comprend qu'il doit ralentir un peu.

Se tromper d'aide

Il peut arriver que tu demandes, involontairement et sans t'en rendre compte, une transition à ton poney.

Si tu n'accompagnes pas l'allure que tu demandes, ton poney risque alors de ralentir. C'est comme si une partie de ton corps disait l'inverse de ce que demande une autre partie.

Si tu gardes les rênes très courtes en demandant d'avancer avec les jambes, ton poney ne va rien comprendre.

De même pour galoper, ton poney a besoin d'utiliser son encolure. Si tu la bloques, il reviendra rapidement au trot. Dans ce cas, pense juste à laisser faire le poney, et si tu as encore besoin de t'accrocher, utilise la poignée de la selle ou la crinière.

Si au contraire tes jambes gigotent dans tous les sens, tu risques d'énerver ton poney et de le faire avancer plus vite.

4 Les figures de manège

Diriger

Pour faire tourner ton poney avec plus de précision, pense à décomposer ton virage pour faire d'abord tourner les antérieurs et laisser les postérieurs les suivre.
Pour faire tourner les antérieurs, tourne tes épaules et ton regard face à ta direction. Tes deux mains vont être entraînées sur le côté par tes épaules. Quand ton poney tourne sur des petites figures, cela le ralentit, tu auras alors besoin de tes jambes si tu veux conserver la vitesse.

Quand tu tournes avec une rêne dans chaque main, regarde où tu veux aller et tourne tes épaules face à cette direction. La main du côté du virage s'écarte alors du poney et montre la direction tandis que la main extérieure colle la rêne sur l'encolure, sans que tu aies besoin d'y penser.
La rêne qui s'écarte gentiment est une "rêne d'ouverture".

Ne tire pas sur la bouche avec la main intérieure, ton coude ne doit pas passer dans ton dos. Ne déplie pas non plus le bras extérieur sinon la rêne va se détendre et ne pourra plus faire de barrage.

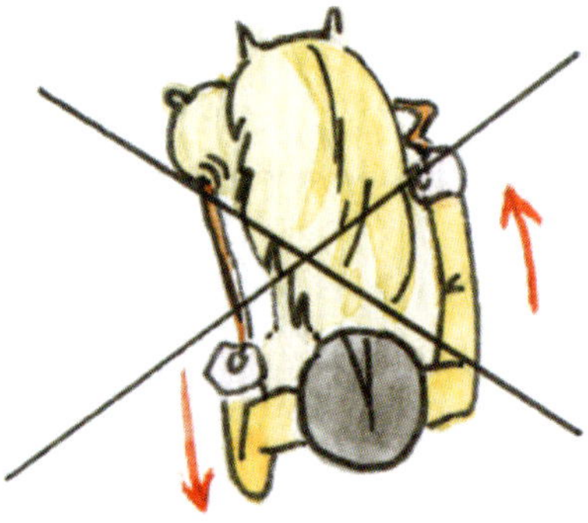

Quand tu utilises les deux rênes dans la même main, fais bien attention de garder cette main au centre quand tu veux aller tout droit.
Pour tourner, avance légèrement la main et déplace-la sur le côté où tu veux aller. La rêne extérieure va venir faire un barrage et pousser le poney. Cela s'appelle une "rêne d'appui".

Ne déplace pas ta main sur le côté et vers l'arrière.
Ton poney ne va rien comprendre. Si ton coude passe dans ton dos, tu vas lui faire mal.

Tu vas commencer à circuler beaucoup dans le manège. Sans le savoir, tu vas faire des figures qui existent et portent un nom. Essaie de retenir leur nom.

Imagine que tu joues au gendarme et au contrebandier. Tu es contrebandier et tu es poursuivi. Pour passer derrière celui qui te poursuit et te défendre, tu vas faire un petit cercle : ça s'appelle une volte.

Changer de main

Les figures simples qui te permettent de changer de main sont le doubler que tu connais déjà et la diagonale. La diagonale est une figure qui commence par un tout petit écart de la piste. On tourne beaucoup moins fort que pour un doubler.

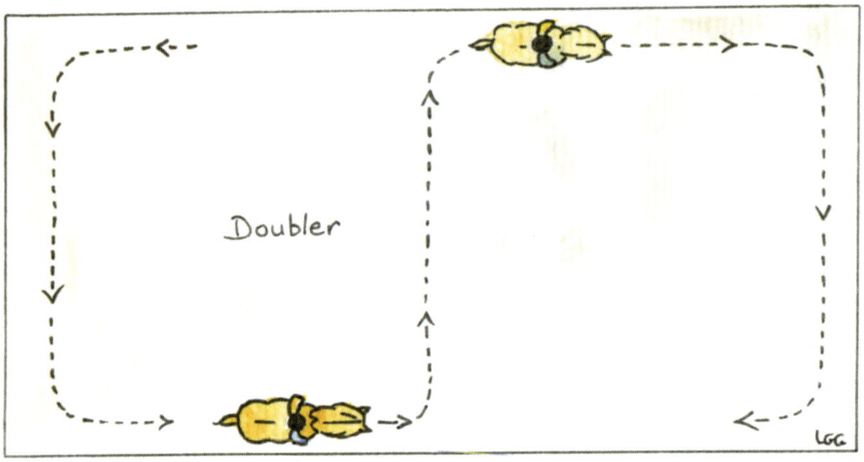

Avant le doubler dans la largeur, la main gauche (jaune) est vers l'intérieur. Après le changement de main, elle se retrouve du côté extérieur.

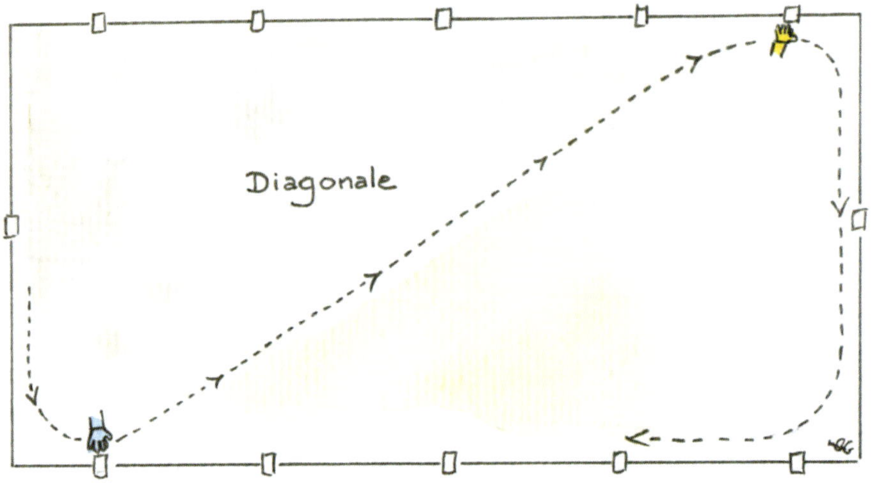

La diagonale commence à la première lettre du grand côté et finit à la dernière lettre de l'autre grand côté.

Chaque fois que tu vas changer de main, ta main intérieure va devenir la main extérieure et la main extérieure va devenir la main intérieure.

À main gauche, c'est la diagonale entre H et F que tu utilises : si tu commences en H, elle s'appelle "diagonale HF" ; si tu commences en F, elle s'appelle "diagonale FH".

À main droite, c'est la diagonale entre M et K que tu utilises : son nom est "diagonale MK" ou "diagonale KM" en fonction de l'endroit où tu la commences.

La cravache : dans quelle main ?

Lorsque tu changes de sens dans le manège, il faut aussi changer ta cravache de main. Elle doit toujours être dans la main intérieure.

Pour changer ta cravache de côté, commence par prendre les deux rênes dans une main. La main qui est libérée prend alors la cravache et la change de côté.

> Méthode 1 : range les deux rênes dans la main où il n'y a pas la cravache puis fais passer la cravache de l'autre côté. Sépare tes rênes sans laisser tomber la cravache (si tu as mis la dragonne autour de ton poignet).

> Méthode 2 : range tes rênes dans la main où il y a la cravache. Avec la main libre, tire la cravache vers le haut (si tu n'as pas mis la dragonne).

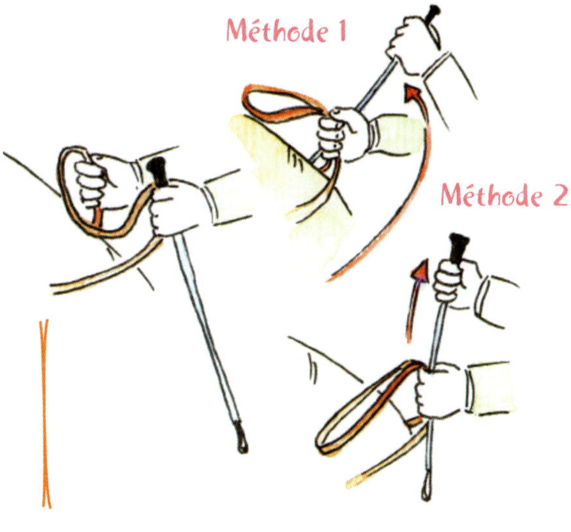

Si tu gardes une rêne dans chaque main, au moment où tu changes la cravache de côté, tu vas tirer sur la bouche du poney.

Comme tu dois mettre les deux rênes dans une main, change la cravache de côté seulement quand tu n'as plus besoin de tes mains pour tourner, c'est-à-dire quand tu as fini ta figure.

Autres figures

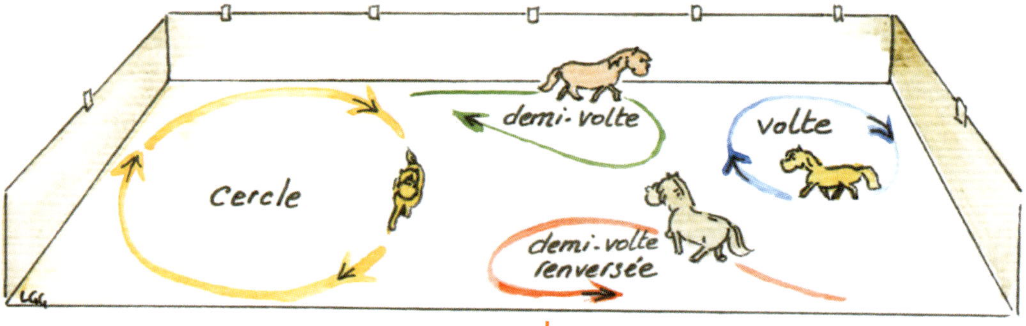

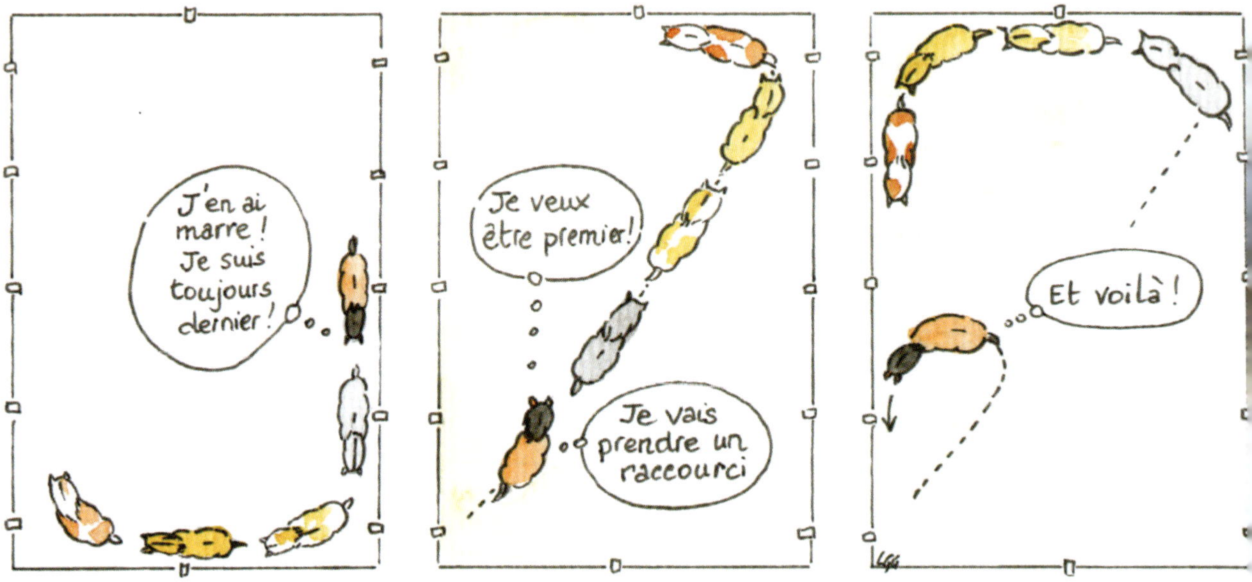

Une demi-volte renversée commence comme une diagonale mais est plus rapide qu'elle.

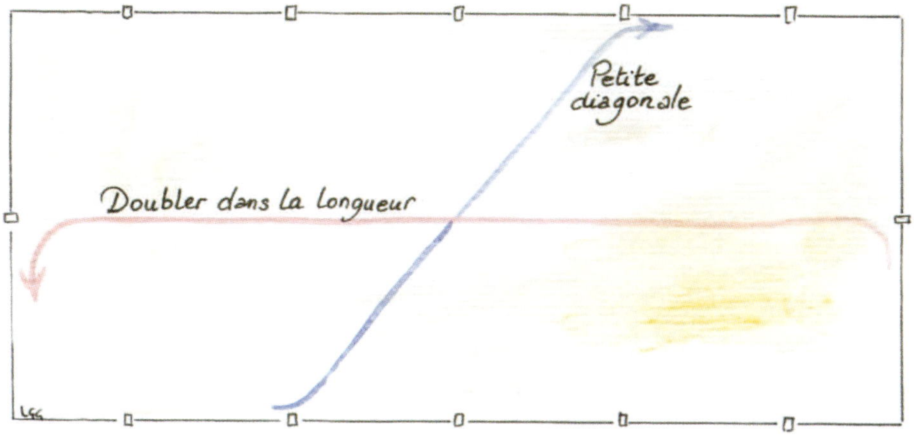

Comme le doubler dans la largeur, le doubler dans la longueur permet de changer de main, ou pas. La petite diagonale ne part pas de la première lettre du manège mais de la deuxième et se dirige non pas vers la dernière mais l'avant-dernière de l'autre côté.

Tourner avec la cravache

Pour tourner, la cravache risque de te gêner. Tu as plusieurs solutions que tu peux utiliser en fonction de la difficulté de la figure, de l'allure, du poney...

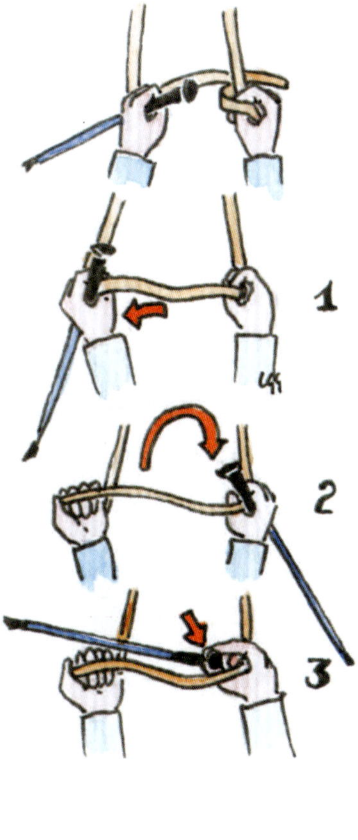

1 > Écarte ta main avec la cravache en faisant attention à ne pas chatouiller le poney avec celle-ci.

2 > Mets la cravache dans l'autre main, tu seras libre de tourner en pivotant ton poignet.

3 > Prends-la juste le temps de tourner entre le pouce et l'index de l'autre main, sans la passer par-dessus l'encolure.

5 Commencer à sauter

S'équilibrer

Pour commencer l'obstacle, tu dois adopter la position en équilibre sur les étriers, tes fesses ne sont plus dans la selle, et les petits ressorts de tes jambes fonctionnent tous. C'est au moment du saut que tu dois rester le plus souple.

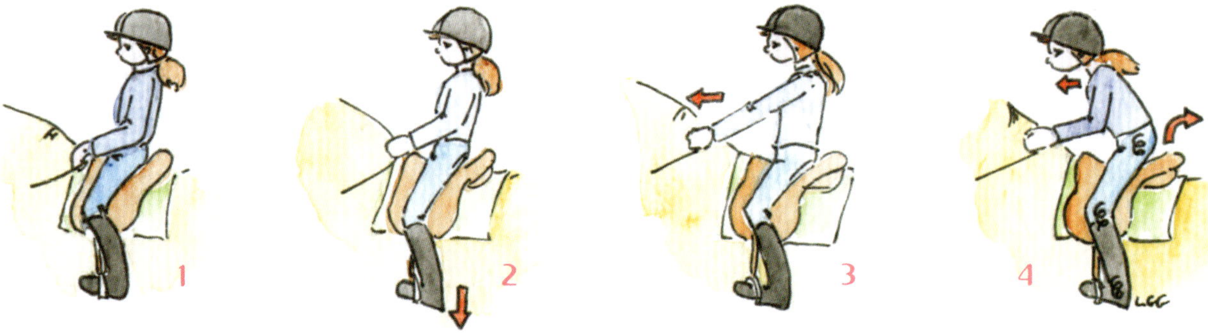

1 > Pour te mettre en équilibre suis bien toutes ces étapes, et sois de plus en plus rapide.
2 > Commence par vérifier la position de tes talons.
3 > Positionne tes mains en avant sur l'encolure et surtout réajuste tes rênes.
4 > Avance légèrement les épaules en appuyant sur tes pieds et tes mains, et soulève-toi un tout petit peu en reculant les fesses.

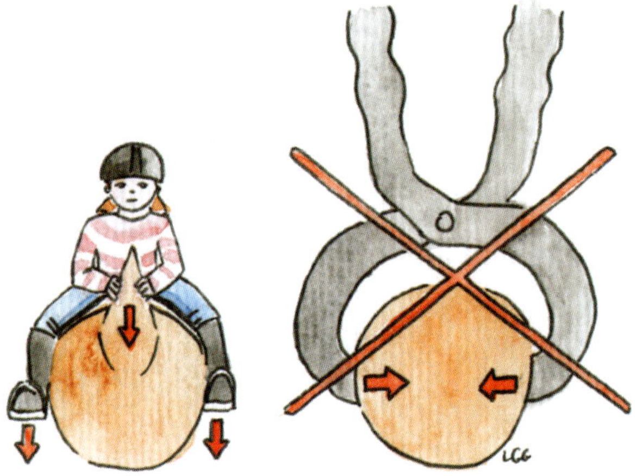

Lorsque tu es en équilibre, tes pieds appuient sur les étriers et les mains sur l'encolure. Tes jambes ne serrent pas le poney comme une tenaille.

Ne reste pas assis, tu vas te faire mal au dos. En plus tu seras obligé de serrer les jambes pour ne pas tomber ce qui est une très mauvaise habitude.

C'est le poney qui saute et pas toi. Si tu essaies de sauter, tu vas être soit en avance soit en retard par rapport à ton poney.

Laisse-le t'emmener en restant souple et plié sur tes jambes.

Ce sont tes bras qui se déplient en même temps que l'encolure, pas tes jambes.

MANIPULATION DES RÊNES

Au trot enlevé, tes mains doivent rester à la même place. Mais quand tu te mets en équilibre, tu avances tes mains pour les poser sur l'encolure :

- chaque fois que tu te mets en équilibre, il te faudra donc raccourcir les rênes ;
- chaque fois que tu reprendras le trot enlevé, il faudra les laisser glisser un peu dans tes mains.

La longueur de tes rênes doit s'adapter à la place de tes mains.

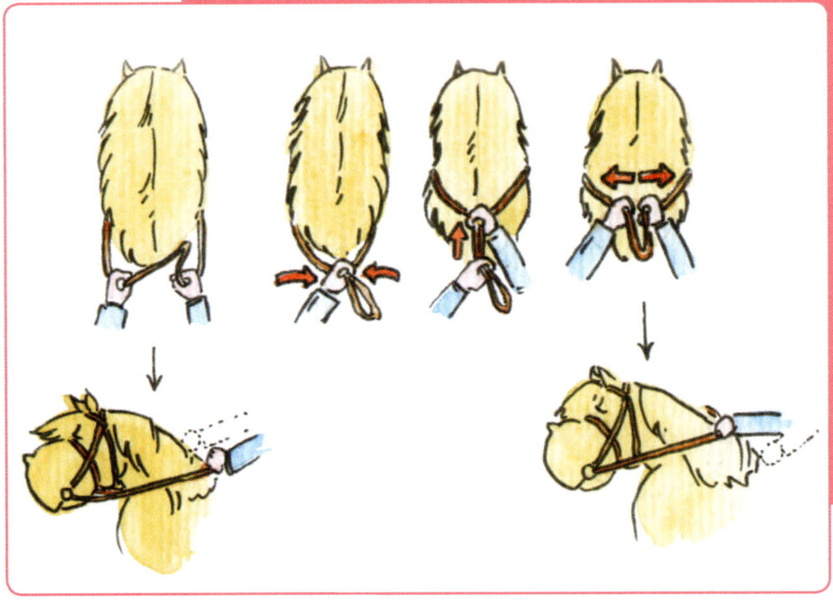

En même temps que tu te mets en équilibre tu dois raccourcir les rênes pour qu'elles restent tendues alors que tes mains avancent.

N'oublie pas de mettre des protections à ton poney.

Avancer

Pour pouvoir sauter, ton poney doit prendre de l'élan. Tu ne peux pas aller sauter au pas, ni au tout petit trot.
Tu vas devoir apprendre à conserver ton allure et un poney dynamique tout en te mettant en équilibre pour te préparer au saut.

Si ton poney ne prend pas assez d'élan, il ne pourra pas sauter : soit il va détruire l'obstacle sur son passage, soit il va s'arrêter.

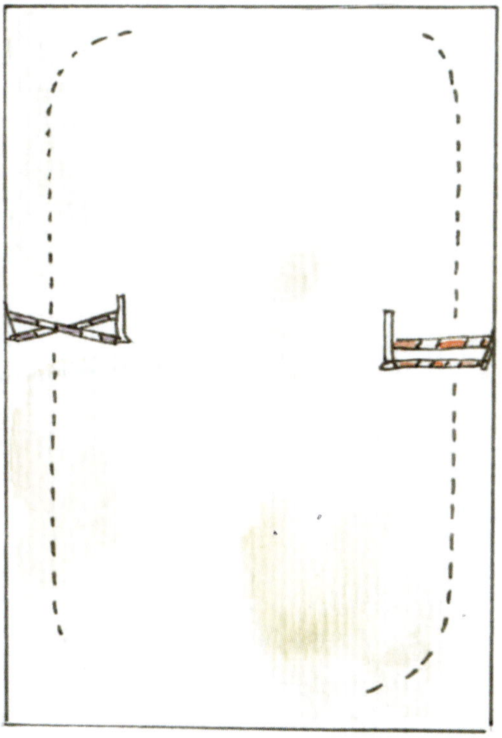

Les obstacles seront placés sur la piste au début, de façon à ce que tu arrives toujours bien droit et bien en face. Tu n'auras pas besoin de conduire.

6 Galop 2 : évaluation montée

Voici la liste des choses que tu dois savoir faire à poney pour passer ton GALOP 2.

Au pas

Tu sais maintenant tourner précisément sur des petites figures, avec ou sans repères, en regardant où tu vas et en maintenant l'allure active.

Au trot

Tu trottes enlevé très facilement et tu peux tourner sur des grandes figures sans ralentir et sans perdre l'équilibre vers l'avant ou l'arrière.
Tu trottes assis sans perdre l'équilibre, en reprise, avec ou sans étriers : tu peux tenir la selle ou la poignée de la selle s'il y en a une, pour garder les épaules en arrière. Tu es aussi capable de tourner sans perdre l'équilibre.
Tu trottes en équilibre sur les étriers, maintiens l'allure et suis souplement un saut isolé.

Au galop

Tu galopes assis, avec ou sans étriers, seul ou en reprise et sans te tenir : tes épaules restent en arrière pour t'aider à bien coller à la selle et tu ne serres pas tes jambes pour t'accrocher. Tu es capable de maintenir l'allure avec ton assiette.
Tu galopes en équilibre sur les étriers, maintiens l'allure et suis souplement un saut isolé.

Passer d'une allure à l'autre : les transitions

Tu dois pouvoir passer d'une allure à la suivante ou à la précédente sans difficulté et quand tu veux, quelle que soit ta position :

- arrêt-pas ;
- pas-trot ;
- trot-galop ;
- galop-trot ;
- trot-pas ;
- pas-arrêt.

Les étrivières doivent rester en place pendant toutes les transitions, ta jambe ne doit pas faire essuie-glace sur le flanc du poney.
Si tu suis un autre poney, il faut toujours maintenir les distances.

Voici un modèle de parcours sur lequel tu pourrais passer le galop 2.

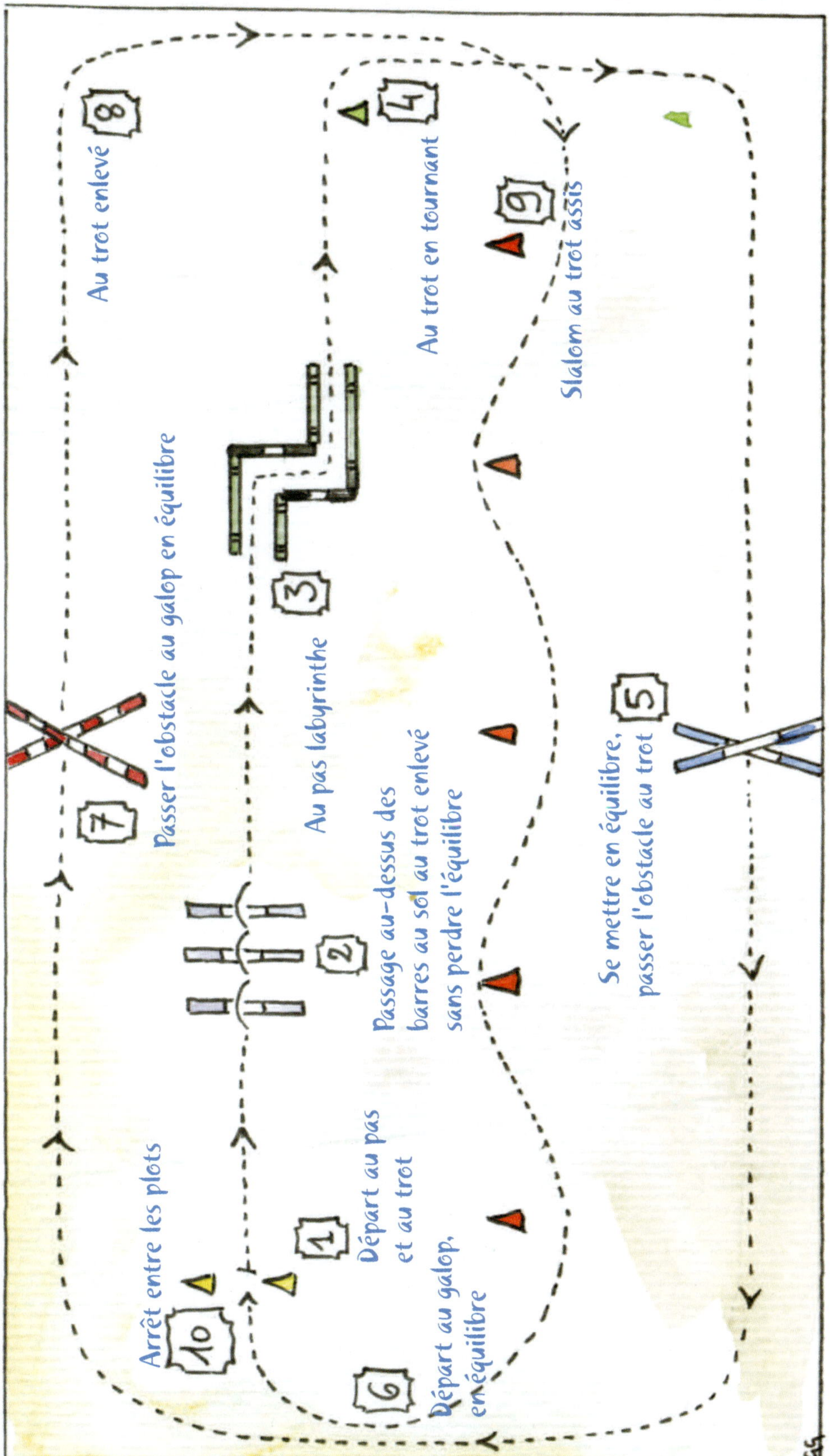

Galop 3

① Mieux communiquer avec mon poney

①

Précision sur son corps : tête, membres, pieds, fers, robes, races, tailles 144

②

Plusieurs façons de diriger : les aides, l'incurvation 154

③

Comment se déplace-t-il ? Les allures 158

④

Trotter enlevé en me coordonnant à mon poney : les bipèdes diagonaux 163

Connaissances

1 Précision sur son corps

La tête

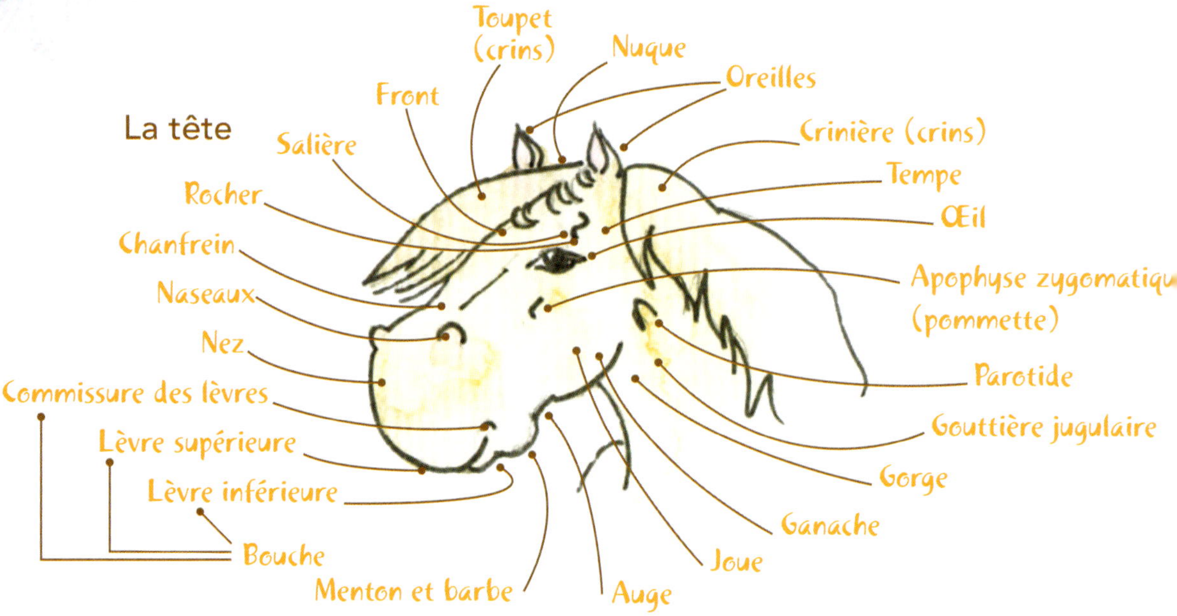

Les membres

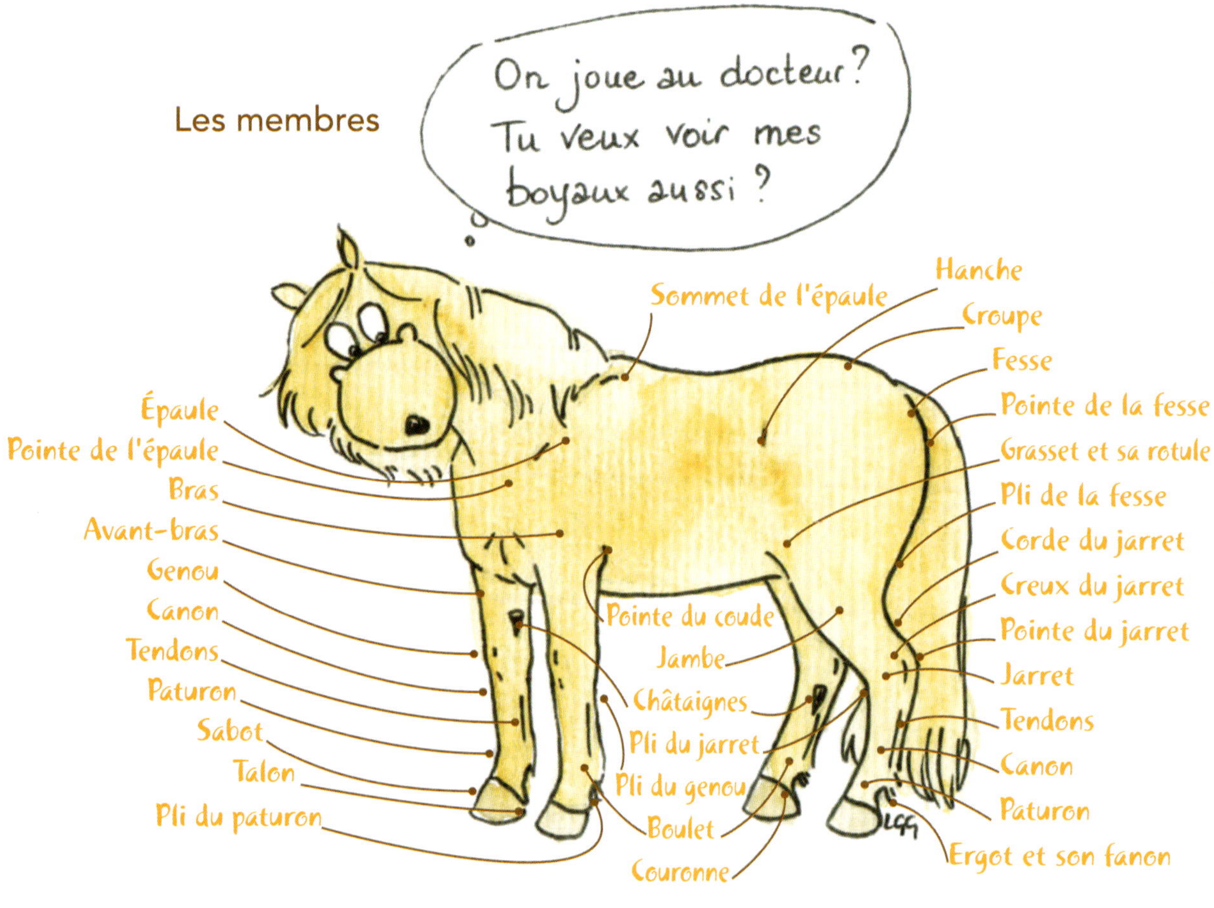

LES CHÂTAIGNES

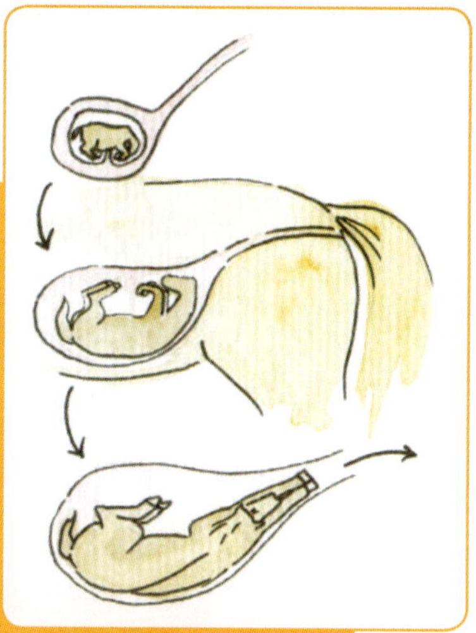

As-tu remarqué ces bouts de cornes au-dessus du genou et en dessous du jarret, sur la face interne des jambes de ton poney ? Il n'y en a pas toujours. Mais sais-tu pourquoi elles sont là ?
Cela ne serait pas un vestige de doigt datant de la préhistoire comme disent certains ! Les châtaignes relieraient les jambes droites et gauches du poulain quand il est dans le ventre de sa maman (la jument). Les deux jambes de devant seraient "soudées" ensemble, ainsi que les deux jambes de derrière. Cela éviterait qu'il ne se retrouve dans des positions tordues, ne s'étrangle ou étrangle le cordon ombilical.
Les châtaignes se rompraient au moment où le poulain naît.

Les pieds

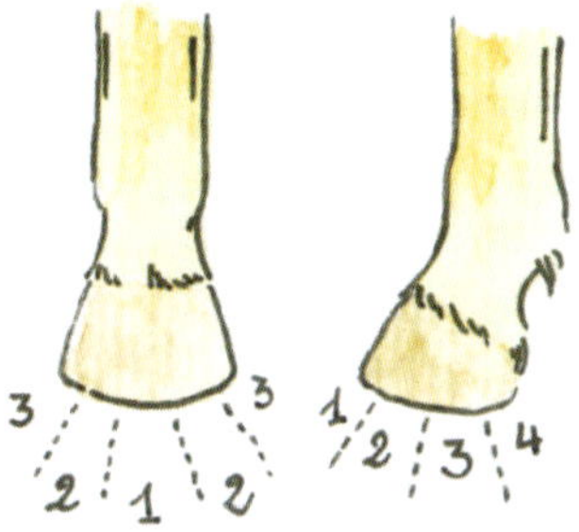

Le sabot est découpé en différentes zones :
1 > la pince ;
2 > les quartiers ;
3 > les mamelles ;
4 > les talons.

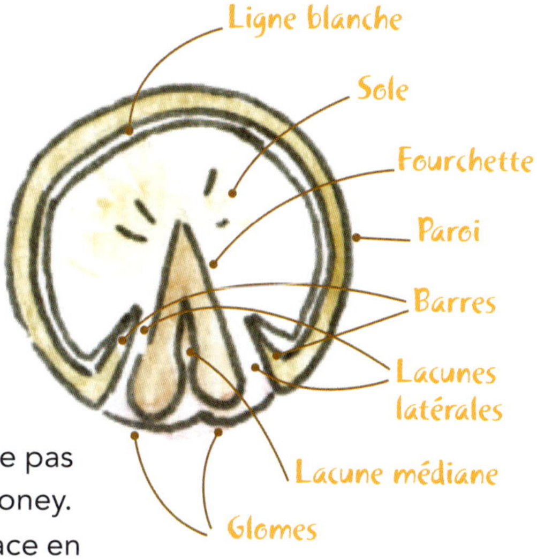

Fonctionnement du pied

Le sabot est un peu élastique et se déforme à chaque pas pour absorber les chocs sous la pression du poids du poney.

> Amortissement : le pied se pose, la première surface en contact est le talon. Le poids du poney descend dans le pied, la fourchette participe à l'amortissement en s'élargissant.

> Appui : le pied est posé de tout son plat et soutient le cheval.

> Propulsion : le pied pousse sur le sol pour propulser le poney vers l'avant, la dernière partie en contact avec le sol est la pince.

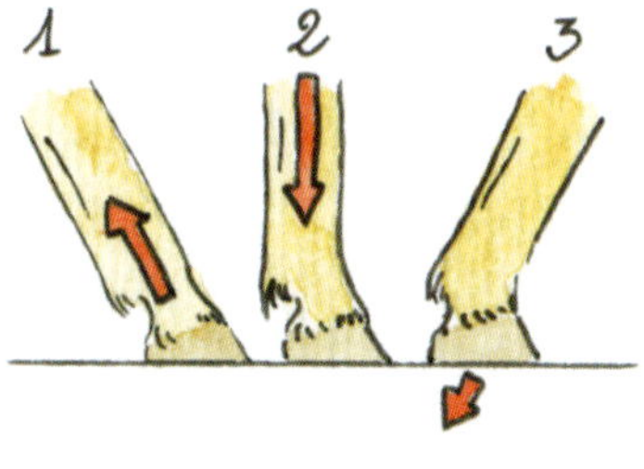

Les trois rôles du pied :
1 > amortissement ;
2 > appui ;
3 > propulsion.

Observe la corne des sabots des poneys qui ont des balzanes : la couleur est différente selon les membres qui ont ou n'ont pas de balzane. Un même sabot peut même être de deux couleurs !

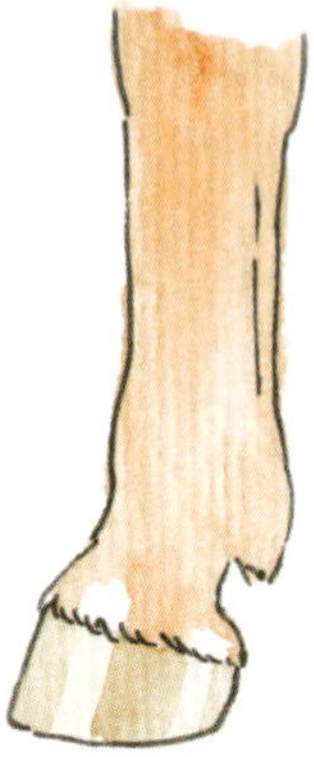

LE BOURRELET PÉRIOPLIQUE

La couronne, appelée aussi bourrelet périoplique, est la bande de corne plus molle que tu peux observer en haut des sabots, près des poils. C'est à partir de la couronne que pousse le sabot, exactement comme nos ongles. Si la couronne est blessée, le sabot aura une marque ou un trou à cet endroit.

Les fers

La corne du sabot pousse tout le temps, comme tes ongles. C'est le maréchal-ferrant qui "taille" les pieds des poneys pour qu'ils ne soient pas trop longs. On dit qu'il pare les sabots.

Le sabot du poney ne doit pas être trop long sinon il a du mal à marcher et trébuche souvent.

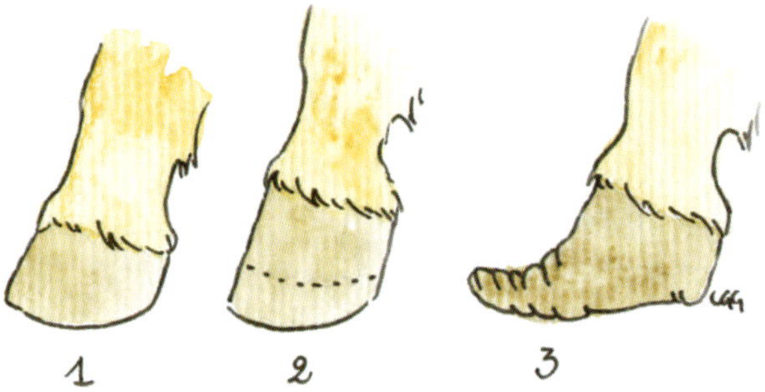

1 > Sabot de la bonne longueur.

2 > Sabot trop long qui a besoin d'être paré jusqu'aux pointillés.

3 > Le sabot est tellement long qu'il s'est transformé en "babouche". Les parties vivantes à l'intérieur du pied sont endommagées et le poney a mal en marchant.

La plupart des poneys n'ont pas de fers parce qu'ils vivent les uns avec les autres. En cas de bagarres entre eux, s'ils se donnent des coups de sabots, il y a moins de risques de blessures graves.
Les grands poneys de ton club auront peut-être des fers, à toi d'observer lesquels, et pourquoi ? Font-ils de la compétition ? Ont-ils des fers aux quatre pieds ?
Ceux qui ont des fers seulement aux antérieurs peuvent vivre avec d'autres poneys, en stabulation ou au pré. Par contre, s'ils ont des fers aux postérieurs, on ne les met pas avec d'autres car le risque est trop important.

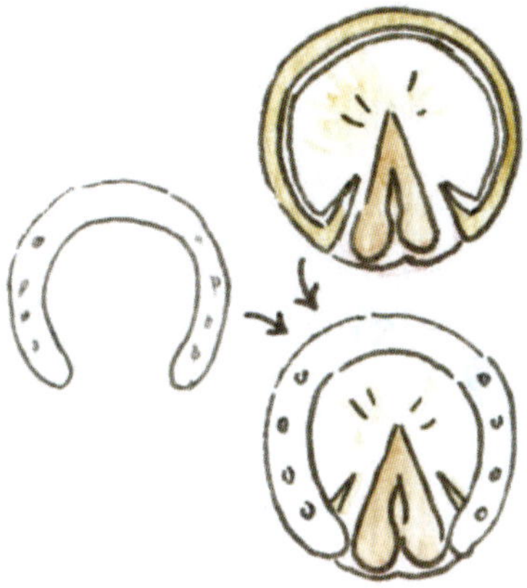

Fer sur un sabot, vue de dessous.

À gauche, un fer d'antérieur avec un seul pinçon. À droite, un fer de postérieur avec deux pinçons.

Sur un poney qui a des fers, tu vas voir qu'ils sont cloués par en dessous. La pointe des clous apparaît sur le dessus du sabot, elle est coupée et retournée sur la paroi.

Une fois le clou enfoncé, il est coupé, retourné et râpé, ainsi tes doigts ne s'accrochent pas dessus.

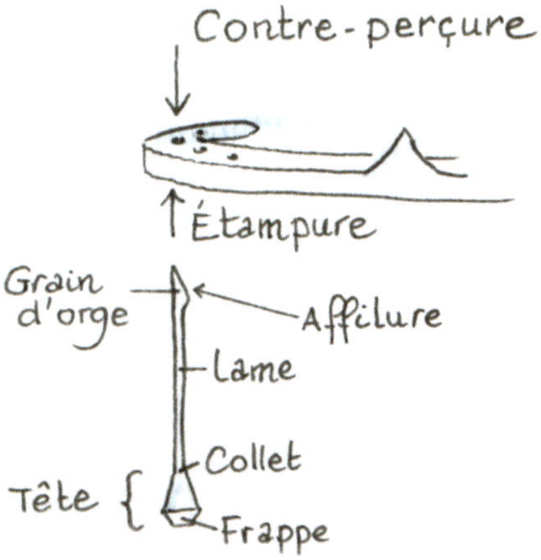

La corne pousse même s'il y a un fer, il faut donc aussi la raccourcir. Pour y arriver, le maréchal-ferrant va devoir enlever le fer, tailler le pied, et remettre un fer. Il doit le faire toutes les six semaines, sinon la paroi risque d'éclater en morceaux.

Quand le pied est trop long, la paroi s'éclate en bas.

Attention si tu te fais marcher sur les pieds par un sabot ferré, ça fait plus mal !

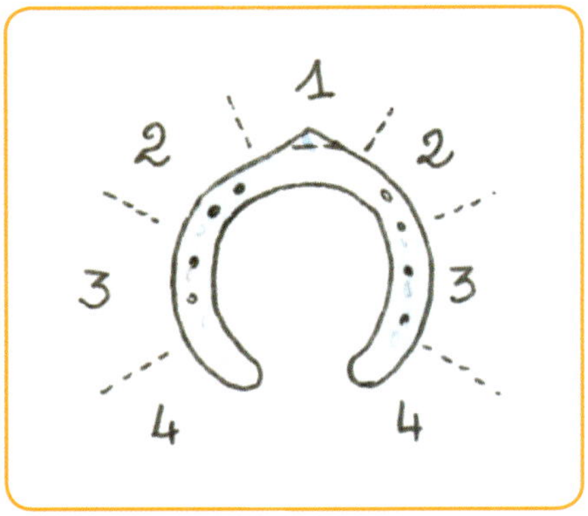

Le fer est découpé en différentes zones :

1 > la pince ;
2 > les quartiers ;
3 > les mamelles ;
4 > les éponges.

FER À CHEVAL PORTE-BONHEUR

Dans le temps, quand on trouvait un fer à cheval, on le rapportait au forgeron et on récoltait quelques pièces car il pouvait être refondu pour fabriquer autre chose. Ces quelques pièces permettaient de vivre heureux quelques années. C'est pour cela qu'il portait bonheur.
Aujourd'hui, le fer a gardé son rôle de porte-bonheur, si on le trouve par hasard et qu'on le place à l'envers.

Les mamelles

Petite devinette : combien de mamelles a une jument ferrée aux antérieurs ?

Réponse :
- **2 pour nourrir son poulain ;**
- **2 par sabot = 8 ;**
- **2 par fer = 4 ;**
- **Total = 14 !**

Précisions sur les robes

Granité

Quand il y a un mélange de poils de couleurs et de poils blancs de façon uniforme, on dit que la robe est granitée :

- noir granité est l'ancien gris fer, un mélange de poils noirs et blancs ;
- bai granité est l'ancien rouan, un mélange de poils noirs, marrons et blancs ;
- alezan granité est l'ancien aubère, un mélange de poils alezans et blancs.

Fumé

Quand il y a un mélange avec des poils noirs, on dit que la robe est fumée :

- isabelle fumé est l'ancien louvet, une robe isabelle colorée de poils noirs.

Les taches de couleurs

- Tacheté : nombreuses taches de couleurs.
- Léopard : blanc avec taches colorées.
- Cape uniforme : une seule tache blanche sur la croupe.
- Cape tachetée : la même chose mais la cape est tachetée.
- Marmoré : la robe est envahie par le blanc, il reste des poils colorés aux articulations.
- Rayé : rayé de blanc.
- Bringé : rayé de noir.

Il existe trois granités
et un fumé. Retrouve-les.

Réponse
Dans l'ordre :
- alezan granité ;
- bai granité ;
- noir granité ;
- isabelle fumé.

Les particularités

Les poneys présentent très souvent des raies de mulet, des zébrures sur les membres, une cape de Maure, des crins qu'on dit lavés quand ils sont plus clairs que la robe.

Raie de mulet
et zébrures.

Un poney "cape de Maure"
a la tête plus foncée que le corps.

La famille des pies

Selon la façon dont sont réparties les taches de couleurs sur la tête, le corps et les membres, les pies prennent des noms très variés.

Voici le tableau des appellations :

	Corps	Tête	Membres
Pie lavé	Taches délavées réparties	Taches délavées réparties	Taches délavées réparties
Pie tobiano	Taches verticales	Colorée	Souvent blancs
Pie overo	Taches horizontales	Blanche	Souvent colorés
Pie sabino	Contours déchiquetés	Blanche	Taches reparties
Pie balzan	Ventre blanc	Souvent blanche	Blancs
Pie tovero	Blancs ou quelques taches	Blanche	Blancs

Retrouve les cinq noms de pies.

Réponse
En haut : sabino, overo, tobiano.
En bas : balzan, tovero.

Les races et les tailles

Dans les clubs, il y a des poneys de toutes les tailles pour s'adapter à la tienne au fur et à mesure que tu vas grandir.
Ils sont issus de races différentes, les shetlands étant les plus petits que l'on puisse monter.
Ils peuvent être de races pures comme le welch, le poney français de selle, le fjord, le haflinger, le connemara ; de races mélangées ou encore de parents inconnus : ce sont les ONC (origine non constatée).
Tu pourras t'amuser à essayer de voir s'il y en a de différentes races dans ton club.

Retrouve, parmi ces poneys, qui est qui.

- Haika est un pottock, il est pie-alezan et adore la randonnée.
- Kuoni est un poney de voltige, il est palomino comme tous les haflingers.
- Fripon est un welsh bai doué pour les disciplines olympiques comme le dressage.
- Niki fait des travaux agricoles, c'est un mérens, il est donc tout noir et très poilu aux jambes.
- Macha est isabelle et fait de l'attelage, elle a la crinière coupée comme beaucoup de fjords.
- Gemini est un poney connemara gris qui adore le polo.

LES RACES ET LES ROBES

Shetland	Toutes les robes et beaucoup de pies.
Poney français de selle	Toutes les robes.
Landais	Toutes les nuances de bai, d'alezan et de noir.
Mérens	Noir.
Pottock	Noir, bai foncé, pie.
Welsh	Gris, bai ou alezan, le plus souvent.
Highland	Familles des bais avec parfois une raie de mulet et des zébrures sur les membres.
Dartmoor	Bai foncé à noir.
New forest	Toutes les robes sauf pie.
Connemara	Toutes les robes sauf pie.
Haflinger	Alezan ou palomino avec les crins blonds ou argentés.
Islandais	Toutes les nuances de bai et d'alezan.
Fjord	Robe isabelle, avec une raie de mulet et des zébrures sur les membres.

LE PUR-SANG

Le mot pur-sang signifie qu'un poney est de race pure et non mélangée. Mais dans le langage équestre, quand il n'est fait aucune précision, le mot pur-sang désigne un cheval de race "pur-sang anglais" (PSA), comme ceux qui font les courses de galop, par exemple.
On dit d'un cheval ou d'un poney qu'il "a du sang" ou qu'il est "près du sang" s'il y a un ou plusieurs PSA dans ses parents, grands-parents ...

Plusieurs façons de diriger

Les aides

Le regard

Le regard conditionne la qualité de ton tracé. Il permet également d'orienter ton buste. Comme tu l'as déjà senti, quand tu te tournes, tes jambes changent un peu de place et leur pression sur les flancs du poney se modifie. Ces petits signaux, ton poney sait très bien les interpréter et c'est pour cela que tu dois être cohérent dans tes demandes.

Les deux rênes dans la même main

Lorsque les deux rênes sont dans la même main, leur tension ne doit pas augmenter : le poney tourne par frôlement de la rêne (extérieure au virage) sur l'encolure. Cette rêne "pousse" les épaules. Si la tension augmente, cela revient à tirer sur la bouche et le poney ne comprendra plus où tu veux aller. Cette façon de tourner s'appelle une "rêne d'appui». Certains l'appellent "rêne d'encolure».

Quand tu tournes avec les deux rênes dans une main, ton poney ne regarde pas où il va, mais toi oui. L'intérieur du poney n'est pas du même côté que l'intérieur de ton virage.

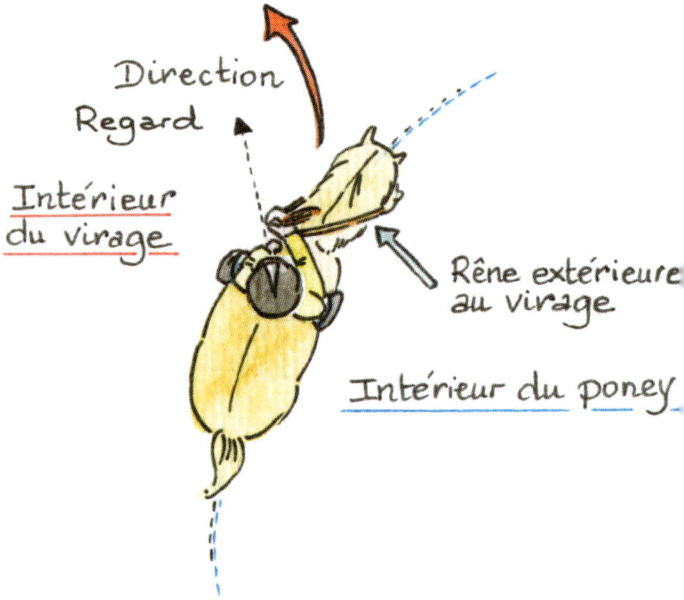

Il y a plusieurs façons de prendre les deux rênes dans la même main, utilise la plus pratique pour toi en fonction de ce que tu veux faire :

- te gratter le nez ;
- utiliser la cravache ;
- raccourcir une rêne.

Quelle que soit la tenue de tes rênes, la main qui les tient doit pouvoir continuer à conduire.

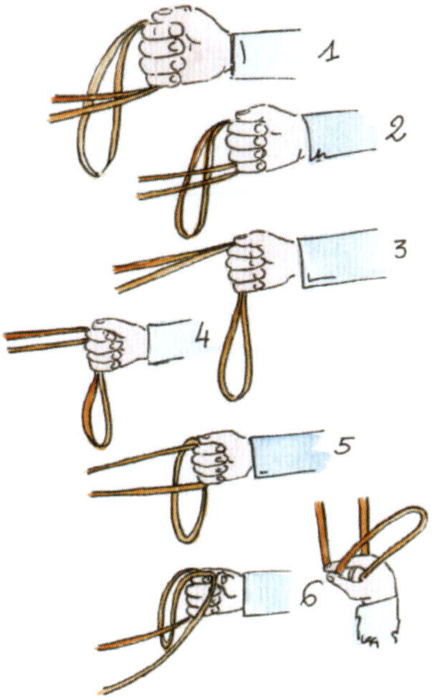

Tu peux tenir les deux rênes avec une seule main de différentes façons :

1 > à l'endroit, ensemble ;
2 > à l'endroit, un ou deux doigts qui les séparent ;
3 > à l'envers, ensemble ;
4 > à l'envers, un ou deux doigts qui les séparent ;
5 > l'une à l'endroit, l'autre à l'envers ;
6 > en pinçant la seconde entre le pouce et l'index seulement.

Une rêne dans chaque main

Avec une rêne dans chaque main, tu peux tourner grâce à une rêne d'ouverture, mais tu peux également faire une rêne d'appui. Tout est possible !

Avec une rêne d'ouverture ton poney et toi regardez dans la même direction.
Avec une rêne d'appui, tu regardes où vous allez mais pas lui.

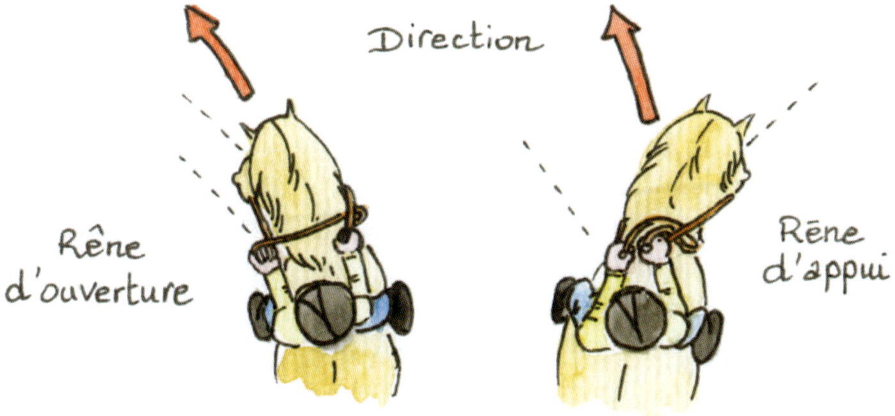

À partir de ces deux méthodes, tu vas améliorer ta façon de tourner, en combinant et coordonnant l'action de tes deux mains pour commencer à incurver ton poney.

L'incurvation

Le regard oriente presque à lui seul l'ensemble de ton corps donc de tes aides. Ton poney réagit à ton changement d'attitude, même s'il est minime, en se pliant légèrement de la tête à la queue : on dit qu'il s'incurve.

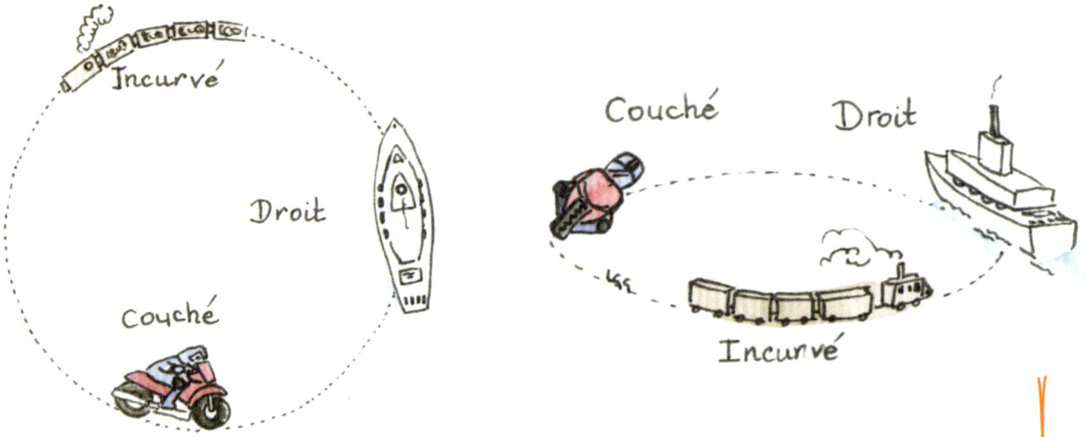

La colonne vertébrale du poney doit s'incurver comme le train constitué de plusieurs wagons. Sinon il tourne comme un paquebot, tout droit et pas très précis, ou alors il se couche sur la courbe comme une moto.

Les aides

La main intérieure s'écarte légèrement pour déplacer la tête du poney vers l'intérieur, sans tirer.

La main extérieure accompagne la tête et évite qu'elle n'aille trop à l'intérieur en conservant la rêne tendue.

La jambe intérieure reste à sa place, à la sangle et appuie légèrement comme pour repousser le ventre du poney.

La jambe extérieure recule légèrement pour garder les hanches du poney sur le tracé.

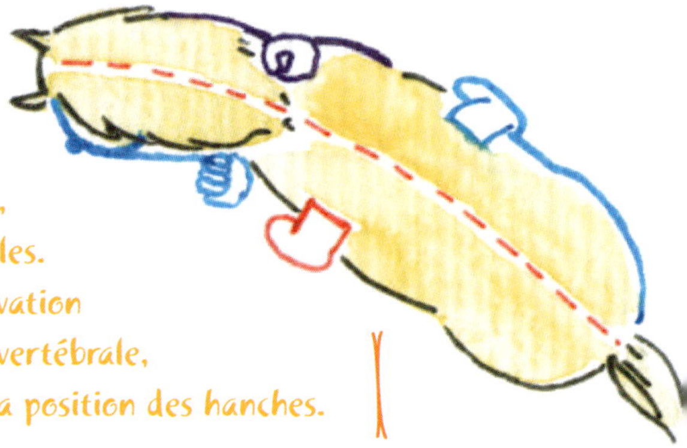

La main intérieure s'occupe de la tête,
la main extérieure des épaules.
La jambe intérieure demande l'incurvation
de la colonne vertébrale,
la jambe extérieure maîtrise la position des hanches.

Ton poney tourne autour de ta jambe intérieure comme s'il s'agissait d'un pilier.

LA RÊNE EXTÉRIEURE

La rêne extérieure s'appelle également la rêne "régulatrice".

En écartant la première main, tu déplaces légèrement la tête du poney.

La tête du poney "tire" donc sur la rêne extérieure qui se tend un peu plus si la main ne bouge pas.

Cette tension arrête le mouvement de la tête et crée un appui au niveau de l'épaule extérieure du poney.

La rêne extérieure perfectionne ou corrige alors le tracé des épaules.

Si la rêne extérieure est détendue, le poney plie trop l'encolure et son épaule extérieure dérape.

1 > Le poney est droit comme la cravache.

2 > Le poney est souple comme nous, il doit pouvoir se plier légèrement comme la cravache.

3 > En mettant correctement tes aides, ton poney s'incurve.

4 > Si tu mets trop de main intérieure, le poney sera trop plié dans son encolure.

5 > Si tu oublies de reculer la jambe extérieure, ses hanches ne seront pas sur le tracé.

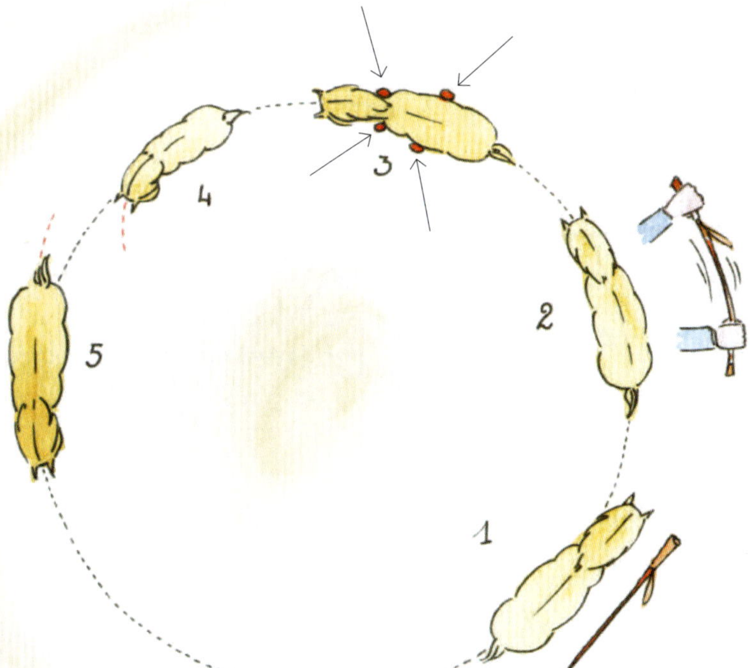

3 Comment se déplace-t-il ?

Les allures sont définies par la façon dont le poney pose ses pieds, car il ne les déplace pas toujours dans le même ordre. Il existe un ordre pour chaque allure.
Les allures du poney correspondent aussi à des vitesses.

1 > Le poney a quatre jambes, quand il n'en pose que deux, on dit qu'il s'appuie sur un bipède (bi=deux, pède=pied). Il existe six bipèdes :
2a > bipède latéral gauche ;
2b > bipède latéral droit ;
3 > bipède antérieur ;
4 > bipède postérieur ;
5 > bipède diagonal gauche ;
6 > bipède diagonal droit.

Comme tu le sais, le moteur du poney est l'arrière-main, donc on commence toujours par un postérieur pour expliquer comment il pose ses pieds.

Le pas

Les postérieurs chassent les antérieurs : le postérieur droit chasse l'antérieur droit, puis il faut que le côté gauche avance : le postérieur gauche chasse l'antérieur gauche, et ainsi de suite.

Le mécanisme du pas est donc :

- postérieur droit ; > antérieur droit ;
- postérieur gauche ; > antérieur gauche ;
- etc.

Le trot

Au trot, le poney "sautille" pour avancer, mais pas à pieds joints !
Le mécanisme du trot est donc :

- postérieur droit/antérieur gauche (bipède diagonal gauche) ;
- sautillement : plus aucun pied ne touche le sol (projection) ;
- postérieur gauche/antérieur droit (bipède diagonal droit).

L'AMBLE

C'est une allure qui ressemble au trot, mais l'animal avance tout le côté gauche puis tout le côté droit :

- les deux membres à droite (le latéral droit) ;
- projection ;
- les deux membres à gauche (le latéral gauche) ;
- projection ;
- etc.

Certains poneys comme les islandais vont l'amble. D'autres animaux se déplacent aussi de cette façon : l'éléphant et le chameau qui sont également montés, mais aussi l'ours et la girafe.

Le galop

"Cataclop-cataclop" : voilà le bruit d'un poney ou d'un cheval au galop.

Trois syllabes qui veulent dire que le poney pose ses pieds en trois fois. Or, il a quatre jambes ! Que fait-il donc de sa quatrième jambe ? C'est facile à retenir, il la pose au milieu :

- premier poser : un postérieur (toujours commencer par les postérieurs) ;
- deuxième poser : deux jambes ;
- troisième poser : une jambe ;
- projection ;
- et on recommence…

Il ne reste plus qu'à déterminer quelles jambes se posent en deux et en trois.
En deux : il s'agit comme au trot d'un diagonal : il ne reste que le diagonal qui utilise le postérieur pas encore posé.
En trois : le dernier pied qui n'a pas encore été posé : un antérieur !
Par exemple :

- postérieur gauche ;
- postérieur droit/antérieur gauche = bipède diagonal gauche ;
- antérieur droit.

Et on peut faire la même chose en inversant droite et gauche :

- postérieur droit ;
- postérieur gauche/antérieur droit = bipède diagonal droit ;
- antérieur gauche.

Le dernier membre posé donne son nom au galop : galop sur le pied droit et galop sur le pied gauche.

Ce poney galope sur quel pied ?

Réponse : galop sur le pied droit.

LES GALOPS

On dit que le galop est à juste quand le poney galope sur le pied droit pour prendre une courbe à droite. On dit que le galop est à faux quand le poney galope sur le pied gauche pour tourner à droite. Quand on travaille le galop à faux (qui est un assouplissement pour le poney), on parle plutôt de contre-galop.
Si le poney galope sur le pied droit avec les antérieurs, et sur le pied gauche avec les postérieurs, on dit que le galop est désuni. C'est une allure défectueuse.

LA TÊTE ET LE VENTRE

L'encolure, qu'on appelle aussi "balancier", est en mouvement au pas et au galop : elle s'étire, remonte, s'étire à nouveau Tandis qu'au trot, la tête reste fixe au bout d'une encolure toujours à la même place. C'est très facile à voir et à sentir.

Le ventre, lui, se "balance" de droite à gauche en suivant l'ondulation de la colonne vertébrale dans les différentes allures. C'est plus difficile de le voir et de le sentir.

L'encolure et la tête s'étirent vers l'avant à chaque avancée d'un antérieur au pas.

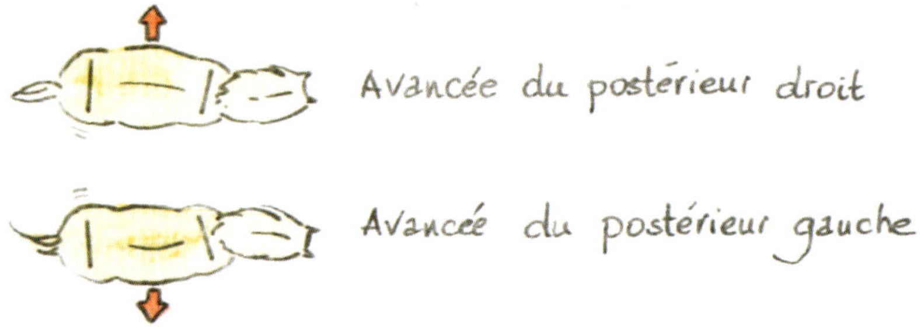

Le ventre est alternativement repoussé à droite puis à gauche pendant les déplacements.

4 Trotter enlevé en me coordonnant avec mon poney

Les bipèdes diagonaux

Le poney avance au trot en sautant d'un diagonal sur l'autre, c'est ce qui te secoue quand tu restes assis. Le trot enlevé permet d'échapper à une secousse sur deux.
Si tu te lèves avec l'antérieur droit, tu trottes sur le diagonal droit.
Si tu te lèves avec l'antérieur gauche, tu trottes sur le diagonal gauche.
En France, les cavaliers trottent sur le diagonal extérieur, donc avec l'épaule qui est du côté du mur.

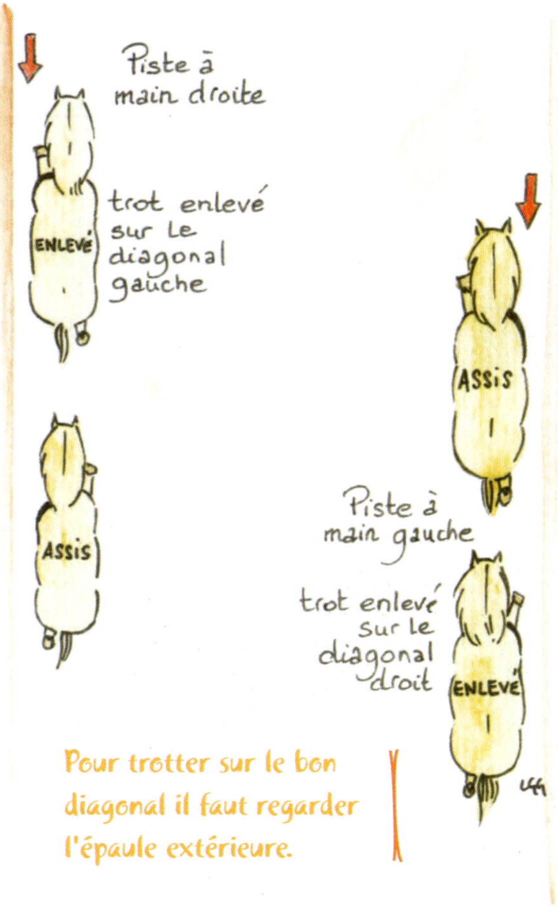

Pourquoi changer de diagonal ?
Lorsque tu trottes avec le diagonal droit, tu te lèves quand il avance et tu t'assois quand il se pose. C'est donc toujours ce diagonal qui te porte quand tu es assis. Il fait plus d'effort que l'autre. Si tu ne changes jamais, le poney sera plus musclé d'un côté que de l'autre. Il faut donc trotter autant à main droite qu'à main gauche et autant sur le diagonal droit que sur le diagonal gauche. En promenade, il n'y a pas de côté extérieur et intérieur. C'est à toi de changer régulièrement.

DIAGONAL ET DIAGONALE

Attention à ne pas confondre LA diagonale qui est une figure, et LE diagonal qui représente deux membres du poney :
- se mettre sur le bon diagonal (deux membres) ;
- changer de diagonal (deux membres) ;
- prendre une diagonale (figure) ;
- changer de main en prenant une diagonale (figure) ;
- prendre la diagonale (figure) et changer de diagonal (deux membres) ;
- changer de main et changer de diagonal (deux membres).

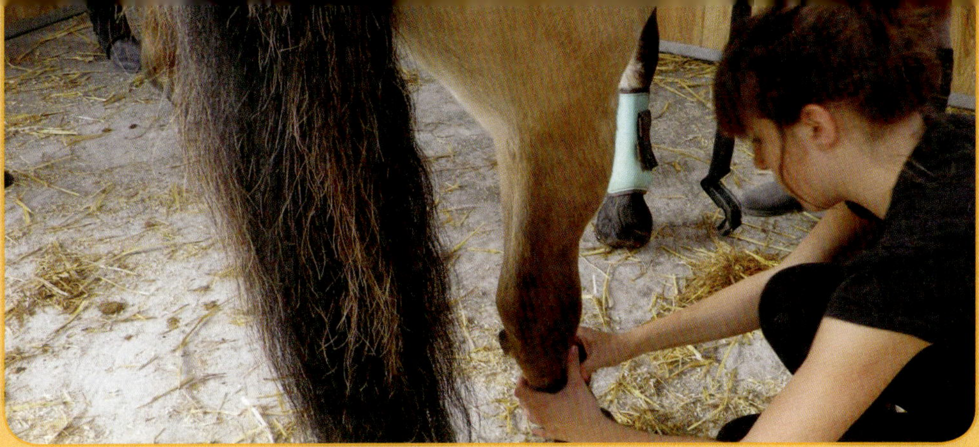

2 Vérifier que mon poney va bien en le préparant et en le ramenant

1

Est-il en bonne santé aujourd'hui ?
Inspection, soins, avant et après la séance 166

2

Son matériel est-il confortable ?
Ajuster le matériel, blessures de harnachement 171

3

Sa maison est-elle confortable ? La litière 175

Est-il en bonne santé aujourd'hui ?

Faire de l'équitation, c'est aussi acquérir des gestes réflexes concernant le bien-être et la santé de ta monture. L'enseignant te confie un de ses poneys, et toi, tu prends soin de celui-ci pour pouvoir prendre ton cours.

Inspection, soins avant et après la séance

Pendant le pansage, laisse toujours la main qui ne brosse pas au contact de ton poney. Au fur et à mesure de tes déplacements autour du poney, fais-la glisser sur toutes les parties. Cette inspection tactile te permet de déceler les petits boutons, les plaies invisibles cachées sous le poil, une déformation, une chaleur anormale, ou même de petits parasites comme les tiques.

La tique transmet la piroplasmose, une maladie qui donne de la fièvre, des coliques, détruit les globules rouges, et fait perdre l'appétit au cheval.

Le corps

Trois endroits sont particulièrement fragiles sur le corps : le passage de sangle, le garrot et le passage de têtière. S'il y a la moindre anomalie, avertis ton moniteur qui fera les soins nécessaires ou adaptera un matériel supplémentaire comme une protection en peau de mouton.

Lors du pansage, avant et après le travail, vérifie les trois zones fragiles du poney.

L'ÉPONGE

Selon comment le poney se couche, il arrive qu'il se blesse au coude à cause du frottement de son fer. Une espèce de croute puis de corne remplace alors le poil à cet endroit. Cette déformation s'appelle "hygroma du coude" ou "éponge". Vérifie le coude en même temps que le passage de sangle.

Vérifie que ton poney n'a aucune blessure visible sur les membres.

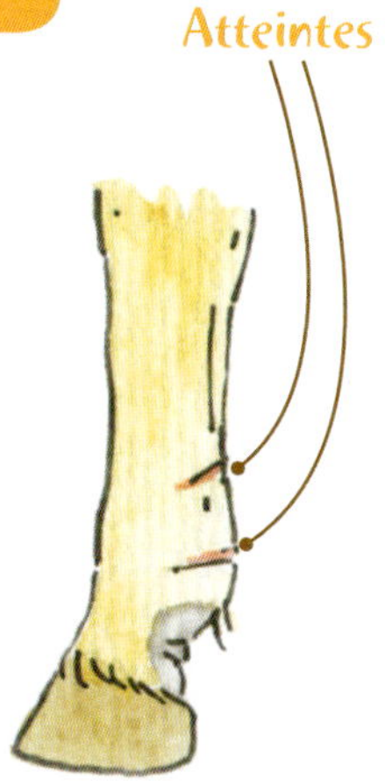

Les membres

Observe les membres en les brossant. Parfois le poney se blesse en marchant ou bien il se coupe avec ses propres fers, soit directement sur le canon, soit sur les glomes. Ce sont les atteintes.

Palpe les tendons régulièrement pour connaître leur aspect normal. Ainsi, ce sera plus facile de détecter les anomalies : chaleur, irrégularité, sensibilité du poney quand tu les touches.

Pour palper les tendons, utilise la dernière phalange de tous les doigts sans appuyer. Commence sous le genou et descend jusqu'au boulet. Ne confond pas l'ergot avec une croûte.

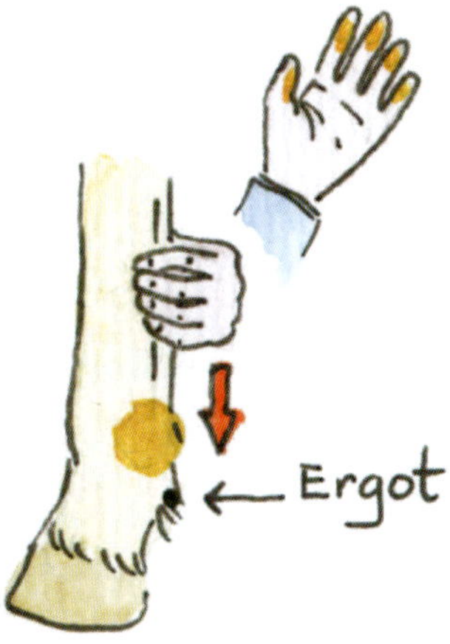

Quand tu cures les pieds, vérifie la chaleur du sabot et la tenue du fer s'il y en a un.

Les cailloux se logent souvent dans les lacunes latérales et font boiter les poneys. Si tu n'arrives pas à les enlever, demande de l'aide.

Si, en curant le pied, tu vois qu'il manque des clous, ou si le fer fait un double-bruit au poser, informe ton moniteur.

Si la fourchette a une mauvaise odeur, c'est qu'elle est infectée.

Soins supplémentaires après la séance

Les membres

Si les membres sont sales ou couverts de boue, tu peux les doucher. Après une séance d'obstacle ou plusieurs heures de travail, la douche va également masser les tendons et éviter les engorgements.

Pour masser en même temps que tu nettoies, dirige le jet vers le sabot et remonte le long des tendons des deux côtés de chaque membre.

Après la douche, essuie les paturons avec une serviette éponge.

LE FANON, UNE GOUTTIÈRE

Il ne faut jamais couper ou tondre entièrement les fanons des poneys. Lorsqu'il pleut ou que tu le douches, observe comme l'eau ruisselle par le fanon : il sert de gouttière pour évacuer l'eau et éviter qu'elle ne stagne dans le pli du paturon où elle peut être à l'origine d'infections.

S'il fait trop froid et que tu ne peux pas le doucher, brosse la boue et le sable une fois qu'ils ont séché ou nettoie les membres avec une éponge.

Si le paturon n'est pas bien nettoyé après la séance, la peau peut faire des crevasses car le sable est très corrosif. Ces crevasses peuvent évoluer vers une infection qui s'appelle la "gale de boue".

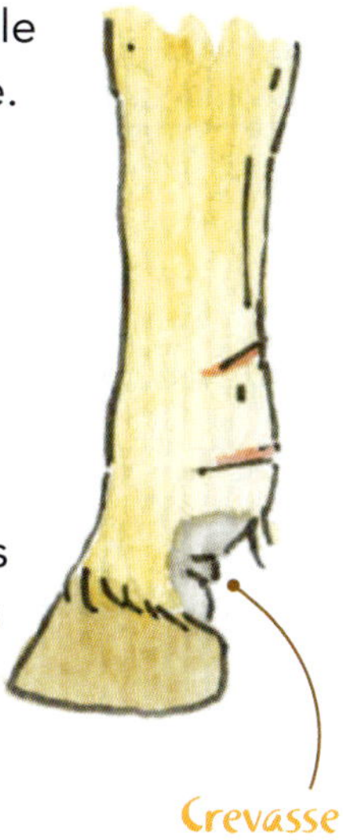

Le pied a une importance capitale. La moindre négligence entraîne des affections quelquefois longues et difficiles à soigner. Ces affections rendent l'appui pénible, voire douloureux, et vont jusqu'à faire boiter le poney.
Une à deux fois par semaine, graisse les pieds de ton poney : nettoie-les avec un cure-pied et une brosse. Quand ils sont bien secs, passe le pinceau de graisse, d'abord sur le dessous puis sur le dessus du sabot.

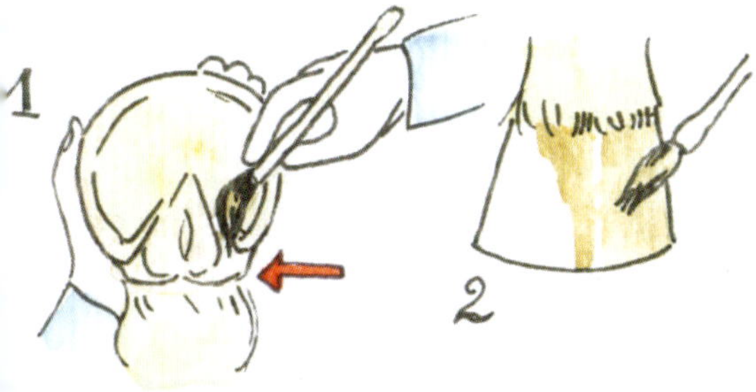

Passe la graisse d'abord sous le pied puis au-dessus. Si tu fais l'inverse, tu auras la main pleine de graisse en prenant le pied.

Lorsque la fourchette est abîmée, applique du "goudron de Norvège" à la place de la graisse, juste sur la fourchette, en enfonçant bien le pinceau au fond des lacunes.

Quand les fourchettes sont infectées, on applique du "goudron de Norvège" qui est antiseptique. Attention, le goudron a une odeur forte, il est gluant et tache. Il faut prendre un autre pinceau, et mettre des gants, si possible.

Le corps

Si ton poney a transpiré et que les températures sont basses, bouchonne ses poils avec de la paille pour absorber au maximum la sueur et qu'il ne prenne pas froid. Fais-le à l'abri des courants d'air.

Bouchonne ton poney avec un peu de paille sèche s'il est mouillé en hiver.

Si les températures le permettent, tu peux doucher ton poney entièrement. Commence par les quatre membres puis l'encolure, le dos, et finis par la croupe.

Commence la douche par les membres, puis règle le jet en grosse pluie pour continuer par l'avant-main, et finir par le dos et la croupe.

Après la douche il faut passer un couteau de chaleur : c'est comme une grosse raclette en caoutchouc qui permet d'éliminer le surplus d'eau. Passe le couteau de chaleur dans le sens du poil. Ton poney doit sécher à l'abri des courants d'air et si possible au soleil. C'est l'occasion de demander la permission d'aller le faire brouter.

Après la douche sur le corps il faut enlever l'excédent d'eau en passant le couteau de chaleur, dans le sens du poil et vers le bas.

Le box

En remettant le poney dans son box, vérifie l'abreuvoir et la mangeoire : ils doivent être propres et l'abreuvoir rempli d'eau propre et en état de marche s'il est automatique.

2 Son matériel est-il confortable ?

Le matériel doit être ajusté à la taille du poney. Ce n'est pas pour faire joli, mais pour des raisons de confort et de sécurité. En effet, pour être coopératif avec toi, le poney doit être à l'aise avec son matériel.

Ajuster le filet

Le mors applique une légère pression à la commissure des lèvres : trop bas, il risque de cogner contre les dents, trop haut il tire sur la commissure des lèvres.

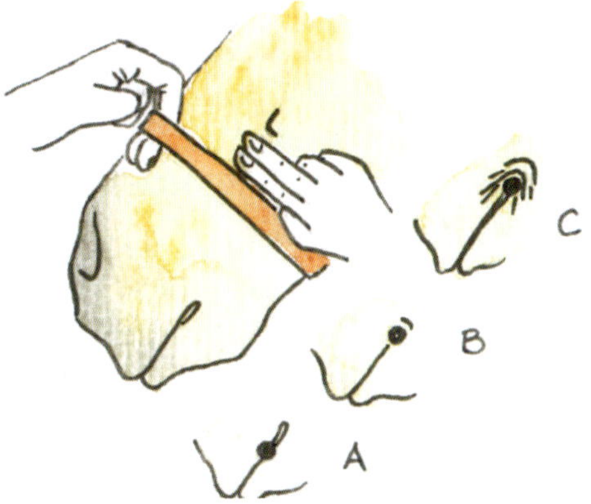

Le mors A est trop bas,
le mors B est bien placé,
le mors C est trop haut.
La muserolle doit être à deux doigts en dessous de la pommette, et tu dois pouvoir passer deux doigts dedans.

La muserolle ne doit pas comprimer la pommette du poney (l'apophyse zygomatique), elle est réglée quelques centimètres en dessous.
La sous-gorge ne doit pas du tout être serrée : passe ton poing à l'intérieur pour le vérifier.

Piège : différentes muserolles
La muserolle française est la plus simple, c'est celle que l'on vient de voir.
La muserolle allemande est plus basse et articulée avec deux anneaux : elle se ferme en descendant sous le mors, mais sans s'emmêler avec les rênes. Elle ferme plus la bouche que la muserolle française.

La muserolle combinée et la muserolle croisée comportent toutes les deux, deux muserolles : celle du haut se ferme comme la muserolle française, en passant sous les montants du mors, et l'autre comme la muserolle allemande en passant plus bas que le mors. Sur la muserolle croisée, la muserolle du haut passe au-dessus de l'apophyse zygomatique et est articulée par un anneau.

Muserolle française — Muserolle allemande — Muserolle combinée — Muserolle croisée

Ajuster la croupière

Une fois le matériel en place, passe la main sous la croupière et mets-la à la verticale. La croupière doit être juste tendue à ce moment-là.
Si tu ne peux pas relever la main, la croupière est trop serrée. Si elle est encore détendue une fois la main à la verticale, elle est trop lâche.

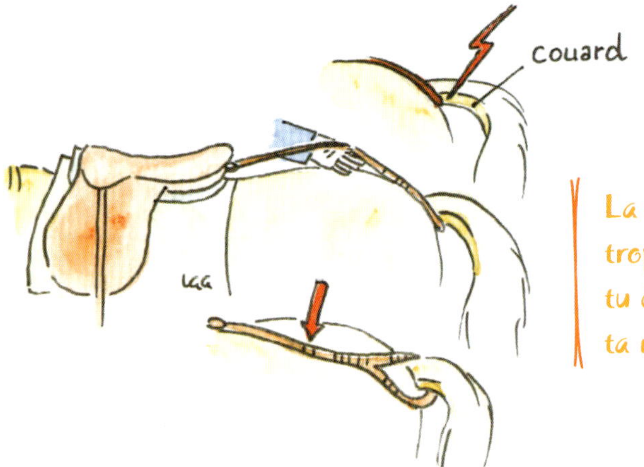

Dans les deux cas, le culeron risque de blesser le dessous de la queue (le couard), soit en tirant, soit en pesant de travers.

La croupière ne doit être ni trop serrée, ni trop grande : tu dois juste pouvoir passer ta main à la verticale dessous.

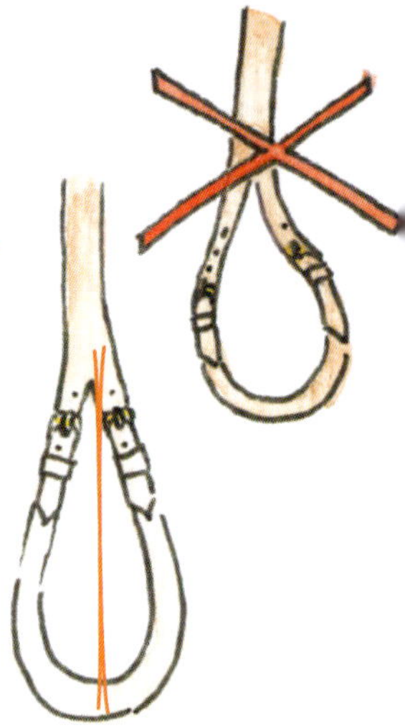

Le culeron doit être attaché symétriquement, c'est-à-dire au même trou des deux côtés, sinon il est de travers sous la queue et peut blesser le couard.

Si la croupière est trop longue la selle risque d'avancer vers les oreilles du poney et toi de faire du toboggan.

Ajuster un enrênement

C'est ton moniteur qui doit régler les enrênements pour chaque poney. Une fois réglés, il n'y a plus qu'à les mettre ou pas.
Ils servent à empêcher le poney de lever trop la tête. Ils ne doivent pas "tenir" la tête vers le bas, sinon, c'est qu'ils sont trop serrés.

Les enrênements ne tiennent pas la tête en bas, mais empêchent les poneys de trop la remonter.

Blessures de harnachement

Anticiper

Le risque de blessures à cause du matériel peut être facilement diminué si :

- le matériel est propre ;
- le matériel est à la bonne taille et ajusté ;
- la selle est bien dégarrotée ;
- les membres sont étirés vers l'avant après le sanglage ;
- il y a un tapis et un amortisseur sous la selle.

Soigner

En cas d'irritation ou de gonflement, il est possible d'appliquer de la glace en poche pour soulager la douleur puis masser doucement avec une pommade pour éviter les œdèmes.
S'il y a une blessure, il faut nettoyer à l'eau claire, sécher, désinfecter et appliquer une pommade cicatrisante.
Il faut parfois renoncer à monter le poney quelques jours afin que la blessure se soigne.
Lors de la reprise du travail, mets du "talc" à l'endroit des frottements avant le travail, et de la pommade après la séance.

Fragilité

Certains poneys sont plus fragiles que d'autres et ont besoin de protections supplémentaires : il en existe en "peau de mouton" ou en néoprène nid-d'abeilles, qui limitent les effets des frottements.

Les protections en peau de mouton existent pour tout : la têtière, le frontal, la muserolle, la croupière, la sangle, en amortisseur, le padd au garrot, les protections des membres.

USURE SUR L'ENCOLURE

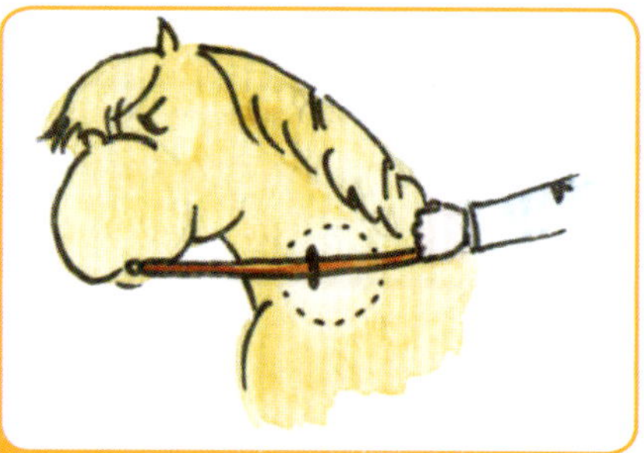

Lorsque le poney a son gros poil d'hiver, tu observeras parfois sur l'encolure deux taches plus claires où le poil est usé : c'est à cause des frottements des rênes. Le trou est plus important si les rênes ont des arrêtoirs. En général, cette usure ne va pas jusqu'à la blessure, mais tu peux quand même appliquer une crème hydratante à cet endroit pour soulager la légère irritation.

3 Sa maison est-elle confortable ?

La litière est comme une sorte de matelas entre le sol et le poney. Il peut s'y coucher et faire ses besoins. Il faut donc qu'elle soit bien absorbante mais aussi bien épaisse pour que le poney ne se fasse pas mal contre le sol en se couchant.

La litière

Il existe différentes matières pour la litière, la plus courante est la paille : il s'agit généralement de la tige du blé, et parfois de la tige de l'avoine ou de l'orge. La paille n'est pas un aliment, mais les poneys la grignotent quand ils s'ennuient.
Il y a aussi la litière de copeaux : de bois ou de papier, de lin, de chanvre

Comment faire un box

Les crottins et les plaques d'urine sont enlevés tous les jours et on remet de la paille propre en la faisant remonter le long des murs (litière en bateau).

La paille propre remonte sur les murs pour le plus grand confort du poney, c'est la "litière en bateau". En hiver, on peut garder les sous-couches (le gâteau) car il conserve la chaleur.

Une fois par semaine ou plus, selon les poneys-clubs, le box est entièrement vidé.
Si le box ne contient pas assez de paille, le poney peut se faire mal en se couchant ou en se roulant. De plus, le box sera très vite sale et risque de causer des problèmes de santé au niveau des pieds (fourchettes pourries, corne molle) et au niveau des poumons (ammoniac dans l'air).

Si le box est tout retourné et ton poney dans un état anormal, préviens ton moniteur au plus vite. Ton poney est sans doute malade.

QUALITÉ DES ÉCURIES

Les poneys sont des animaux qui vivent normalement en plein air. Lorsqu'ils sont hébergés à l'intérieur, dans des écuries, ils doivent bénéficier d'installations qui respectent au mieux leur nature.

La température doit être homogène, sans extrême : la température idéale se situe entre 10 et 25 °C. Les poneys peuvent toutefois supporter des températures négatives s'ils sont secs et hors des courants d'air.

Les ouvertures doivent permettre à l'air de se renouveler sans courant d'air, même lorsqu'il fait froid. Cela évite l'humidité stagnante, la concentration de poussières, ou encore de gaz toxiques émis par les déjections.

L'atmosphère doit être saine, c'est-à-dire sans humidité. Les poneys sont particulièrement sensibles à l'humidité de l'air car elle diminue le rôle isolant de leurs poils. Ils ne peuvent alors plus lutter aussi bien contre le froid.

L'éclairage doit être le plus naturel possible et surtout suffisant. En hiver, les poneys ne doivent pas être dans le noir complet dès la fermeture des deux battants de la porte, et l'été, la lumière ne doit pas être trop vive pour éviter d'attirer les insectes. Il doit également exister un éclairage de sécurité.

Le sol doit être résistant aux fers et à l'acidité de l'urine, imperméable et non glissant pour que les poneys n'aient pas de mal à se relever après s'être roulés : on doit également pouvoir le nettoyer et le désinfecter facilement.

La conception de la mangeoire et de l'abreuvoir doit faciliter leur nettoyage et leur utilisation par les poneys : dans un coin pour éviter de prendre de l'espace, ni trop hauts, ni trop bas par rapport à la taille des poneys, amovibles dans certains cas, et surtout solides.

L'écurie est traversée par un petit caniveau qui permet d'évacuer les eaux usées : urine, eau de lavage des box...

La hauteur de la porte du bas doit être adaptée à la taille des poneys afin qu'ils puissent passer leur tête facilement pour voir à l'extérieur.

Les dimensions d'un box répondent à certaines normes : 3 x 3 m minimum pour les chevaux, on peut descendre jusqu'à 2,20 m x 2,20 m pour les poneys. Les stabulations qui accueillent plusieurs poneys doivent être évidemment beaucoup plus grandes.

3

Contrôle de la vitesse et de la direction

1

Déplacer mon poney de côté, à pied 180

2

S'installer à poney confortablement : régler ses étriers et ressangler seul à poney 182

3

Se déplacer et sauter : s'équilibrer, avancer, diriger 185

4

Les différents obstacles et les premiers concours 197

5

Galop 3 : évaluation montée 202

1 Déplacer mon poney de côté, à pied

Pour chaque déplacement sur le côté, tu vas observer ton poney croiser ses jambes. Ne va pas trop vite sinon il va s'emmêler !

Déplacer les hanches

Place-toi face à son épaule gauche : tiens la longe dans la main gauche et ta cravache dans la main droite. Attire la tête vers toi et avance d'un pas très franc vers les hanches en faisant un claquement de langue. Si tu n'arrives pas à faire claquer ta langue dis-lui fermement : "Pousse-toi !" ou "Bouge !" Dès que l'arrière-main se déplace, caresse ton poney. S'il ne se déplace pas, tapote avec ta cravache à l'arrière du flanc ou sur la cuisse pour l'encourager en répétant ton ordre.

Commence par déplacer les hanches...

Déplacer les épaules

Place-toi à gauche face à son encolure. Marche vers l'encolure, ton poney doit te céder sa place en déplaçant ses antérieurs. Récompense dès les premiers pas en caressant.

... puis les épaules...

Déplacer les épaules et les hanches

Si tu déplaces les épaules et les hanches, tu déplaces le poney en entier.

Place-toi face à l'épaule gauche, amène légèrement la tête à toi puis mets ta main vers le garrot. Pendant ce temps, ta main droite positionne ta cravache vers le postérieur gauche pour faire une barrière ou éventuellement encourager le déplacement en tapotant.

Ton poney doit marcher vers l'avant et le côté. Pour l'accompagner tu marches toi aussi vers l'avant et vers son épaule.

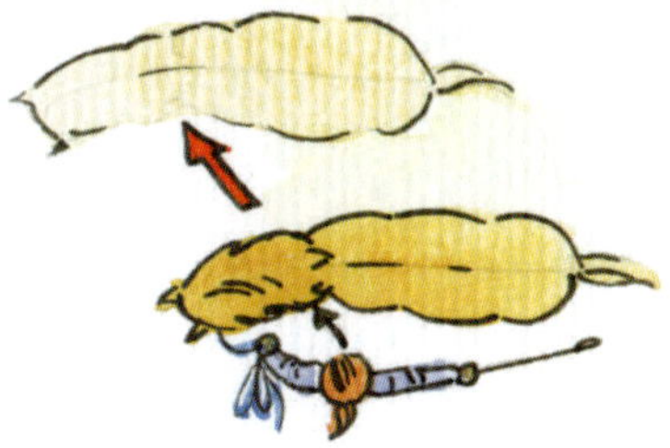

... et enfin tout le poney.

SYMÉTRIE

Tous les exercices se font des deux côtés pour que ton poney soit aussi souple à droite qu'à gauche. Il est possible que ton poney ait un côté facile et un côté difficile. C'est que, comme toi, il est droitier ou gaucher.

QU'EST-CE QUE L'ÉTHOLOGIE ?

L'éthologie est la science qui étudie les comportements d'un animal dans son habitat naturel. Elle permet de faire des "éthogrammes", c'est-à-dire, des répertoires de l'ensemble des comportements d'une espèce, et ainsi de mieux connaître les animaux.

L'équitation dite "éthologique" est une équitation basée sur l'observation du comportement du cheval. L'éthogramme équin permet de mieux connaître les chevaux et les poneys et de rechercher d'abord leur bien-être dans la pratique de l'équitation plutôt que la performance.

En cela, tous les cavaliers respectueux de leur monture sont des cavaliers éthologues.

2 S'installer à poney confortablemen

Régler seul ses étriers

Une fois que tu seras monté sur ton poney, tu auras du matériel à régler. Petit à petit, ton moniteur va te laisser faire et tu devras apprendre à "écouter" tes sensations, par exemple, sentir s'il y a un étrier plus haut que l'autre.

Si tu te trompes, ton moniteur t'aidera à corriger tes impressions.

Pour régler les étriers, il faut les enlever. Passe ton bras dans les rênes car tu auras besoin de tes deux mains.
Passe ensuite ta jambe par-dessus la selle, soulève le petit quartier pour voir la boucle de l'étrivière.

Tire le pendant d'étrivière vers le bas pour dégager la boucle. Ouvre-la et remonte-la pour remonter ton étrier (raccourcir) ou descends la boucle pour descendre l'étrier (allonger).
Pour finir, tire sur l'étrivière du dessous pour remonter la boucle sous le petit quartier. Cela doit faire "cling" comme quand tu remontes les étriers.

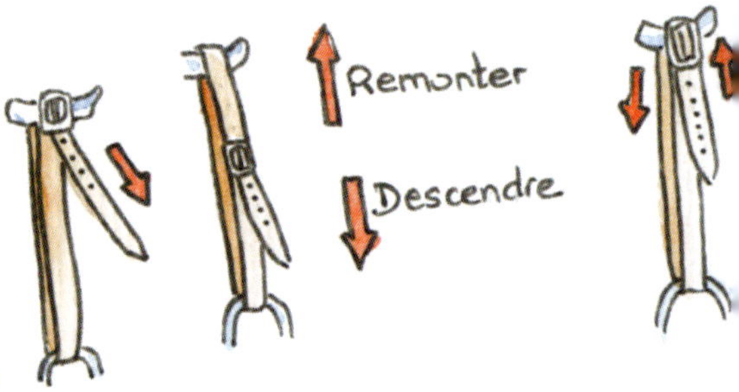

Si tu ne remontes pas la boucle sous le petit quartier, elle risque de te blesser à force de frotter contre ta cuisse.

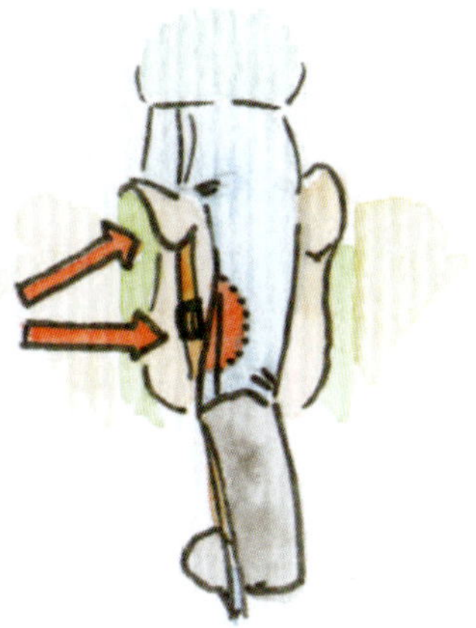

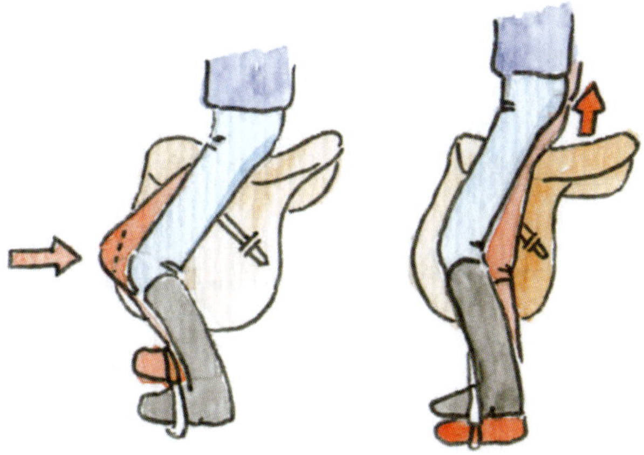

Quand tu règles tes étriers, vérifie que ton genou est dans la selle, s'il passe par-dessus c'est que l'étrier est trop haut. Vérifie que tu peux te lever facilement pour trotter enlevé. Si c'est difficile c'est que l'étrier est trop bas.

Quand l'étrier est déchaussé, le plancher arrive au niveau de la malléole de ta cheville.

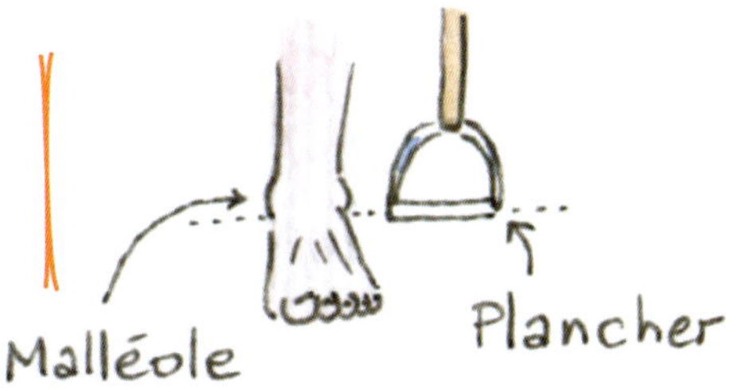

Pour régler tes étriers ou ressangler, glisse ta cravache sous ta cuisse de l'autre côté. Évite de la mettre dans ta botte.

Ressangler seul à poney

En général on ressangle après le trot, donc toujours avant le galop.

Passe ta jambe par-dessus la selle avec l'étrier au pied pour l'emmener et dégager le grand quartier.
Soulève le grand quartier, resserre les contre-sanglons d'un ou deux trous en tirant vers toi, vers le haut. Si tu as besoin de tes deux mains, passe ton bras dans tes rênes.

3 Se déplacer et sauter

S'équilibrer

Trotter sur le bon diagonal

Maintenant que tu connais bien le rythme du trot enlevé, tu vas apprendre à trotter sur le bon diagonal.

a) Voir et savoir

Commence par regarder les épaules de ton poney au pas, elles sont juste devant la selle. Elles avancent et reculent l'une après l'autre.

Exercice : au pas, en t'appuyant sur l'encolure, regarde l'épaule extérieure et lève-toi en même temps qu'elle avance.

Pour trotter sur le bon diagonal, il faut regarder l'épaule extérieure

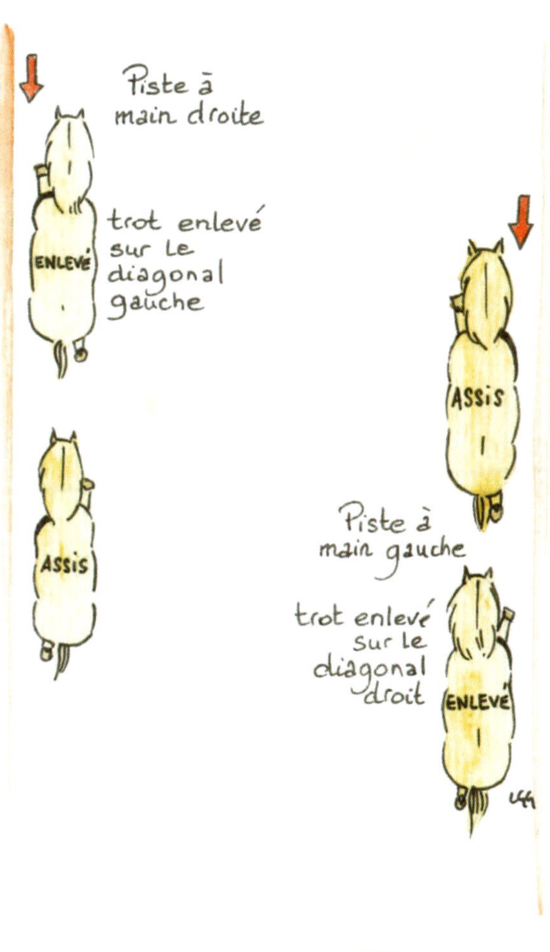

Une fois que tu as pris tes repères visuels au pas, pars au trot. Mets-toi au trot enlevé en te tenant bien droit. Baisse les yeux pour voir les épaules du poney mais ne te penche pas trop en avant. Essaie de trouver avec quelle épaule tu te lèves en comparant leur mouvement.

Si tu te lèves avec l'antérieur droit, tu trottes sur le diagonal droit.

Si tu te lèves avec l'antérieur gauche, tu trottes sur le diagonal gauche.

Ne lève pas tes mains pour regarder en dessous, et ne te penche pas en avant au trot pour voir l'épaule extérieure.

b) Changer

Changer de diagonal c'est trotter enlevé avec le diagonal droit puis avec le diagonal gauche ou inversement.

- soit deux fois assis dans sa selle "1-1-2" ou "hip-hip-hop" ;
- soit deux fois en l'air "1-2-2" ou "hip-hop-hop".

Lorsque tu changes, tu n'as pas besoin de regarder les épaules du poney. Juste après, tu peux vérifier si tu es bien sur l'autre diagonal, puis à nouveau regarder devant toi.

c) Quel diagonal ?

En France, les cavaliers trottent sur le diagonal extérieur, donc avec l'épaule qui est du côté du mur.

Lorsque tu changes de main, tu dois changer la cravache de côté, mais aussi changer de diagonal si tu es au trot enlevé. Si tu penses à l'un, pense à l'autre.

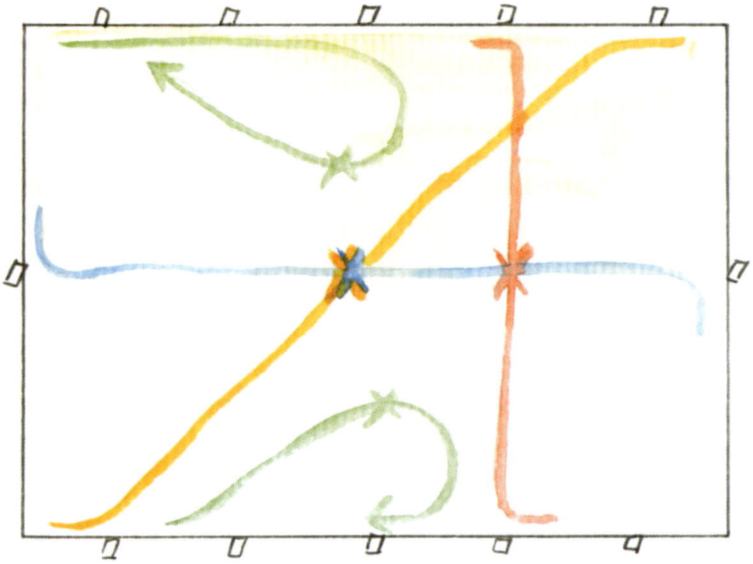

L'endroit où tu dois changer de diagonal au trot enlevé est le milieu de la figure.

Change de diagonal au trot enlevé au milieu de chaque figure.

RYTHME PERTURBÉ

Si ton poney tousse en te tirant vers l'avant ou trébuche, il va te faire perdre ton rythme. Il faudra alors vérifier qu'il ne t'a pas fait changer de diagonal et te remettre sur le bon si c'est le cas.

Avancer

Le départ au galop

Maintenant que tu contrôles de mieux en mieux ton équilibre et ta stabilité, tu vas pouvoir partir au galop en utilisant un code spécial que ton poney connaît déjà.

- Au trot, commence par réajuster tes rênes pour remonter un peu la tête du poney et tiens-toi droit comme si tu voulais ralentir.
- Pose tes mains en conservant la tension de tes rênes, et regarde où tu vas.
- En arrivant dans la courbe, recule la jambe extérieure en la faisant glisser sur le flanc du poney. Cette action prévient ton poney de tes intentions, et lui indique même quel pied tu as choisis. Mais cette jambe ne le fait pas partir au galop. La jambe reculée ne fait aucune action, elle prend juste une autre place.
- Quand tu veux donner le signal à ton poney, appuie avec ta jambe intérieure, là où elle se trouve naturellement, sans la reculer ni l'avancer.
- Ne jette pas tes épaules en avant, attends la réponse de ton poney.

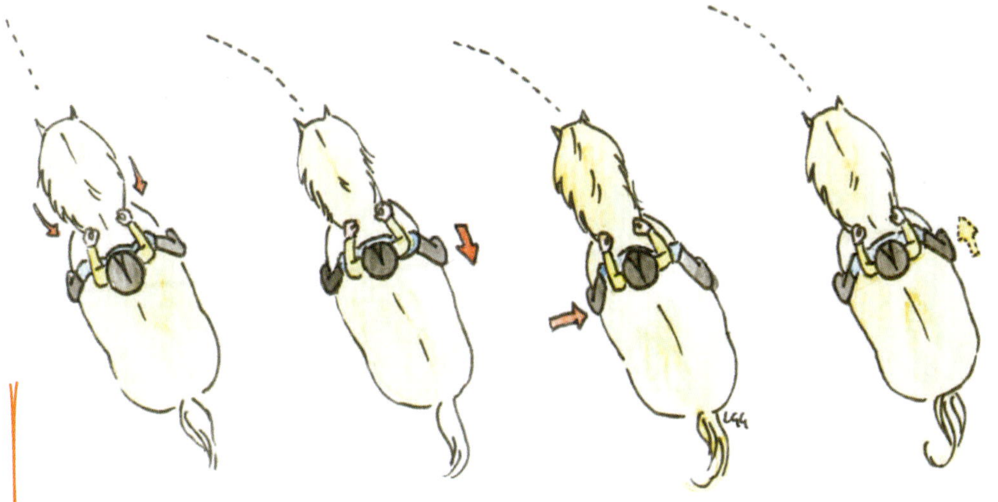

Remonte un peu la tête du poney pour le prévenir, décale ta jambe extérieure vers l'arrière, appuie la jambe intérieure pour déclencher le galop, remets progressivement ta jambe extérieure à sa place.

LA JAMBE INTÉRIEURE

Pour le départ au galop, la jambe intérieure s'utilise "à la sangle". Cette expression ne signifie pas que la jambe avance ou se tourne pour appuyer sur la sangle, mais qu'elle reste à sa place naturelle.

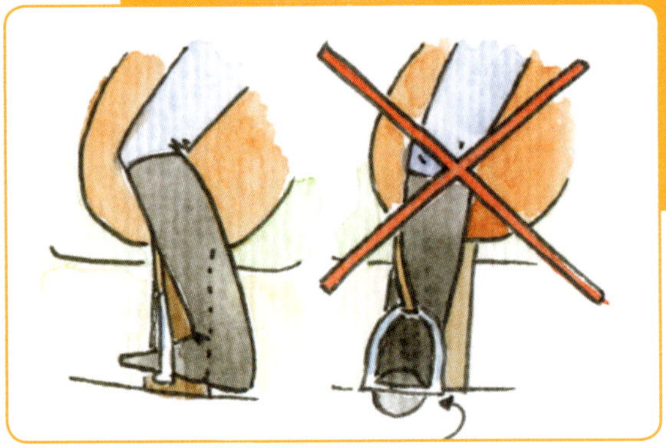

N'avance pas ta jambe et ne la tourne pas non plus pour t'en servir.

Reconnaître le pied du galop

À main droite, le poney doit galoper sur le pied droit, et à main gauche sur le pied gauche.

Une fois que tu es au galop, il faut donc vérifier si le poney est sur le bon pied. Pour cela, il y a deux moyens :

- si tu es assis, tes fesses avancent en rythme vers une des épaules. En fait, tes fesses suivent le chemin entre le premier temps et le troisième temps du galop ;
- si tu galopes en équilibre : baisse les yeux, sans te pencher, pour voir quel antérieur avance le plus (troisième temps du galop). Si c'est l'antérieur droit, tu es au galop à droite.

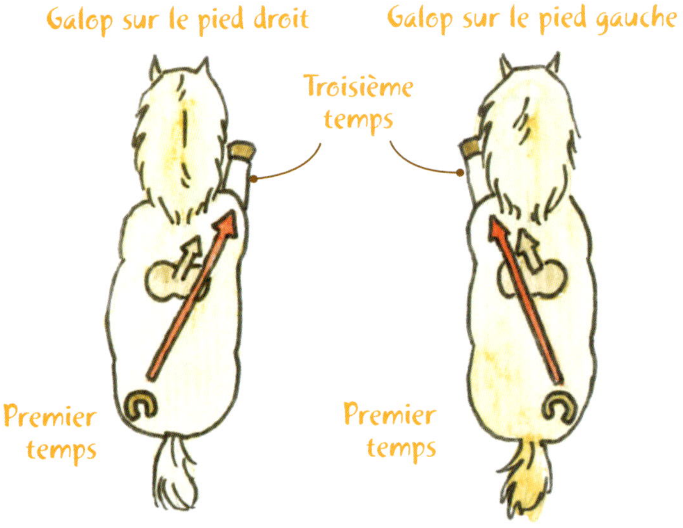

Au galop sur le pied droit :

- si tu es assis, tes fesses avancent vers la droite ;
- si tu es en équilibre, tu vois l'antérieur droit avancer plus loin que l'antérieur gauche.

Et inversement du côté gauche.

Diriger

Pour tourner avec précision au trot, il faut visualiser à l'avance exactement où tu veux passer. Ensuite, il faut préparer ton poney pour qu'il puisse réaliser la courbe voulue au bon endroit.

Décider : ton regard

Lors de la détente ou lors d'un jeu, tu seras amené à décider seul de tes déplacements. Tu dois pouvoir traverser le manège ou la carrière pour changer de place quand tu le souhaites, ou bien quand tu es gêné : un poney qui s'arrête devant toi pour crotter par exemple.

Pour cela, il faut que tu sois toujours au courant de ce qui se passe dans la carrière, donc voir les autres et leurs déplacements pour ne pas être gêné ni les gêner.

Parfois il faudra que tu sois rapide dans ta prise de décisions.

Pour prendre des décisions, ne regarde pas tes mains mais plutôt ce qui se passe autour de toi.

SÉCURITÉ

Si un cavalier fait une chute alors que vous circulez tous individuellement dans le manège ou la carrière, arrête-toi jusqu'à ce que le poney soit rattrapé.

Préparer : tes aides d'incurvation

Au début, suis les consignes du moniteur, il te fera faire des figures particulières pour t'apprendre à préparer ton poney et être plus précis. La serpentine est un excellent exercice car elle te fait enchaîner et inverser les courbes, c'est une figure qui demande beaucoup d'attention pour être bien réalisée.

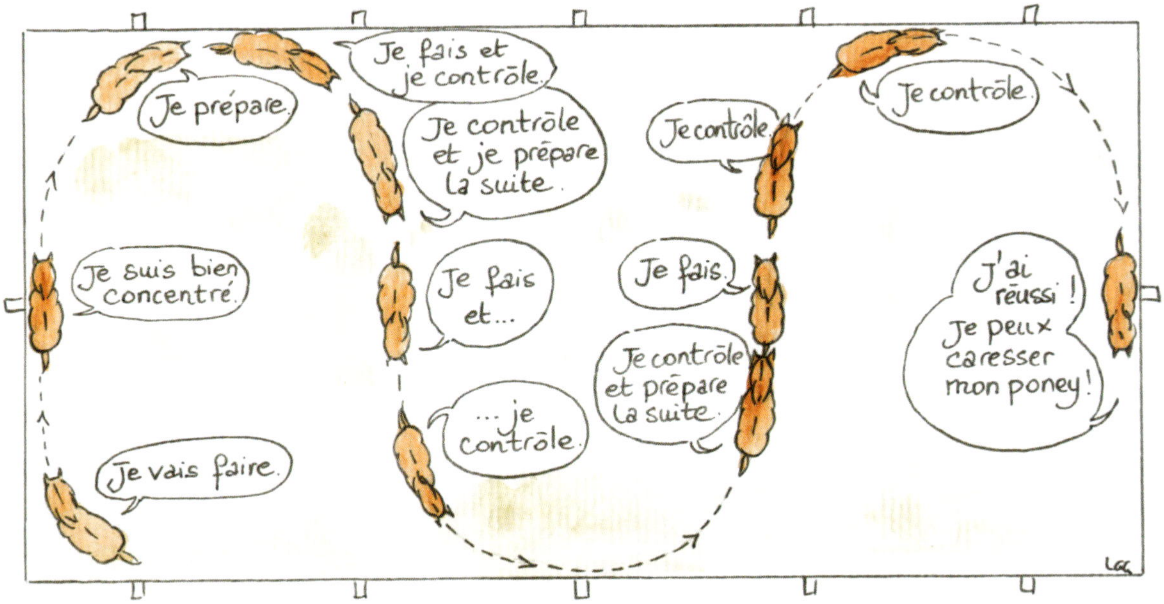

Sur la serpentine par exemple, il faut contrôler ce que tu fais tout en anticipant sur ce qui reste à faire.

CHECK-LIST

Quand tu prépares ton poney à tourner selon un tracé précis, fais une check-list comme les pilotes d'avion.

- Mets tes rênes de la bonne longueur.
- Regarde où tu veux aller.
- Indique-le au poney avec tes mains, sans brutalité.
- Encourage ton poney avec tes jambes.
- Encadre-le avec ton couloir de rênes.
- Regarde toujours où tu vas après.

Faire : tes aides d'impulsion

Quand tu sauras bien préparer, il faudra faire des figures sans suivre les autres. Le plus difficile sera de détacher ton poney des autres. Il faut décider, préparer et surtout être très franc dans la demande. Ton poney doit sentir ta détermination et ne pas hésiter.

Quand tu changes de place, reste concentré et déterminé pendant toute la figure.

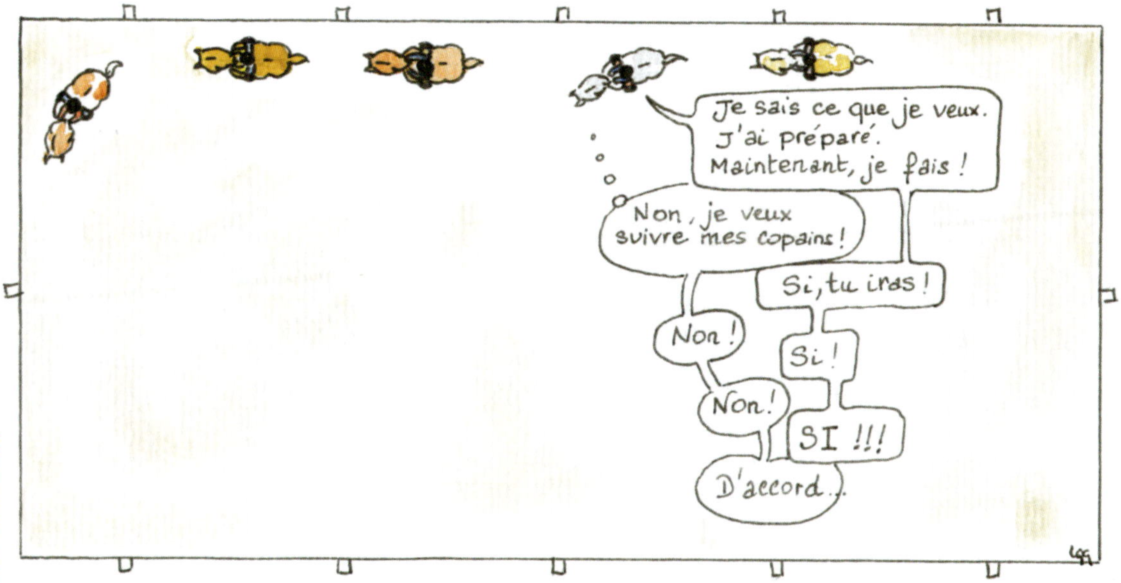

Tu rencontreras sûrement quelques poneys têtus. Sois plus têtu qu'eux !

RÈGLES DE PRIORITÉ

Quand tu commenceras à circuler comme tu veux dans le manège, il faudra respecter certaines règles de circulation afin de ne pas vous rentrer dedans.

- Si tous les cavaliers sont à la même main, c'est celui qui est déjà sur la piste qui a la priorité.
- Si les cavaliers peuvent changer de main à volonté, le moniteur doit vous préciser quelle main prend la priorité sur la piste (piste à main droite ou piste à main gauche) et dans ce cas, ceux qui sont dans l'autre sens se mettent en piste intérieure pour croiser.
- Si les cavaliers ne sont pas à la même allure, c'est l'allure la plus rapide qui est prioritaire sur la piste.

Quand on évolue à plusieurs dans un manège, il faut définir une main prioritaire.

Priorité à main gauche,
le cavalier reste sur la piste.
Le cavalier à main droite
quitte la piste le temps
de croiser le premier cavalier.

Le poney bai (en bas) n'est prioritaire
que s'il est à une allure supérieure
aux deux autres poneys (dans le cas
d'une priorité à main gauche).

Et avec des obstacles...

Tu vas commencer à enchaîner quelques obstacles sans t'arrêter. Ils ne seront plus forcément sur la piste, et tu devras cette fois conduire ton poney pour les franchir.

Les poneys font seulement une partie du travail : à toi de faire le reste !

Visualiser le tracé

Un petit travail sur des barres au sol peut se faire au trot enlevé et doit t'aider à visualiser ton tracé pour :

- arriver droit, en face, de la barre (perpendiculaire) ;
- arriver au milieu.

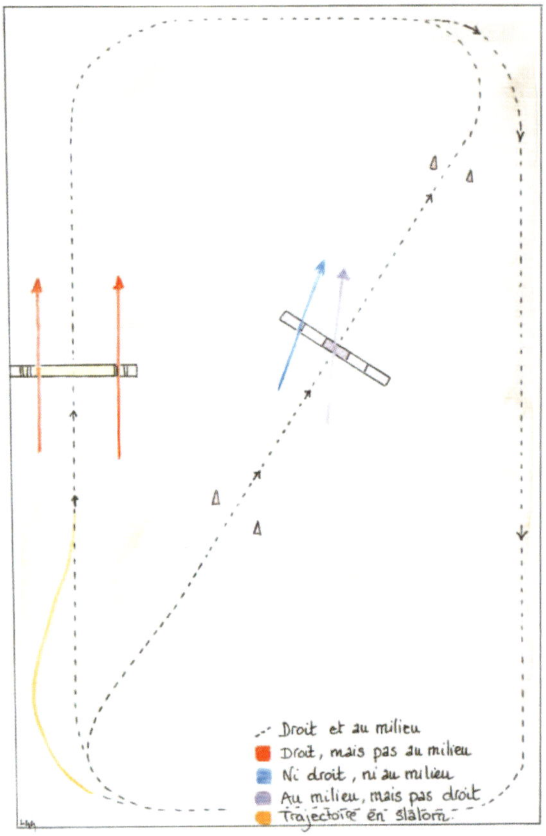

La ligne en pointillé noir est le tracé idéal. Des portes de cônes peuvent t'aider.

Tu dois toujours savoir où tu vas. Ton regard avance en même temps que toi, tu ne regardes jamais l'endroit où tu es et encore moins la barre au moment de la franchir.

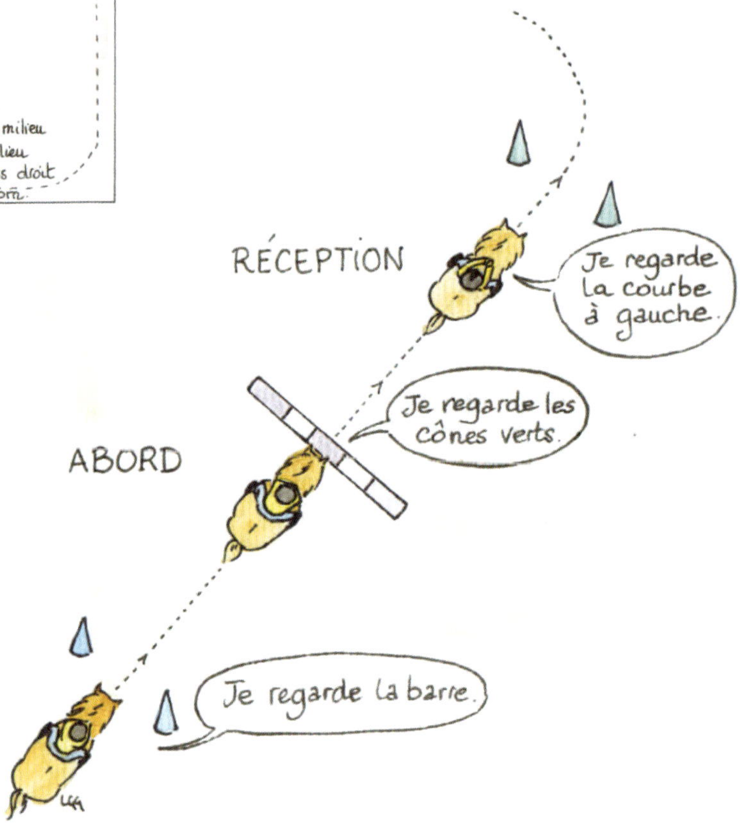

Ton regard avance en même temps que toi.

Se mettre en équilibre et revenir à sa place

Une fois que tu arrives à conduire facilement, pense à te mettre en équilibre pour le passage des barres. Selon ta rapidité à changer de position, prépare-toi suffisamment tôt.

Une fois la barre franchie, reprends ta position de départ.

Pour être rapide et efficace, tu ne vas pas changer ta longueur de rênes ni ta cravache de côté : tes mains vont rester à la place où tu en as besoin quand tu es en équilibre.

Dès que tu es revenu à ta place après un obstacle, tu peux penser au suivant : conduire jusqu'à lui correctement.

Quelle que soit ta position sur un parcours, tes mains bougent le moins possible et ton bas de jambe doit être toujours prêt à te porter : étriers au tiers du pied, talons descendus, genoux desserrés.

Les défauts courants sont :

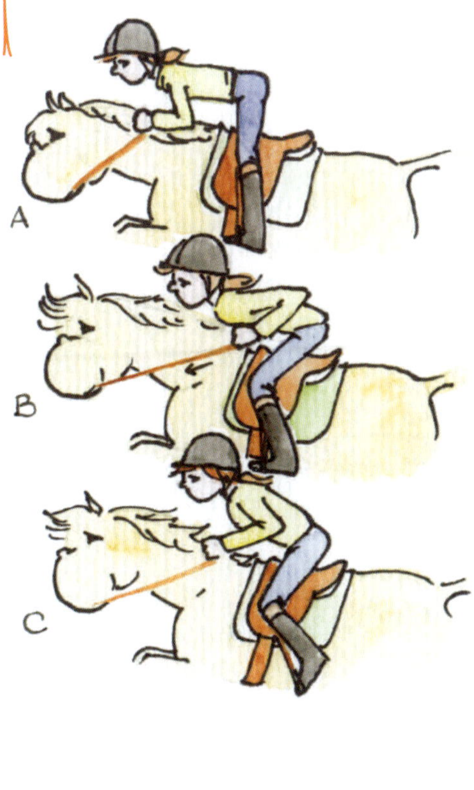

A > le cavalier se jette sur l'avant-main : fesses trop hautes, jambes dépliées entièrement, et coudes posés sur le poney, il risque de passer par-dessus ;

B > le cavalier n'accompagne qu'avec son buste et pas avec ses mains. Ses coudes sont obligés de s'écarter. Le poney ne peut pas étirer l'encolure, et fait un saut désagréable à suivre. Si les rênes glissent dans les mains, le poney sautera mieux mais le cavalier aura un problème à la réception (longueur de rênes inadaptée) ;

C > le genou verrouillé remplace l'appui sur les étriers, le cavalier n'est pas en équilibre, il risque de pivoter autour de son genou et de passer par-dessus.

Le cavalier utilise différentes positions en équilibre sur les étriers selon les phases du saut. Au planer, il suffit de suivre l'extension d'encolure du poney, avec les mains et le buste. Les mains sont toujours devant le cavalier, jamais sous lui.

Conduire et avancer sur le plat, entre les obstacles

Ton poney doit avoir suffisamment d'élan pour franchir les obstacles. Après chaque saut, tu dois t'occuper du tracé pour aller à l'obstacle suivant mais aussi de la vitesse :

- pas trop vite, sinon tu auras du mal à tourner ;
- pas trop lentement, sinon ton poney ne pourra plus sauter.

Entre les obstacles, reprends une position comme sur le plat pour être efficace : seules tes mains restent à la même place. Au trot enlevé ou au galop assis, il est plus facile de contrôler la vitesse.

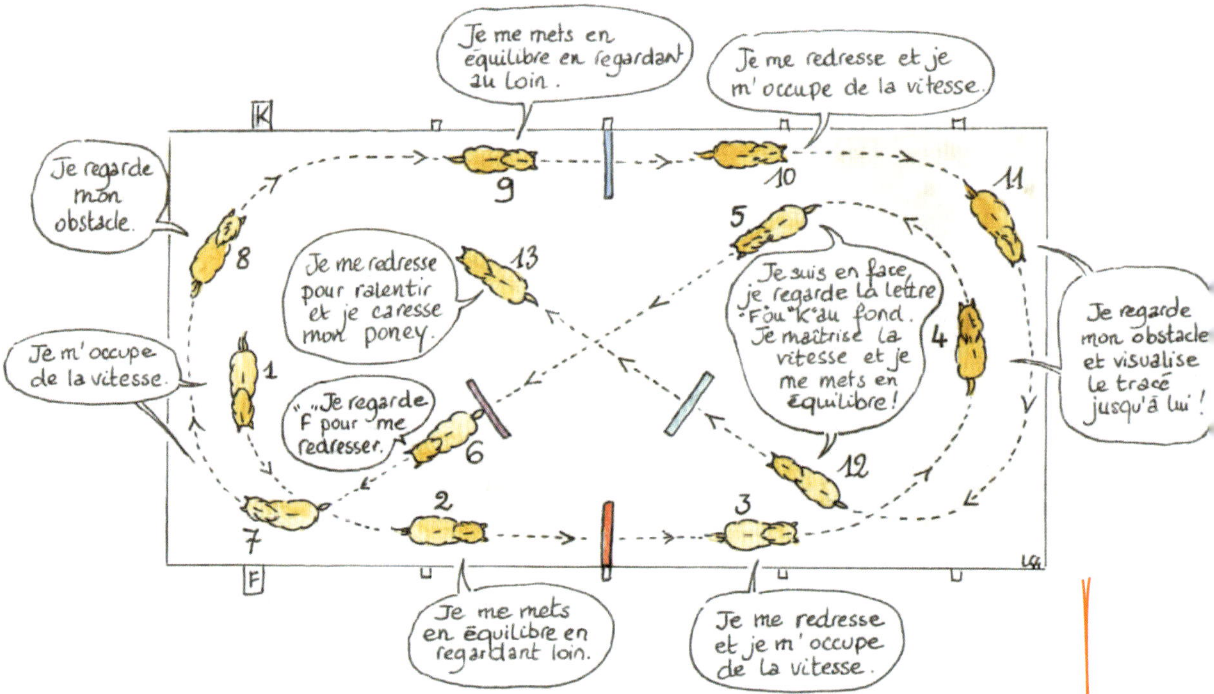

Entre les obstacles, il y a plein de choses à faire !

Au galop, si tout va bien, commence à rester en équilibre pour t'habituer à tourner aussi dans cette position.

4 Les différents obstacles et les premiers concours

Les noms

En cours tu sauteras surtout trois types d'obstacles :

- les croix : pour vous échauffer, toi et ton poney ;
- les verticaux : on les appelle aussi des "droits" ;
- les oxers : ils sont faits aussi en largeur avec un côté plus bas ; ceux-là ne se sautent que dans un sens, du plus bas vers le plus haut.

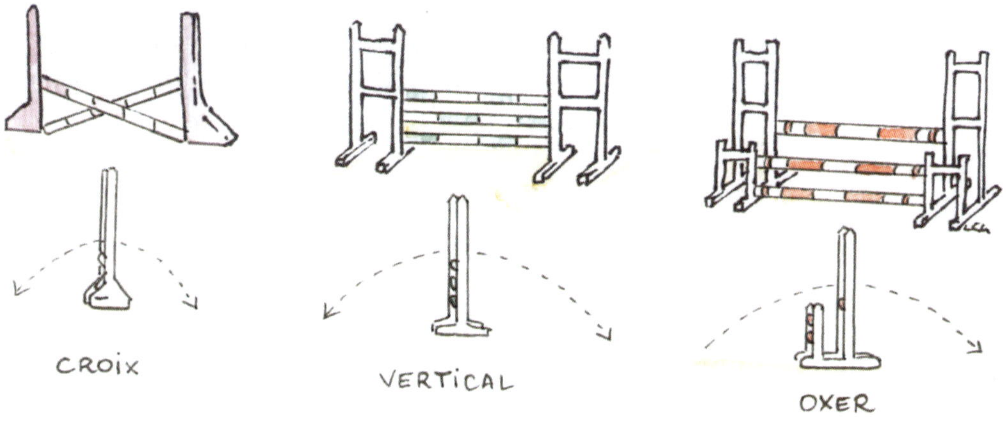

Les premiers concours

Si ton moniteur t'emmène en concours d'obstacles, tu en rencontreras certains très colorés et avec des profils inconnus.

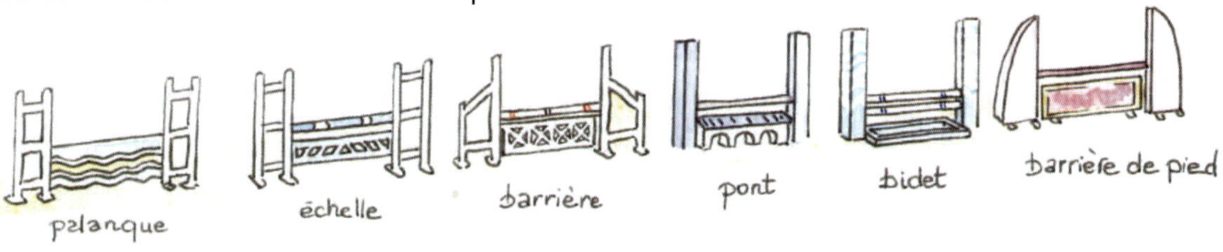

Les soubassements décorent souvent les obstacles de concours.

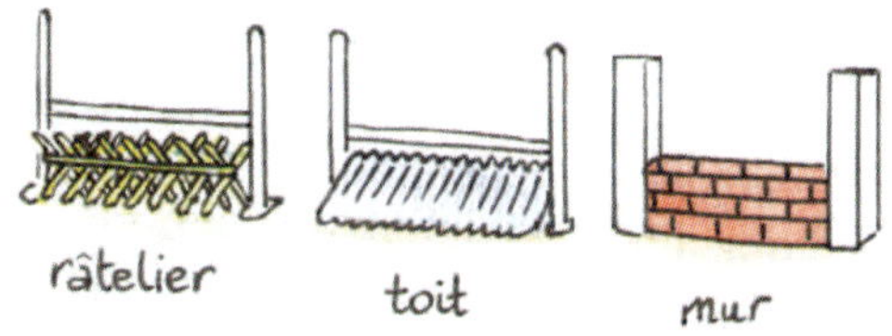

Comment se passe une journée de concours ?

Quand les concours ont lieu dans d'autres centres équestres, les départs se font souvent très tôt le matin. Après avoir mangé, les poneys sont préparés pour le voyage et montés dans un camion.

Les cavaliers montent dans les voitures des parents qui suivent le camion jusqu'au lieu du concours.

Un camion spécial transporte les poneys jusqu'au lieu du concours.

Une fois sur place, le moniteur te donne les consignes de sa propre organisation, il faut donc être bien attentif. Parfois il faut le suivre, parfois il faut préparer les poneys, d'autres fois juste attendre qu'il se soit renseigné auprès de l'organisateur sur les retards éventuels.

La reconnaissance

Une fois le parcours de la compétition installé, tous les cavaliers doivent faire la reconnaissance avec leur moniteur.

La reconnaissance sert à mémoriser le parcours : tu le fais à pied avec les explications de ton moniteur.

Pendant la reconnaissance, ce serait dommage de regarder tes pieds à la place de ton futur parcours.

La détente

Les poneys sont préparés près du camion, puis montés dans une carrière qui sert à échauffer tous les cavaliers, d'abord sur le plat, puis à l'obstacle : on appelle aussi cette carrière le "paddock". Il faut partager le paddock avec des poneys et des cavaliers inconnus. Tout le monde circule individuellement en regardant où il va, et il faut surtout faire attention à ne pas gêner ceux qui s'échauffent sur les obstacles.

Sur le paddock, ne coupe pas la route de ceux qui s'échauffent sur les obstacles !

Le parcours

Une fois échauffé et quand c'est ton tour, ton moniteur t'amène jusqu'à l'entrée du parcours, appelé aussi la "piste".

Avant ton parcours, présente-toi au jury. Ne t'inquiète pas si tu oublies ton nom ou celui de ton poney : ça arrive !

Présente-toi au jury en donnant ton numéro, ton nom et celui de ton poney. Une fois que le jury est prêt à te regarder, il sonne une cloche, à ce moment, tu peux partir sur ton parcours : passer la ligne de départ, les obstacles dans l'ordre, et la ligne d'arrivée.
Ton parcours fini, ne tarde pas sur la piste et rejoins vite la porte de sortie pour laisser le parcours au cavalier suivant.

Les soins après

Selon le programme de la journée, ton moniteur te dira d'abreuver ton poney, de lui donner du foin ou sa ration, de remettre ou pas une couverture. S'il y a le temps, tu peux faire un pansage à ton poney pour le masser et le détendre. En fin de concours, il faudra le préparer à nouveau pour le transport du retour.

Une fois rentré au poney-club, il y a des soins à faire :

- doucher les membres ;
- poser des bandes de repos : les cavaliers plus expérimentés t'aideront jusqu'à ce que tu apprennes à le faire ;
- graisser les pieds ;
- nettoyer et ranger le matériel du poney.

La tenue

La tenue du cavalier de concours dépend des disciplines : en obstacle et en dressage, la tenue est très classique : pantalon blanc, veste noire, bottes ou chaussures noires. Le tapis de selle peut être de n'importe quelle couleur, certains moniteurs préfèrent le blanc.
Pour les concours de pony-games, par contre, l'équipe a une tenue aux couleurs du club qu'elle représente.

Tenue de concours classique et tenues d'équipe de pony-games.

DÉTENTE ET RECONNAISSANCE EN MÊME TEMPS

Les cavaliers qui ont les premiers numéros de la liste doivent être prêts à faire leur parcours à la fin de la reconnaissance. Pour cela, il faut qu'ils aient fait la détente avant la reconnaissance. Quand ils vont faire leur reconnaissance, les poneys sellés et échauffés sont confiés aux parents qui les marchent en main pour qu'ils ne se refroidissent pas musculairement.

Pendant la reconnaissance, les poneys de concours sont confiés aux parents.

5 Galop 3 : évaluation montée

Voici la liste des choses que tu dois savoir faire à poney pour passer ton GALOP 3.

Au pas

Tu sais évoluer tout seul et te détacher du groupe sans problème pour effectuer un parcours précis.

Au trot

Tu trottes enlevé en te mettant rapidement sur le bon diagonal. Tu sais passer d'un équilibre à un autre (assis, enlevé, sur les étriers) facilement et suivre un saut au trot. Tu n'as plus besoin de te tenir au trot assis. Tu es capable de changer de place au trot, sur des courbes serrées, quel que soit ton équilibre.

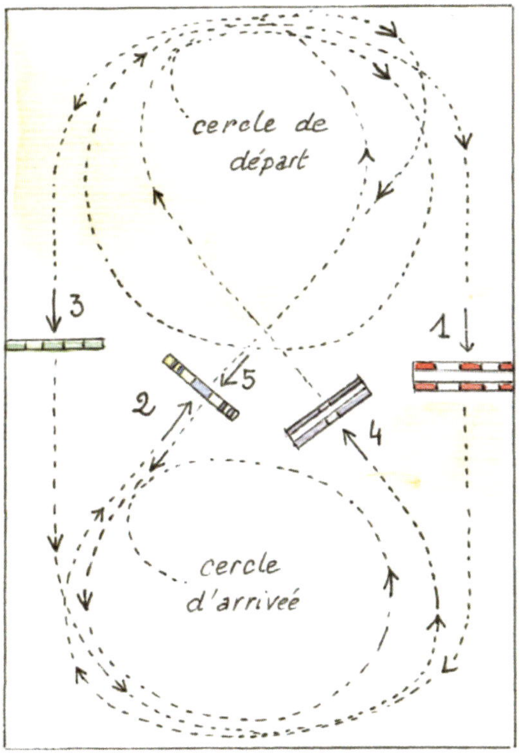

Au Galop

Tu sais demander le galop sur le pied droit ou le pied gauche et contrôler le résultat. Tu peux passer d'un équilibre assis à un équilibre sur les étriers et conduire sur un parcours d'obstacles en contrôlant la vitesse.

Sauter

Tu règles la direction et l'allure, à l'abord et à la réception de sauts, au trot et au galop sur un parcours simple.

Exemple de parcours d'obstacles avec cercles de départ et d'arrivée.

1	**A** doubler au trot enlevé. Progressivement au pas. **X** arrêt.	Transitions sans heurt. Immobilité		/10
2	**X** départ au pas puis au trot enlevé. **C** piste à main gauche.	Transitions sans heurt.	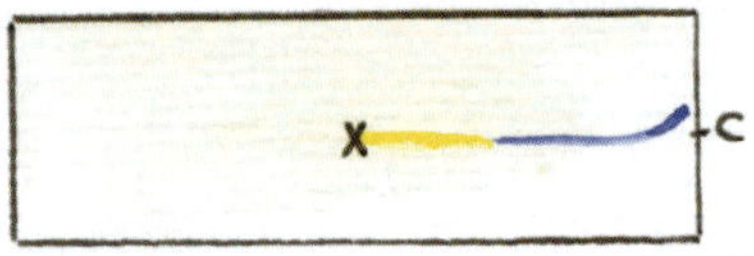	/10
3	Doubler **SR**. Doubler **PV**.	Trotter sur le bon diagonal. Précision du tracé.	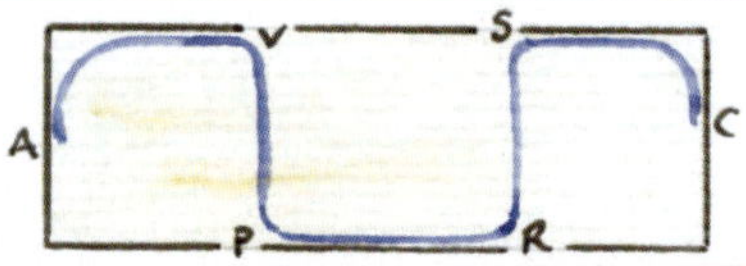	/10
4	En **A** trot assis. Déchausser et rechausser les étriers.	Équilibre du cavalier. Jambes relâchées.		/10
5	En **S**, demi-cercle de 10 m. Continuer vers **C**, piste à main droite. En **R** diagonale au trot enlevé.	Précision du tracé. Incurvation.	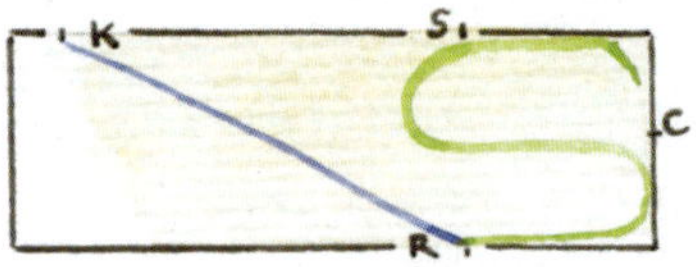	/10
6	Entre **K** et **F**. Départ au galop à gauche.	Placement des aides. Galop à juste.		/10
7	Continuer jusqu'en **H**.	Maintien de l'allure.		/10
8	En **H** diagonale au trot enlevé.	Transitions sans heurts. Bonne orientation du buste.	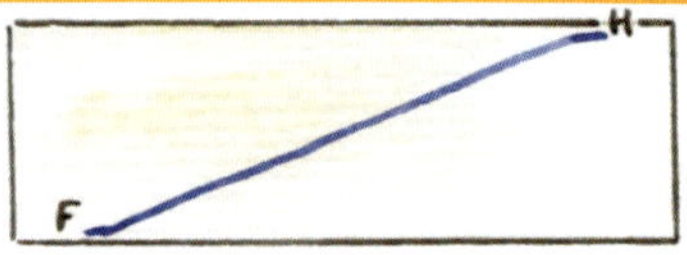	/10
9	Entre **F** et **K** départ au galop à droite.	Placement des aides. Galop à juste.		/10
10	Continuer jusqu'en **F**.	Maintien de l'allure.		/10
11	En **F** au trot assis. En **A** doubler. Arrêt progressif en **X**.	Bonne orientation du buste. Transitions sans heurts.		/10
Total				/110

Exemple de reprise de dressage.

Pas — Trot assis — Trot enlevé — Galop

1 Perfectionner mes connaissances sur la vie quotidienne de mon poney

1 Que mange-t-il ? Quand ? L'alimentation, l'eau, les plantes toxiques 206

2 Ses sorties : travail, impulsion acquise, liberté, allures 212

3 Observer son comportement 215

4 Affiner ma communication : l'accord des aides, la jambe isolée 221

5 Carnet de santé 223

Que mange-t-il ? Quand ?

L'alimentation

Un herbivore

Un poney est un herbivore, alors que nous, nous sommes omnivores. Nous mangeons de tout, entre autres de la viande et des produits animaux comme les œufs, le lait, le beurre… L'estomac du poney, mais aussi celui du cheval, ne sont pas faits pour digérer ces produits.

Le poney mange de l'herbe, mais aussi des céréales : ces aliments composent les granulés qui font leur repas.

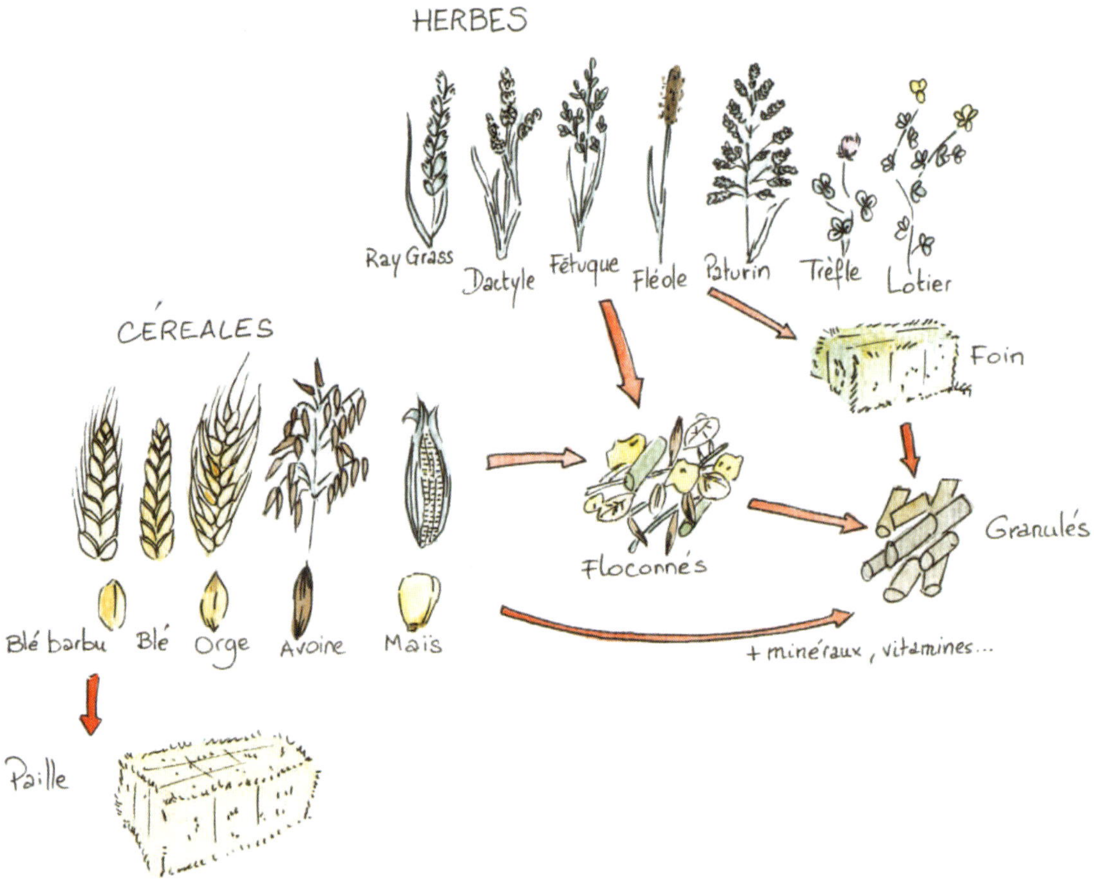

Ils mangent également des lentilles, du miel, et d'autres légumes, souvent cuits et dont on peut faire une sorte de bouillie qui s'appelle un "mash".

Système digestif fragile : les coliques

L'estomac et l'intestin du poney sont ses points faibles : l'estomac est très petit et le poney ne peut manger que peu à la fois. Il doit donc manger souvent. L'idéal est qu'il mange presque toute la journée comme au pré. L'intestin, lui, est sensible aux variations de régime, aux poussières et aux moisissures.

L'estomac et l'intestin sont si fragiles qu'en cas de problème, ils lui causent de graves douleurs appelées " coliques" et qui peuvent lui être fatales.
Il faut faire bien attention à ce que l'on donne à manger aux poneys :

- plusieurs repas, et pas trop à la fois ;
- l'eau en quantité suffisante pour leur permettre de digérer.

Tout mauvais fonctionnement du système digestif doit être une "alarme à la colique". Il faut vérifier dans la mangeoire si toute la ration a été consommée, si le poney a à boire, s'il a la diarrhée (queue sale), s'il est constipé (aucun crottin dans son box)...

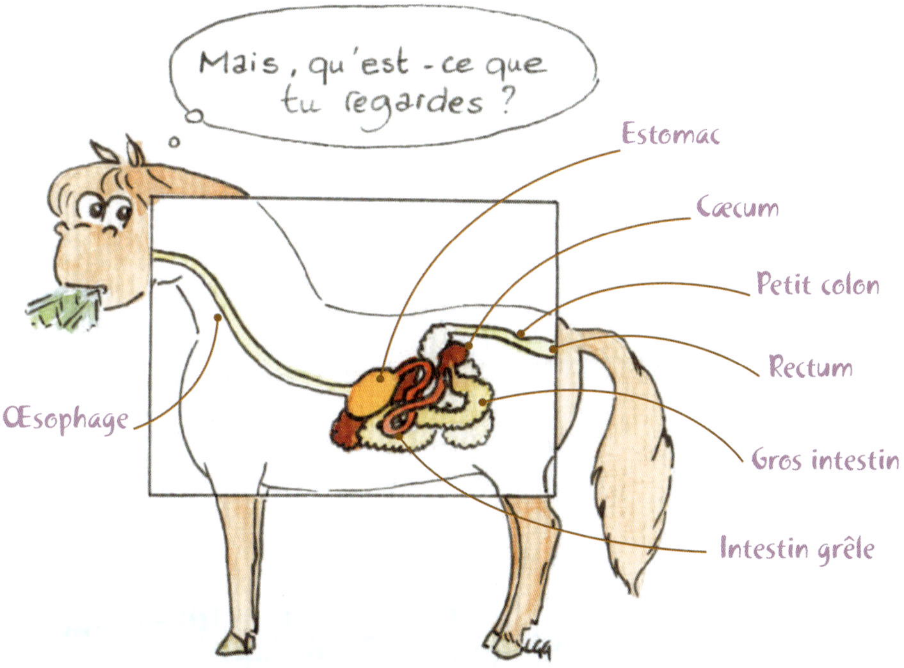

Le contenu de l'estomac doit être digéré avant de passer dans l'intestin.

Le poney en colique a un comportement anormal et retourne souvent son box en se couchant et se levant sans cesse.

Lorsque le poney est en colique, on lui pose un panier pour éviter qu'il ne mange. Il est "au régime".

Les friandises et les précautions

Parmi les friandises, fais attention que le pain dur ne soit pas moisi, ni les fruits et que les pommes de terre soient cuites et non crues.
Tu ne peux pas leur faire manger des gâteaux, (brioche, crêpes), car ils sont faits avec des matières animales telles que les œufs, le lait, le beurre.

La fourbure

C'est une inflammation très douloureuse des parties vivantes à l'intérieur du sabot. Le poney qui en souffre se tient dans une position bizarre avec les deux antérieurs très en avant. Les causes sont variées : excès de poids, excès de glucides, changement brutal de régime alimentaire, mais aussi travail sur sol dur…

Le poney n'est pas une tondeuse : s'il mange trop d'un coup, il peut être très malade. De plus, il ne peut pas vomir pour se soulager.

Le pain dur en grande quantité apporte un excès de glucides qui peut déclencher des coliques ou des fourbures.

L'obstruction œsophagienne

Attention aux carottes. Il vaut mieux que le poney croque dedans ou la casser en deux plutôt que de la couper en rondelles. Les rondelles peuvent se coincer dans l'œsophage, le "conduit" entre la bouche et l'estomac et engendrer une obstruction œsophagienne, une sorte de bouchon. Cela peut également arriver avec les petites pommes que le poney avale goulûment sans croquer.

Quand un poney se coince un aliment dans l'œsophage, il tousse avec la tête en bas pour essayer d'expulser le bouchon.

VIVE LA SIESTE !

Après le repas, la digestion utilise toute l'énergie du poney. Il faut éviter de le faire travailler dans l'heure qui suit, car l'effort sera pour lui plus difficile et sa respiration gênée par son estomac plein.

L'eau

Un poney boit beaucoup plus que nous, entre 15 et 40 litres les jours normaux et parfois jusqu'à 60 litres ! Sa consommation varie suivant son alimentation, le climat, son travail et sa taille.

De l'eau fraîche et propre doit être à sa disposition en permanence.

Après l'effort, le cheval ne doit pas boire :

- TROP vite ;
- une TROP grande quantité d'eau ;
- TROP froide.

Car il risque une "colique d'eau". Pour éviter cela, il faut "couper" l'eau : cette expression ne signifie pas qu'on enlève l'eau au poney, mais qu'on s'arrange pour que le poney ne puisse pas pomper beaucoup d'eau à la fois.

Pour "couper" l'eau et obliger le poney à boire lentement, on y met quelques brins de paille propre qui vont le gêner.

EAU EN CONCOURS

Les poneys sont sensibles à leurs habitudes. Il arrive qu'ils refusent de boire l'eau d'un autre centre équestre, par exemple, quand vous allez en concours. Laisse fondre un ou deux sucres dans le seau pour masquer l'odeur inhabituelle de l'eau.

UN ORDRE PRÉCIS

L'eau doit être disponible en permanence. Si le poney est abreuvé au seau, c'est d'abord l'eau qu'il faut renouveler, avant toute ration.
Le foin doit être distribué avant la ration de céréales.
Les céréales ou granulés sont donnés en dernier.
Si on donne les granulés en premier, ils vont être poussés dans l'intestin par le foin et l'eau alors qu'ils ne seront pas encore digérés.

Les plantes toxiques

Le poney reconnaît de lui-même les plantes toxiques, sauf s'il est affamé. Il existe beaucoup de plantes toxiques dans la nature, c'est une des raisons pour lesquelles on ne doit pas laisser brouter les poneys en cours de promenade.

Quelques plantes toxiques.

2 Ses sorties

Si le poney vit en box ou en stabulation, il doit en sortir au moins une fois par jour. Dans le cas contraire, il risque de s'ennuyer, de développer des vices d'écuries, ou encore d'avoir les membres qui gonflent à cause de l'immobilité.

Travail

Un minimum d'exercice doit être donné au poney tous les jours pour limiter son ennui et dépenser son énergie :

- cours monté en manège, ou en carrière ;
- promenade ;
- travail à pied : longe, liberté, longues rênes.

Ce travail entretient son dressage ainsi que sa condition physique. Mais il faut éviter de le faire travailler plusieurs heures d'affilée sans pause ou sans abreuvement.

Quand les poneys enchaînent les reprises, ils ont parfois envie de se rouler avec la selle et le cavalier (signe de fatigue).

L'impulsion acquise

Quand un poney n'a pas d'impulsion naturelle, on peut lui apprendre à en avoir en l'entraînant régulièrement. Grace à un travail fréquent, il sera capable de fournir des efforts plus soutenus.
Son dressage parallèle lui permettra alors d'exprimer de l'impulsion en réponse aux actions du cavalier.

L'impulsion acquise par le travail peut être définie comme le maintien de l'énergie : après la première demande du cavalier, le poney développe la même dose d'énergie, et continue le mouvement sans le secours des aides du cavalier et sans augmenter sa vitesse.
Il est important pour chaque cavalier de changer régulièrement de poney pour apprendre à créer, entretenir ou contenir l'impulsion selon les tempéraments de chaque monture.

Tu te rappelles du poney alezan de la page 94 ?
Il a bien appris sa leçon, n'est-ce pas ?

Liberté

Les "jours de repos" ne devraient pas être passés au box. Les poneys doivent s'ébattre et se détendre en liberté à plusieurs, dans un manège, une carrière, ou encore bien mieux : dans un paddock en herbe ou un pré.

Un poney ne devrait jamais passer toute sa journée de repos au box.

Des sauts de joie peuvent accompagner la mise en liberté de ton poney. Avant de le détacher, prévois un espace pour pouvoir te reculer rapidement.

Les allures

Quand un poney est en liberté, profites-en pour observer ses déplacements. Il y a cinq choses à retenir pour chaque allure :

	1	2	3	4	5
	Mécanisme	**Vitesse (environ)**	**Allure**	**Nombre de posers (temps)**	**Symétrie ou pas ?**
Pas	Postérieur droit. Antérieur droit. Postérieur gauche. Antérieur gauche.	5 km/h	Marchée et basculée	4	Oui
Trot	Diagonal droit (projection). Diagonal gauche (projection).	12 km/h	Sautée	2	Oui
Galop	Galop à droite : postérieur gauche. Diagonal gauche. Antérieur droit (projection). Galop à gauche : postérieur droit. Diagonal droit. Antérieur gauche (projection).	18 km/h	Basculée et sautée	3	Non

3 Observer son comportement

Sais-tu que ton poney peut dormir debout ?

En troupeau

À l'état naturel, les poneys et les chevaux vivent en troupeau. Ils ont ce qu'on appelle l'instinct grégaire, ils préfèrent être avec d'autres poneys que tout seuls. Ils s'agglutinent, se connaissent, se grattent les uns les autres, savent qui est le chef.

Les poneys se grattent mutuellement les endroits qu'ils ne peuvent atteindre seuls, comme le garrot.

En été ils se mettent tête-bêche pour chasser les mouches de l'autre avec leur queue.

Cet instinct grégaire détermine quelques comportements.

- Certains développent des tics d'écuries parce qu'ils s'ennuient tout seuls : ils mangent leur porte, balancent la tête de droite à gauche, avalent de l'air…
- Certains paddockent : ils se séparent très difficilement des autres et il est très compliqué de leur faire faire un exercice s'ils ne suivent pas un autre poney.
- Ils se communiquent leur peur : si un poney dans un groupe a peur, il va la transmettre aux autres poneys.

- Quand on sort un poney d'une écurie, les poneys s'appellent entre eux en hennissant.
- Les poneys adorent se gratter les uns les autres, surtout au niveau du garrot. Ils se font une toilette mutuelle.
- Quand ils ne se connaissent pas (nouveau poney), ils sont curieux de faire connaissance. Parfois ils cherchent à se mesurer les uns aux autres pour savoir qui est le chef : ils peuvent se battre alors que tu es sur leur dos !

Les tics ou vices d'écurie sont des comportements anormaux dus à l'ennui et à l'absence de contact avec d'autres poneys.

Certains poneys s'appellent quand on les sépare.

La fuite

Les poneys et chevaux ont également un autre instinct : la fuite. En effet, à l'état naturel, les équidés sont des proies et non des prédateurs. Pour survivre, ils n'attaquent pas, ils fuient.
Pour ces raisons, dès qu'ils ont peur de quelque chose, plus rien d'autre ne compte ! Ils s'arrêtent net pour identifier ce qui leur fait peur, ou font carrément demi-tour en prenant leurs jambes à leur cou. Certains poneys, très craintifs, réagissent très vivement.

Dans ces situations-là, n'essaye pas d'arrêter le cheval, il aurait encore plus peur et fuirait encore plus longtemps. Rassure-le, c'est tout ce que tu peux faire.

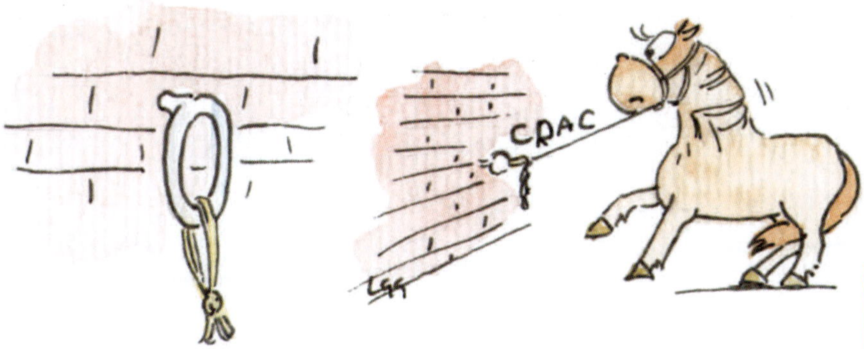

Quand les poneys prennent peur alors qu'ils sont à l'attache, ils paniquent et "tirent au renard". Pour éviter que ce réflexe ne présente un danger, on peut ajouter une petite ficelle à l'anneau. Accroche la longe à cette ficelle, si ton poney tire, elle pourra casser.

Quand ton poney a peur, il faut le rassurer, même si tu es tombé. Si tu as entendu les fers se cogner pendant son galop, vérifie qu'il ne se soit pas touché ou coupé au bas des membres.

LA PEUR

Quand le poney a peur, il désobéit à son cavalier, car il ne pense qu'à fuir. Punir le poney, c'est négliger la raison de sa peur et augmenter son envie de fuite, donc aussi ses désobéissances.
La réaction de peur du poney est toujours involontaire : il ne fait pas exprès d'avoir peur. Le gronder ou le frapper sera vécu comme une injustice et lui fera perdre confiance. Cela le rendra encore plus réactif : défenses, reculer, cabrer, ruades.
N'aie pas peur car la peur est contagieuse. Mais joue le rôle de grand frère ou de grande sœur en rassurant ton poney : paroles d'apaisement, rires dédramatisants ou gentiment moqueurs, caresses rassurantes et gratouilles au niveau du garrot. Essaie de finir par une visite guidée de l'objet de la peur, à cheval ou à pied.

Les saisons

En été, les chevaux chassent les mouches comme ils peuvent : ils se servent de leur queue comme d'un fouet, et secouent la tête sans cesse.
Pour éviter les désagréments des coups de têtes quand tu montes en été, tu peux mettre un bonnet ou un frontal anti-mouches : des franges forment un rideau protecteur, plus efficace que les produits anti-insectes.

Aux beaux jours, les mouches troublent le comportement des poneys. Un frontal anti-mouches peut résoudre ce problème.

En hiver, les poneys sont stimulés par le froid et ont souvent très envie de se dégourdir en faisant des sauts de joie.
Dans ce cas, ils mettent souvent la queue en panache pour prévenir.

La pause "toilettes"

Pour faire son crottin, ton poney peut s'arrêter mais ce n'est pas obligatoire. Tu peux rester assis et tu vas sentir son dos monter derrière toi.

Pour faire la pause pipi, ton poney est obligé de s'arrêter. Il prend une position très bizarre en écartant les jambes et parfois en se mettant sur la pointe des sabots postérieurs.
On dit qu'il se campe. Il faut vite que tu te mettes en équilibre sur les étriers pour soulager son dos qui se creuse.

Pour faire son crottin le poney monte son dos. Pour faire pipi, il le creuse. Dans les deux cas, il soulève la queue.

Le poney a un odorat très développé. Lorsqu'il perçoit une odeur forte ou inconnue, il retrousse les lèvres en tendant sa tête vers le haut pour mieux la sentir et l'analyser : on dit qu'il fait le flehmen.

Renseigne-toi toujours sur le caractère d'un poney que tu ne connais pas ou qui vient d'arriver, ou observe-le pour savoir comment l'aborder.

CHEVAL DES CAVERNES !

Le cheval est un animal préhistorique. Il a d'abord été chassé comme du gibier pour être mangé. L'homme a appris à le connaître et l'a domestiqué pour se faire une réserve de viande.
Il s'est aperçu qu'il pouvait utiliser la force de l'animal pour les travaux d'agriculture mais aussi pour la guerre. Il a alors inventé le mors, la selle, la traction. Les peuples cavaliers avaient alors l'avantage sur les peuples non cavaliers et le cheval est devenu l'emblème des puissants.
Petit à petit, il a été réservé à une élite bourgeoise : les écuyers, qui perfectionnaient le dressage des chevaux.
L'équitation dont on parle aujourd'hui vient de là.

Affiner ma communication

L'accord des aides

C'est coordonner tes jambes, tes mains et ton assiette pour réaliser des exercices : pour partir au pas tes jambes agissent mais pas tes mains, sinon tu serais en contradiction, tes aides ne seraient pas "d'accord" entre elles. Les aides peuvent faire trois choses : agir, céder ou résister.

	Agir	**Céder**	**Résister**
Mains	Actions discontinues et répétées par fermeture des doigts sur les rênes, ce qui augmente la tension sans tirer.	Les doigts se desserrent légèrement sans perdre le contact.	Action continue, mais sans tirer, les doigts restent serrés sur les rênes. Savoir résister est très difficile.
Jambes	Pression brève des mollets sur les flancs. Plusieurs intensités et places sont possibles.	Les jambes se relâchent en restant au contact.	Pression continue ou répétée pour s'opposer à un déplacement dont le cheval a pris l'initiative.
Assiette	Assiette active qui pousse dans la selle.	Décontraction générale avec une assiette passive qui se contente d'accompagner.	S'oppose au cheval en cessant d'accompagner, avec une tonicité de l'ensemble du dos.

En perfectionnant la coordination entre tes différentes aides, et en les dosant subtilement les unes par rapport aux autres, ton langage va être de plus en plus clair.
Tu vas ainsi devenir plus précis et efficace, et tu pourras demander à ton poney des exercices de plus en plus complexes.

La jambe isolée

La jambe isolée, est une jambe qui agit en arrière de sa place habituelle. Elle agit, elle aussi, par pressions discontinues et le cavalier n'en utilise qu'une seule à la fois. En la coordonnant avec l'utilisation des mains et de l'assiette, tu pourras obtenir différents résultats :

- l'incurvation du poney ;
- la préparation d'un départ au galop ;
- le déplacement des hanches ;
- le déplacement du cheval ;
- le quart de tour autour des épaules.

En pensant à reculer le genou, tu arriveras plus facilement à reculer toute la jambe.

Défauts :
à gauche, la jambe est juste pliée et le talon remonte ;
à droite, en reculant la jambe le cavalier s'est penché en avant, il n'est plus assis.

5 Carnet de santé

Voici une liste des soins qu'un poney nécessite sur l'année

Soins quotidiens (par jour)

- Nourriture : donner une ration équilibrée et adaptée au travail et au tempérament, en trois repas minimum, et de l'eau en grande quantité.
- Pansage : favoriser la circulation, vérifier l'état général et les blessures du poney, avant et après le travail.
- Curage : vérifier l'intégrité des pieds et la bonne tenue du fer, avant et après le travail.
- Douche : soulager et nettoyer les membres après le travail (corps entier possible en été).
- Travail : le poney a besoin d'un exercice quotidien (monte, longe, longues rênes, liberté).
- Logement : enlever les crottins du box (pour l'hygiène des pieds), il doit être paillé.
- Couverture : enlever et remettre, et à vérifier en cours de journée, selon les tontes et la température (période froide).

Soins hebdomadaires (une fois par semaine)

- Pied : graisser les pieds deux à trois fois par semaine.
- Box : vider et désinfecter le box avant de repailler.

Soins mensuels (une fois par mois)

- Toilettage : pour les chevaux de concours, le toilettage est régulier : crinière et queue, mais aussi dans certains cas barbe, fanons, oreilles...
- Pied : toutes les six semaines, parage ou ferrage.

Soins trimestriels (une fois par trimestre)

- Vermifuge : changer régulièrement de vermifuge, car les parasites développent des résistances.

Le vermifuge est une pâte conditionnée dans une seringue. Ça ressemble à une piqûre et certains poneys la regardent avec méfiance.

Si le poney n'est pas vermifugé, il risque d'avoir des parasites dans le système digestif. Il est difficile de les repérer dans les crottins, par contre, le poney se gratte constamment les fesses et la queue est tout ébouriffée.

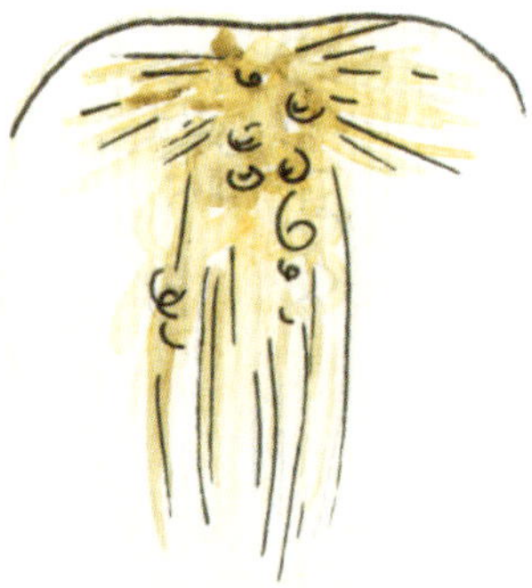

Soins bisannuels (deux fois par an)

- Toilettage : il y a deux crises annuelles qui correspondent à la prise et à la perte des poils d'hiver.

Soins annuels (une fois par an)

- Tonte : habituellement en automne, parfois une seconde tonte est nécessaire au cours de l'hiver.
- Soins dentaire : visite et contrôle des dents faits par un dentiste équin
- Vaccins : tétanos, rhinopneumonie, grippe et rage (selon les régions), faits par le vétérinaire.

Le dentiste utilise un outil qui garde la mâchoire du cheval ouverte pendant qu'il râpe les dents du fond, ainsi il ne risque pas de se faire mordre.

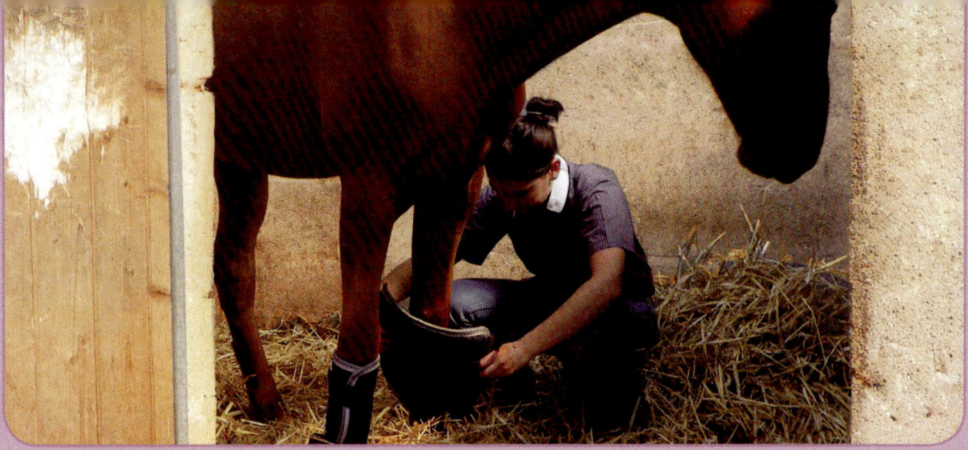

Galop 4

2

Préparer et protéger mon poney

1

Protéger mon poney pour une séance :
protections de travail, échauffement, retour au calme 228

2

Protéger mon poney pour un voyage :
monter dans un van ou un camion, protections de transport 234

3

Le petit infirmier 238

4

Évoluer à pied en toute sécurité 241

5

Toiletter mon poney 246

Soins

1 Protéger mon poney pour une séance

Protections de travail

Les protections de travail couvrent le bas des jambes car elles peuvent subir des lésions pendant le travail :

- soit parce que le poney se touche les membres et se blesse ;
- soit parce qu'il risque de se heurter contre du matériel (barres d'obstacles) ;
- soit parce que le travail sollicite grandement un organe et qu'on cherche à le soulager (les tendons).

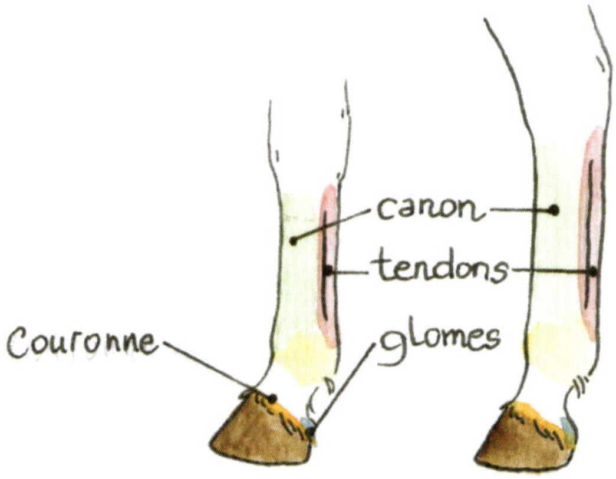

Les régions fragiles des membres.

Les protections : entre les couleurs et les formes, on assiste parfois à un vrai défilé de mode !

Les guêtres

Tu les connais déjà, il en existe de différentes sortes :

- les guêtres ouvertes, également appelées "protège-tendons", ne se mettent que sur les antérieurs et ne protègent pas le canon ;
- les guêtres fermées sont très courantes et existent en deux tailles dont une "extra-haute" pour les postérieurs ;
- les guêtres complètes protègent au maximum en soutenant même le boulet. Elles soulagent l'effort des tendons et conviennent aux antérieurs comme aux postérieurs.

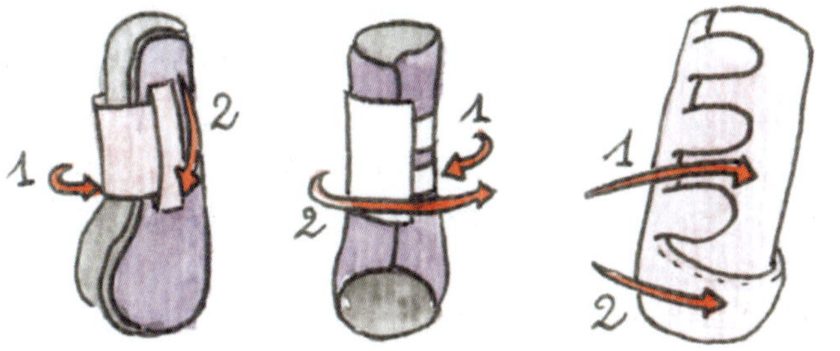

Protège-tendons Guêtre fermée Guêtre complète

Les protège-boulets

Ils sont beaucoup plus courts et protègent l'intérieur et l'arrière du boulet, mais pas les tendons ni les canons. Ils ne se posent que sur les postérieurs.

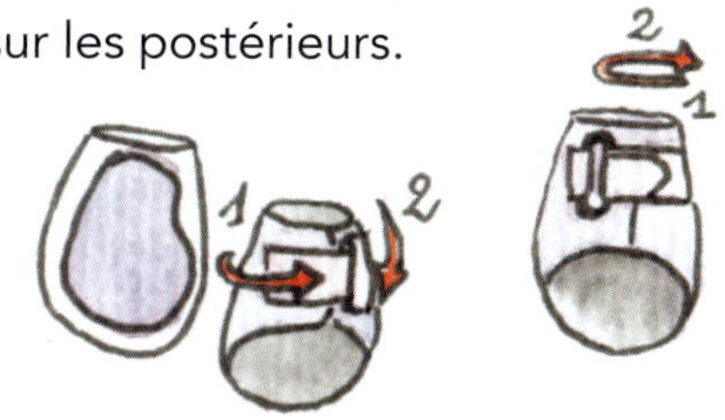

La fermeture doit toujours être orientée à l'extérieur et vers l'arrière.

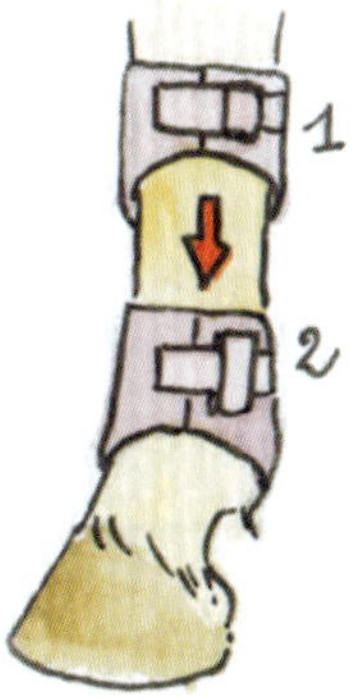

On ajuste le protège-boulet à mi-canon puis on le fait glisser vers le bas où il prend sa place naturellement.

Les cloches

Elles protègent la couronne du sabot et les glomes. Si elles sont trop petites, elles irritent le paturon, si elles sont trop grandes, le poney peut les perdre.

Il existe une autre protection qui lui ressemble c'est le "protège-glomes" : il reste en place grâce à un petit taquet qui se loge entre les deux glomes.

La cloche protège la couronne du sabot et les glomes pour les poneys qui forgent, ou se touchent.

Cloche ouverte en plastique avec velcro

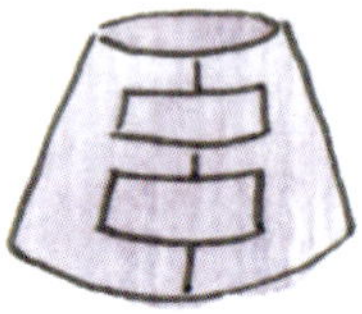

Cloche ouverte en néoprène avec velcro

Cloche fermée en plastique

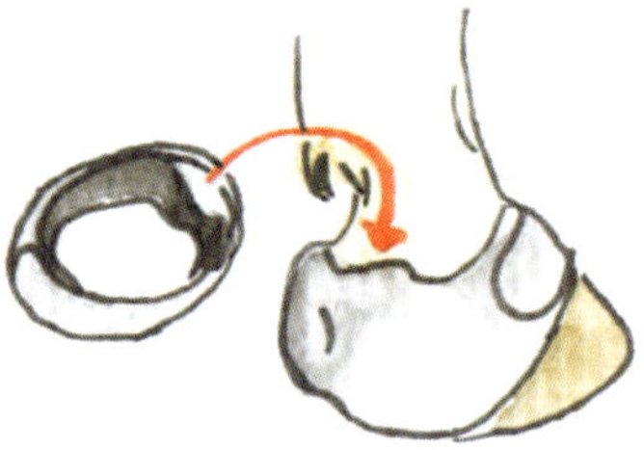

Protège-glomes

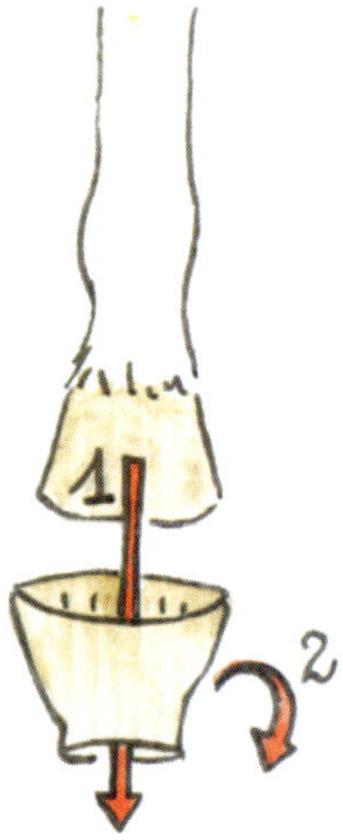

Les cloches fermées s'enfilent à l'envers puis se retournent une fois sur le membre. Ce modèle, difficile à poser, ne se trouve presque plus.

Les bandes de polo

Les bandes de polo sont assez épaisses et élastiques dans le sens de la longueur. Elles s'enroulent méthodiquement autour du canon sans gêner les articulations. Il est fortement conseillé de placer deux tours de chatterton à l'endroit du velcro pour éviter que la bande ne se déroule dans les pieds du cheval pendant la séance.

Pour poser les bandes, commence par la face interne, au niveau du creux du tendon. Déroule la bande sur le membre en descendant jusqu'à l'ergot puis remonte jusque sous le genou (ou le jarret) en faisant des tours réguliers. Ne serre pas trop. Idéalement, le velcro se ferme à l'extérieur et vers l'arrière.

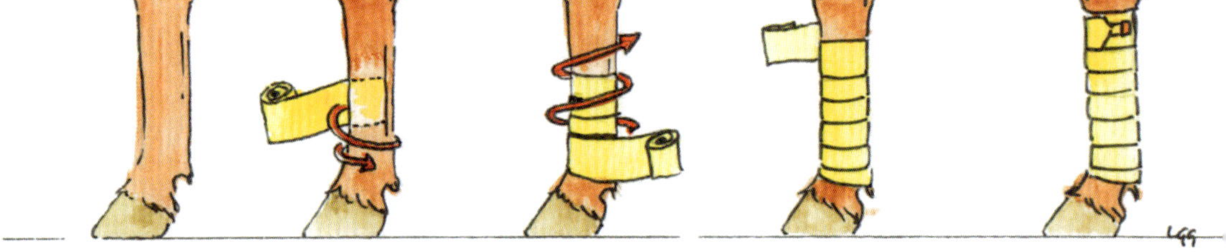

On utilise les bandes de polo sur des chevaux avec des membres larges, auxquels aucune guêtre ne va, ou bien aux chevaux ayant la peau fragile car elles ne provoquent pas d'irritation. Elles sont proscrites pour le travail en extérieur ou par temps de pluie car elles absorbent l'eau et alourdissent les membres.
On les utilise aussi sur les quatre membres pour le travail à pied, en longe ou en longues rênes.

Les bandes de travail
Elles sont élastiques comme les bandes de polo mais leur finesse rend leur pose très délicate. On en trouve donc très peu.

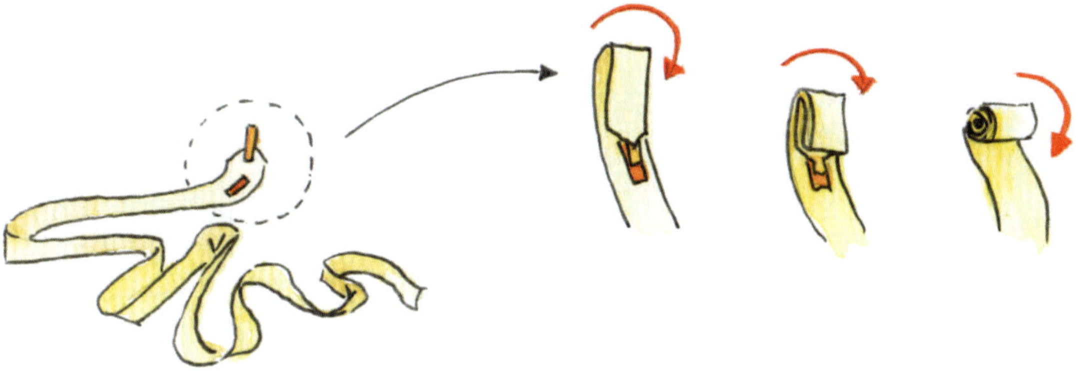

Pour poser une bande, de polo, de travail ou de repos, celle-ci doit être roulée dans le bon sens. En refermant les velcros l'un sur l'autre, cela te donne le sens du roulage de la bande. Pour qu'elle soit facile à poser, il faut la rouler bien serrée. Pour y arriver plus facilement, tu peux attacher l'extrémité à un anneau par exemple.

Si la bande, une fois roulée, présente le velcro au-dessus, c'est qu'elle est roulée dans le mauvais sens : il faut tout recommencer !

PROTÈGE-PATURONS

Cet anneau en caoutchouc se pose autour du paturon sans serrer. Contrairement à son nom, il ne protège pas les paturons mais les glomes.

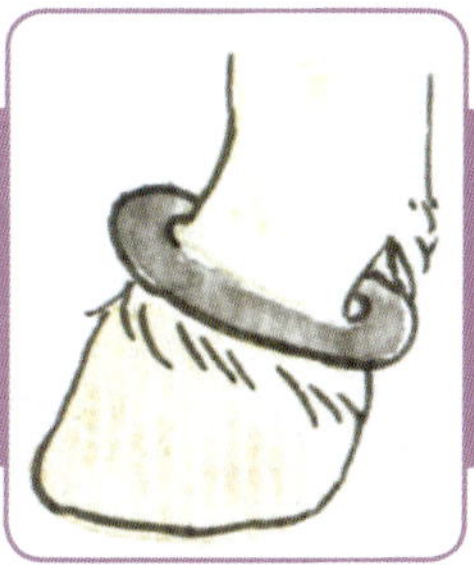

Quelles protections pour quel travail ?

Les protections servent surtout à l'obstacle mais tous les clubs ont leur façon de fonctionner concernant ce sujet.

Sur le plat, c'est-à-dire quand tu ne sautes pas, tu peux mettre des protections à l'avant. Certains poneys maladroits, qui se touchent ou se coupent auront besoin de ces protections.

Lorsque tu sautes, tu dois mettre des protections aux antérieurs, et si tu peux, aux postérieurs. Ton moniteur te dira peut-être d'ajouter des cloches aux antérieurs selon les poneys.

Si tu sautes en extérieur, il faudra des protections hautes sur tous les membres et des cloches. Et il te faudra, à toi, une protection de dos (gilet de cross).

Quand il pleut ou bien en extérieur, choisis plutôt des guêtres légères et résistantes à l'eau.

L'échauffement et le retour au calme

Un échauffement sert à préparer le poney au travail qu'on va lui demander : augmenter la circulation du sang dans les muscles, assouplir les tendons et les ligaments, préparer le mental.

Fais marcher ton poney avant de monter et commence ta détente montée par du pas rênes longues.

L'échauffement, aussi appelé détente, limite ainsi les risques de lésions, surtout pour les poneys qui vivent au box et ne bougent pas tout le temps. Il dure quinze à vingt minutes et comprend du pas, du trot et des exercices spécifiques. L'échauffement peut se faire à la longe ou monté.

Il s'agit en fait de "mettre la machine en route" en commençant par du pas pendant cinq à dix minutes : les muscles s'oxygènent pendant que les tendons s'étirent en douceur. On augmente ensuite l'élasticité des muscles, des tendons et des ligaments en trottant le même temps, à une cadence lente pour commencer.

On finit par un galop, des assouplissements sur le plat ou le saut de petites croix selon la séance. On alterne ensuite les exercices où les muscles du poney se contractent et s'étirent, sans oublier de faire quelques pauses nécessaires à sa récupération, physique et mentale, toujours importante pour sa motivation.

RETOUR AU CALME

En fin de séance, il faut prévoir une phase de récupération active où le cavalier peut même dessangler de quelques trous pour finir au pas : le poney doit retourner au box en ayant retrouvé une respiration normale. Ce retour au calme est important car il limite les courbatures.

2 Protéger mon poney pour un voyage

Le voyage

Il est parfois nécessaire de transporter les poneys : pour aller en concours, pour les emmener au pré, pour aller faire une randonnée, pour aller à la clinique vétérinaire.

Ils ne voyagent pas "en vrac" dans un camion, mais séparés les uns des autres par des bat-flanc. Ils sont attachés avec leur licol et recouverts de différentes protections.

Les camions possèdent une sellerie où on peut entreposer le matériel pour panser et monter le poney, mais également de l'eau, du foin et sa ration pour la journée.

Pour faire monter le poney, mets-toi du côté où tu vas placer la tête. Ici le dernier poney aura la tête à droite, le cavalier est à droite du poney. Les poneys voyagent souvent tête-bêche. Une partie du camion est réservé à la sellerie.

En voyage, on emmène du foin dans des filets spéciaux, très pratiques, pour ne pas en disperser partout.

DANS UN VAN

Un van est une sorte de remorque tirée par une voiture. S'il n'y a qu'un seul poney à faire monter dans un van deux places, on le met du côté gauche.

Si tu as l'habitude de faire des parcours d'embûches avec ton poney, monter dans un van ou dans un camion ne va pas vous poser de problème.

Monter dans un van

Mets-toi devant ton poney et grimpe devant lui. Tous les vans ne sont pas équipés de pont, et pour monter, ton poney devra alors sauter. Laisse-lui bien la place nécessaire pour ne pas te faire marcher sur les pieds en allongeant la longe. Si ton poney hésite, encourage-le de la voix, mais ne tire pas sur la longe.

Pour embarquer dans un van, l'idéal est d'être au moins deux. Le second se tient derrière le poney pendant qu'il monte et ferme la barre de fesses avant que celui qui est devant n'attache le licol. Cela évite que le cheval ne recule et tire au renard.

Après avoir fait monter le poney dans le van, on attache d'abord la barre de fesses, puis le licol.

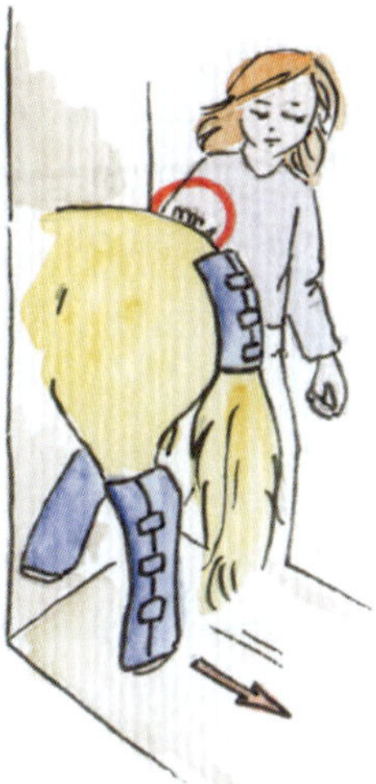

Pour descendre, il faudra faire l'inverse : d'abord détacher la tête avant d'enlever la barre de fesses, et accompagner doucement le poney en le faisant reculer. Attention à la marche s'il n'y a pas de pont, rassure ton poney s'il hésite à poser son pied en sentant le vide.

Pour faire descendre le poney, on peut le guider avec une main posée sur la croupe. Ton poney ne sera pas surpris si tu dois le pousser pour rectifier sa trajectoire.

Monter et descendre de camion

Monter dans un camion est plus simple grâce à la présence du pont. Malgré cela, il arrive que les poneys sautent dans le camion car la pente est plus facile à gravir pour eux en prenant un peu d'élan.

Pour cette raison, ne reste pas devant ton poney mais place-toi du côté où tu vas l'attacher. Une fois dans le camion, tourne sa tête et pousse ses hanches. Quelqu'un doit venir rabattre les bat-flanc avant que tu ne fasses le nœud d'attache, assez court.

Pour descendre de camion, commence par détacher ton poney avant d'ouvrir complètement les bat-flanc. Tu peux te mettre devant et à gauche de ton poney et laisser la longe molle. S'il saute à terre, il aura du mou et ne t'entraînera pas avec lui.

Les poneys sont parfois imprévisibles lors de la montée et de la descente d'un camion.

Protections de transport

Dans un camion qui roule, tourne et freine, le poney peut avoir certaines difficultés à conserver son équilibre. Pour éviter qu'il se cogne et se blesse pendant le voyage, on lui pose des protections spéciales : très épaisses et très couvrantes.

Les membres

Ce sont surtout les jarrets et les genoux qui risquent de taper contre les parois du camion.
Le poney peut également, lors des virages ou freinages, tituber et se marcher sur les pieds en se blessant la couronne ou les glomes. Des cloches complètent les protections.

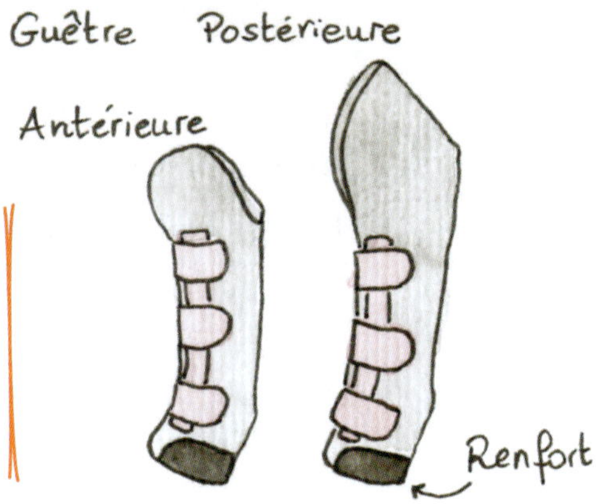

Les guêtres antérieures sont plus petites que les guêtres postérieures.
Le renfort se place en bas, et les velcros se ferment vers l'arrière comme les protections de travail.

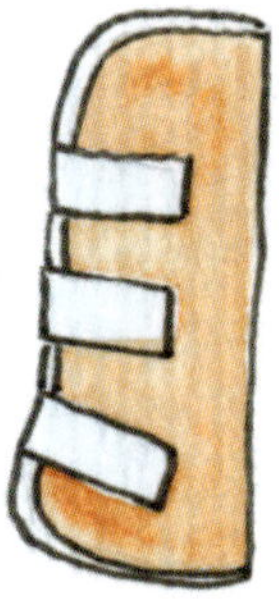

Les guêtres pour les petits poneys sont les mêmes pour l'avant et l'arrière.

La queue

Le haut de la queue peut frotter contre la paroi lorsque le camion est petit ou lorsque le poney s'appuie : le poney ébouriffe sa queue, perd ses crins, et peut même se blesser jusqu'au sang.

Certains protège-queues tiennent seuls et d'autres doivent s'accrocher à un surfaix.

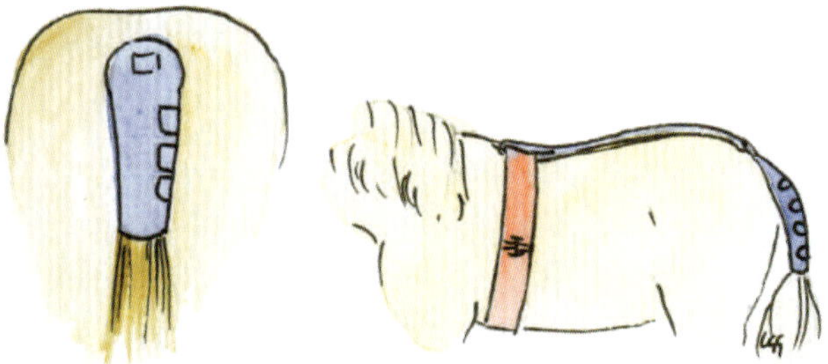

La tête

Cela arrive rarement avec les poneys, du fait de leur taille, mais certains grands chevaux se cognent la nuque contre le plafond des camions, soit lors de l'embarquement ou de débarquement, soit quand le camion freine et que le cheval cherche à se rééquilibrer en levant la tête. On leur pose alors une protection de nuque sur la têtière.

Le corps

Selon la température, les poneys voyagent avec une couverture, une chemise, ou rien.

Un poney protégé pour son voyage.

3 Le petit infirmier

Les protections n'évitent pas tous les "bobos", voici comment soigner les principaux.

- **La fourchette pourrie :** est caractérisée par une forte odeur de pourriture. Des bactéries se développent à l'intérieur de la fourchette, souvent déchiquetée. Il faut désinfecter la fourchette : la liqueur de Vilatte est un liquide bleu qu'on met sur un coton qu'on enfonce dans la lacune médiane. Il faut renouveler l'opération tous les jours jusqu'à ce que la fourchette s'assèche. On peut appliquer du goudron par-dessus et sur le reste de la fourchette.
- **Les crevasses :** se situent dans le pli du paturon. On commence par désinfecter avec un savon spécial, puis on sèche avec une serviette éponge et on applique une crème cicatrisante. Quand elles commencent à guérir et pour éviter qu'elles ne craquent à nouveau lorsque le poney articule ses membres, il faut les assouplir en appliquant un corps gras ou hydratant comme de la vaseline.
- **La gale de boue :** se présente sous forme de petites croûtes sur le bas du membre. Cette affection n'est pas simple à soigner et nécessite des soins très rigoureux. Il faut savonner, sécher et appliquer un traitement prescrit par un vétérinaire tous les jours.
- **Les bleimes :** résultent de chocs sur la sole. Il se crée une petite poche de sang sous la sole, parfois visible sous la forme d'une tache rosée. Les bleimes peuvent faire boiter ou pas, et se transformer en abcès. Le poney doit alors être mis au repos, parfois sous anti-inflammatoire, et des pansements sont parfois nécessaires.

Cure bien les pieds de retour à l'écurie pour vérifier qu'il n'y a pas de bleimes.

Petites blessures diverses

Laver et désinfecter, ou désinfecter avec un savon spécial.
Sécher et appliquer une pommade cicatrisante.

Cheval qui forge avec le bruit des fers qui se touchent.

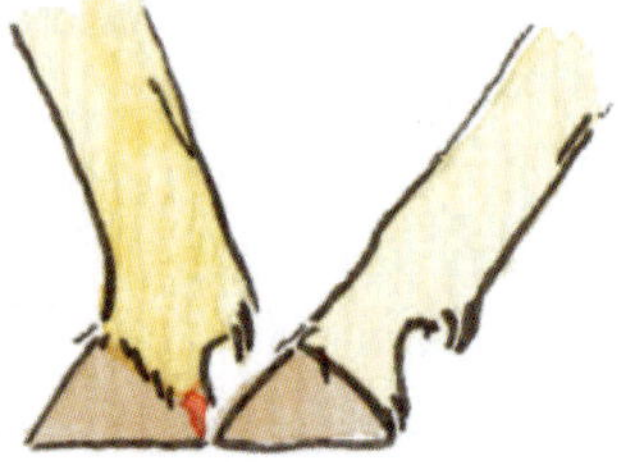

Cheval qui se touche : le postérieur blesse les glomes ou le paturon de l'antérieur.

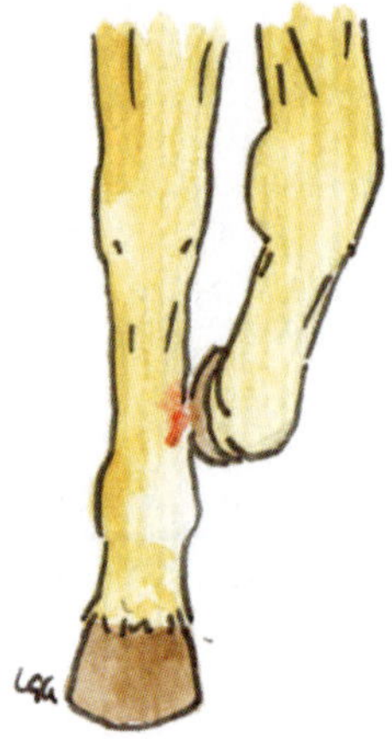

Cheval qui se coupe : le passage d'un membre est trop près du membre opposé.

Le garrot

Lorsque son garrot est blessé, on ne peut plus monter le poney. Il faut attendre que la plaie dégonfle et cicatrise en appliquant de la glace, et des pommades. Cette région reste fragile un moment et pour ne pas rouvrir la blessure, il faut la protéger : padd, amortisseur découpé, application de talc permettent de limiter l'échauffement dû aux frottements.

Malade

Ton poney peut avoir la diarrhée suite à un problème alimentaire mais également à cause du stress, par exemple, lors d'un transport. Tu vas t'en apercevoir facilement car la queue est très sale et collante, et l'entre-deux-cuisses est souillé. Signale-le à ton enseignant pour qu'il surveille l'état de santé du poney, et nettoie-le avec une éponge que tu rinces régulièrement car ces déjections sont très irritantes pour la peau.

N'hésite pas à mettre des gants pour soigner ton poney.

Membres engorgés

Après la douche qui lave et masse les membres, sèche les membres et pose des bandes de repos : la bande de repos descend sous le boulet et le soutient. Les tendons n'ont donc plus ce travail à faire et sont soulagés pendant tout le temps où les bandes sont en place.

LES BANDES DE REPOS

Mettre des bandes de repos n'est pas au programme du galop 4, mais il est possible que tu aies besoin de savoir le faire.

Les bandes de repos se rangent roulées dans le bon sens, avec leurs flanelles débarrassées des brins de paille.

Comme pour toutes les bandes, les plis sont nocifs pour les membres.

La teigne et la dermite estivale

Ce sont deux affections de la peau. La teigne apparaît plutôt en automne et en hiver. Le poney perd ses poils par plaques rondes.

La dermite estivale apparaît au printemps ou en été. Le poney perd ses crins et ses poils par zones : crinière, croupe, queue, garrot. Des croûtes se forment avec un suintement malodorant.

Ces deux maladies sont contagieuses et il faut désinfecter tout le matériel tout le temps.

CONTAGION ET MATÉRIEL

La contagion de certaines infections oblige à nettoyer et désinfecter le matériel de pansage.

C'est aussi une des raisons pour lesquelles il ne faut pas échanger les tapis des poneys entre eux. De même, si tu as ton propre tapis, ne le mets pas sur tous les poneys sans le nettoyer. Les tapis sont en contact direct avec la peau, ils absorbent la transpiration, les bactéries et les maladies.

Évoluer à pied en toute sécurité

Protéger ton poney c'est aussi pouvoir assurer sa sécurité et la tienne lors des soins ou des déplacements à pied, les embarquements/débarquements, que ce soit dans des lieux habituels ou inhabituels.

Les soins

Il existe quelques principes de sécurité mais c'est surtout l'observation du comportement du poney qui t'aidera. Ton attitude doit par ailleurs montrer à ton poney la confiance et le respect que tu lui portes.

Pour curer les pieds d'un poney difficile, établis un contact tactile au niveau de l'épaule ou de la hanche. Avec un geste calme et précis, descend le long de sa jambe sans perdre le contact. Arrête la progression de ta main et rassure le poney avec la voix s'il bouge ou s'inquiète démesurément, toujours sans perdre le contact. Puis reprends dans le calme et félicite de la voix quand tu obtiens ce que tu veux.

Ne te mets pas à genoux ou à quatre pattes près de ton poney. S'il bouge, tu n'auras pas le temps de te lever pour l'éviter.

Pour soigner un membre ou un pied, mets-toi toujours sur le côté, accroupi et jamais à genoux. Si la plaie est douloureuse, le poney peut lever brusquement son pied pour te le signaler ou te faire comprendre qu'il a peur de ce que tu vas lui faire. Pour que tu puisses le soigner, il faut que tu gagnes sa confiance : parle-lui, reste lent dans tes gestes et sois encore plus délicat. Ne crie pas contre lui, ne fais pas de mouvements brusques, car la peur de ton poney pourrait alors se transformer en agressivité.

Apprends à interpréter les différentes attitudes et mouvements des oreilles, de la queue, de l'encolure ou de la face de ton poney. C'est son langage. S'il devient agressif, c'est que tu n'as pas su traduire ou que tu as ignoré les différents signaux qu'il a essayé de t'envoyer.

Parallèlement, le poney est un radar : il peut détecter tes intentions, même si tu ne parles pas et ne bouges pas. Si tu as peur, si tu l'abordes agressivement, si tu es déterminé, ou si tu es plein de bonnes intentions, ton poney le sait.

	Oreilles	**Queue**	**Tête/encolure**	**Sons**
Observation, prêt à fuir	Tendues.		Position haute.	
Décontraction Sommeil	Mobiles ou tombantes.	Chasse les mouches lentement ou immobile.	Encolure basse. Bouche qui mâchouille ou lèvre pendante.	
Calme et confiance	Droites et mobiles en tous sens.		Clignement des yeux. Encolure horizontale.	Hennissement.
Méfiance ou agressivité	Dressées vers l'arrière ou couchées.	Fouaille.	Face crispée.	Couinement.
Prêt à se battre			Encolure rouée.	
Énergie débordante		En panache.		
Peur ou soumission	Tombantes.	Plaquée entre les fesses.		Ronflement.
Cheval sous pression ou douleur		Fouaille.	Fait semblant de vouloir mordre ou mord.	

Déplacer un poney

Tu peux utiliser plusieurs positions par rapport au poney lorsque tu le déplaces à pied.

- Celle que tu utilises jusqu'à présent est sur le côté gauche, un peu en avant de son épaule. Cette position sert à accompagner un cheval lors de déplacement sur de petits trajets :
  - box - aire de pansage - manège ou carrière ;
  - pré - aire de pansage, ou pré - box.
- En randonnée, lorsqu'il est nécessaire de descendre pour passer une difficulté, tiens-toi un à trois mètres devant le cheval. Si tu dois t'arrêter, élève le bras qui tient les rênes devant ton poney pour qu'il s'arrête aussi avant de te marcher sur les talons.

  Utilise cette position bien devant lui quand tu dois passer un endroit étroit comme la porte d'un box par exemple.
- En longe, tiens-toi au milieu du cercle décrit par ton poney. Tu regardes ton poney de profil en étant face à son ventre.
- Pour monter dans un camion, mets-toi devant sur le côté : les poneys font souvent un bond pour monter dans les camions, alors laisse-lui de la place. Pour descendre, laisse une grande marge à ton poney pour les mêmes raisons.
- Dans un van, monte devant lui, sans tendre la longe : il doit te suivre avec confiance.

Pour ralentir ou arrêter ton poney, pas besoin de tirer ou de tenir, lève simplement ton bras devant lui.

- Si tu dois le faire trotter en main, pour vérifier une boiterie par exemple, adopte la position à côté de lui, au niveau de sa ganache, sans te pendre à la longe ni tirer. Ainsi tu verras ses réactions par les mouvements de sa tête et tu ne te feras pas bousculer ou marcher sur les pieds. Sur le cercle, le poney doit être incurvé. Selon que tu te trouves à l'intérieur ou à l'extérieur du cercle, le poney n'aura pas forcément la tête de ton côté.
- Pour arrêter le poney, arrête-toi en perdant toute ton énergie. Le poney va copier ton attitude.

Sur le cercle ton poney doit être incurvé. C'est facile quand tu te trouves à l'intérieur, un peu moins quand tu es à l'extérieur du cercle car tu dois repousser sa tête et faire plus de chemin que lui.

COMPRENDRE

Utiliser la force, c'est perdre à tous les coups, car le poney, même petit, est plus fort que toi. Utiliser la violence, c'est faire grandir la peur de ton poney.
Quand un poney ne fait pas quelque chose, ce n'est pas qu'il ne veut pas, c'est qu'il ne comprend pas. Frapper ou crier n'explique pas mieux. Pour coopérer, ton poney doit te comprendre : sois juste et clair dans tes intentions et dans tes gestes.

Aller chercher un poney au pré

Au pré, les poneys doivent se laisser aborder sans fuir et sans te bousculer. Si le troupeau est en mouvement, attend qu'il se calme ou s'arrête, et qu'il se disperse. Ne pénètre pas dans le pré s'ils sont tous groupés ou trop près de la clôture, pour éviter de te faire prendre en sandwich entre deux gros bidons !

Va franchement vers ton poney en lui parlant. Ne te faufile pas en te cachant, cette attitude rendra ton poney méfiant. Ne bondis pas non plus sur lui car il prendrait la fuite.

Si ton poney est méfiant, arrête-toi avant que ses pieds bougent et continue de lui parler pour le rassurer.
Ne cherche pas à mettre le licol tout de suite, gagne d'abord la confiance de ton poney en le caressant sur l'encolure et l'épaule.

À la sortie du pré, passe franchement devant ton poney : il ne doit ni te dépasser ni te bousculer, surtout si tu es seul pour ouvrir et fermer la porte. Si la présence des autres poneys rend la sortie difficile, demande de l'aide à un cavalier expérimenté.

L'idéal est toujours d'être un nombre supérieur au nombre de poneys à aller chercher.

Pour relâcher le poney au pré, prévois un espace pour reculer une fois que tu l'as détaché. Ne le chasse pas, il pourrait prendre l'habitude de partir en trombe : le jour où tu ne seras pas assez rapide pour le détacher, tu risques de te faire surprendre. Au contraire, n'hésite pas à le garder arrêté et à le caresser trente secondes avant de le détacher dans le calme.

5 Toiletter mon poney

Pour le passage du galop 4 ou pour les concours, surtout de dressage, il te sera demandé de toiletter ton poney, c'est-à-dire, de le rendre présentable. Une note est d'ailleurs attribuée à cette "présentation".

- Le pansage doit être complet et parfait.
- La crinière peut être "piontée".
- Et la queue peut être nattée.

La crinière

Pour faire des pions, commence par faire des tresses avec la crinière : sépare des groupes de crins, comme autant de miniqueues de cheval, toutes de la même grosseur pour que les pions soient réguliers.
Natte ces miniqueues puis attache-les.
Enroule ensuite les nattes sur elles-mêmes et mets un élastique pour les faire tenir avec cette forme.

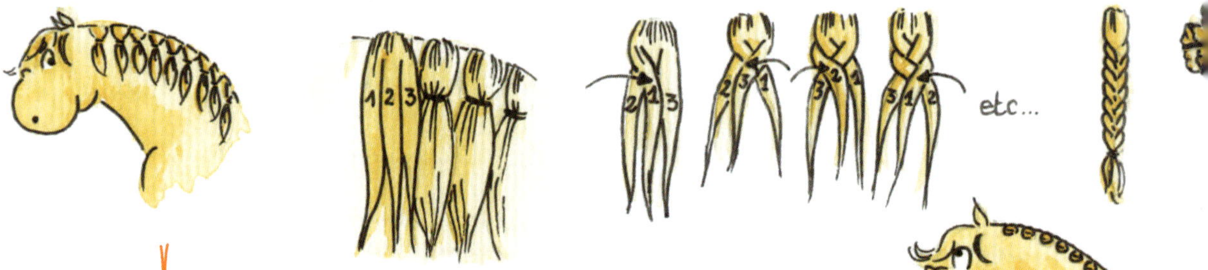

Sépare les crins pour faire plusieurs nattes et roule-les sur elles-mêmes.

ASTUCES

Surtout ne mets pas de démêlant, les nattes ne tiendraient pas. Par contre, tu peux mouiller ou brosser la crinière avec un bouchon humide.

La queue

Brosse bien l'ensemble des crins, tes doigts doivent passer dedans sans s'accrocher. Mouille le haut de la queue avec un bouchon humide.

Première partie

Isole trois mèches en haut de la queue et commence à natter.
Après le premier tour, chaque fois que tu croises un des trois brins, ajoute des crins qui se trouvent sur le côté.
Poursuis la natte de cette façon au moins jusqu'à la moitié du couard (la colonne vertébrale de la queue).

Deuxième partie

Finis la natte, sans rajouter de crins.
Replis-la sous la première partie de la natte.

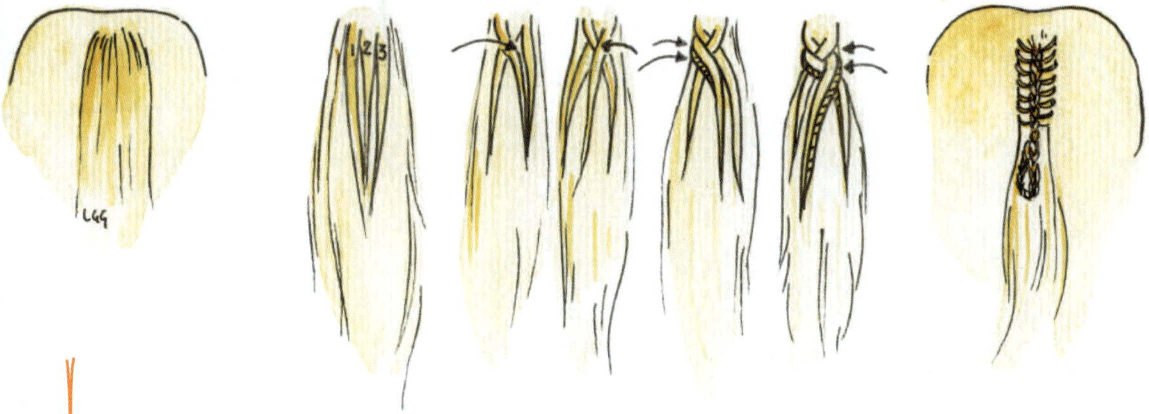

Commence en haut de la queue avec trois brins. À partir du troisième croisement, prends un peu de crins sur les côtés de la queue et ajoute-les à la natte. Au milieu du couard, termine par une natte simple et replie-la.

DERRIÈRE

Pour faire la tresse de queue, tu dois te positionner derrière ton poney. S'il est craintif, demande à quelqu'un de rester sur le côté. Les poneys de club se laissent généralement bien faire.

3

Être autonome aux trois allures, sur le plat, à l'obstacle, et en extérieur

1
Se déplacer en enchaînant des figures précises : s'équilibrer, avancer, diriger 250

2
Se déplacer en enchaînant des sauts : s'équilibrer, avancer, diriger 266

3
Se déplacer en extérieur : s'équilibrer, avancer, diriger, sécurité 272

4
Galop 4 : évaluation montée 275

Se déplacer en enchaînant des figures précises

Au galop 4, tu devrais être capable de monter tous les poneys même les plus têtus !

Mais à quoi servent donc les figures ?
Elles t'obligent à canaliser ton poney et te permettent de te rendre compte s'il obéit correctement à tes aides.

- Est-ce qu'il se couche sur les voltes ?
- Est-ce qu'il coupe la fin des doublers ?
- Est-ce que tu es capable de le faire partir au galop à un endroit précis ?
- Est-ce qu'il ralentit à la demande ?

Les figures sont également un révélateur : elles évaluent TA capacité à transmettre des informations précises à ton poney.

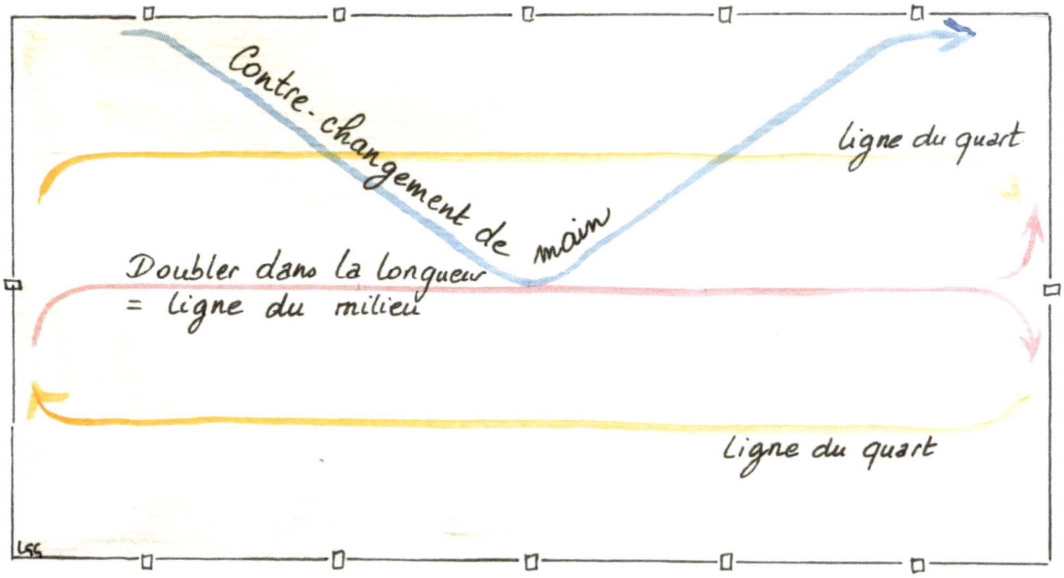

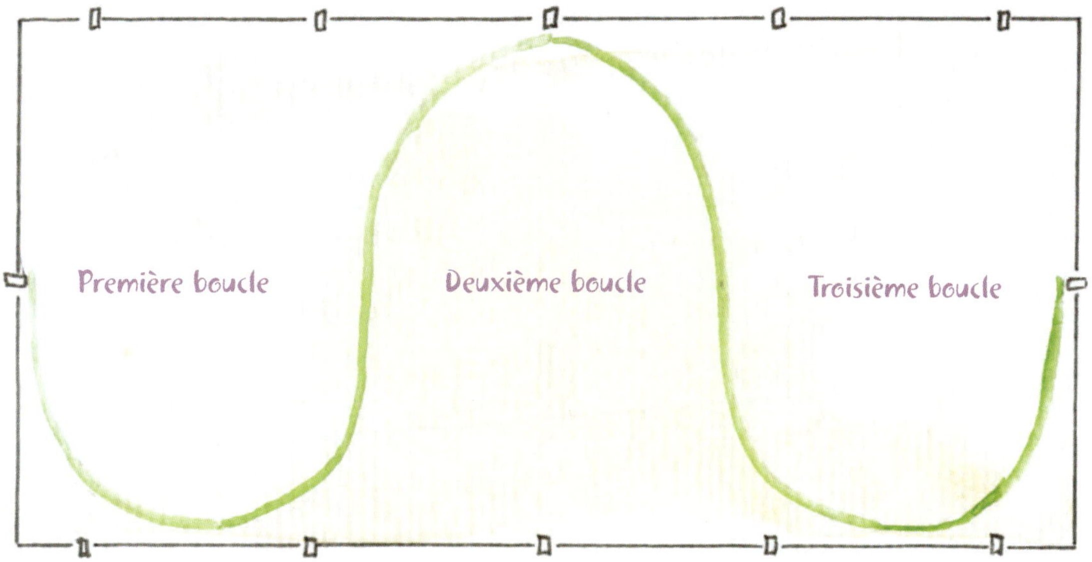

Serpentine trois boucles.

S'équilibrer

Assiette

Tu dois être assis naturellement. Un écuyer célèbre, Nuno Oliveira, disait même "les fesses étalées dans la selle". Tes jambes sont relâchées quelle que soit l'allure et tes fesses accompagnent tous les mouvements du dos de ton poney.

Lorsque cet équilibre et cette décontraction sont acquis, on parle d'assiette. Tu es alors capable de "sentir" les mouvements de ton poney.

Le fonctionnement de ton assiette te permet d'encaisser les secousses mais aussi de t'en servir comme aide pour agir sur la locomotion du poney, c'est "l'assiette active". Tu peux ainsi entretenir l'impulsion de ton poney par le fonctionnement de ton bassin.

Pour vérifier la qualité de ton assiette, il existe plusieurs exercices comme :

- déchausser et rechausser les étriers au trot ou au galop, sans modifier l'allure ;
- travailler sur des transitions galop-trot-galop sans étriers, sans modifier ta position.

Position et fonctionnement

Tu dois être plus exigeant sur ta position sans perdre ton fonctionnement.

Position	Fonctionnement
Jambes relâchées. Fesses engagées dans la selle, chassées vers l'avant. Dos soutenu. Buste redressé ou très légèrement en arrière.	Rein flexible qui accompagne les mouvements du dos du poney. Jambes qui "tombent" ou s'allongent à chaque temps selon l'allure.

Dans la position idéale, ton bassin peut avancer vers tes mains et tes jambes relâchées tombent de chaque côté. Tu vas sentir tes abdominaux travailler.

Si tu es trop cambré, ton fonctionnement se fera vers l'arrière, dans le mauvais sens. Tu risques d'avoir mal au dos.

Si tu es penché en avant, ton bassin ne peut plus avancer pour amortir les secousses. Tu vas alors rebondir dans la selle, et avoir mal aux fesses.

Le fonctionnement de l'assiette "active" ressemble à la poussée que tu exerces sur la balançoire quand tu cherches à aller plus haut.

S'équilibrer au trot enlevé

La difficulté se situe maintenant dans l'enchaînement et l'inversement de courbes : elles t'obligent à changer de diagonal au trot enlevé tout en restant opérationnel sur la conduite et sans perdre le rythme de l'allure.

Prends le temps de trotter enlevé, ton mouvement doit rester souple, même dans le changement de main.

Ton buste doit être extrêmement stable afin que tes mains ne se mettent pas à "sauter" et conservent avec la bouche du poney un contact qui te permet de tracer ta figure avec précision.

Utilise ton regard et oriente tes épaules face à la direction, ne te lève pas trop haut et garde ton poids dans les talons.

En changeant de diagonal, ne t'écroule pas dans la selle ou ne te jette pas par-dessus le pommeau. Sois le plus discret possible.

S'équilibrer dans les transitions

Les plus grandes déstabilisations se produisent lors des transitions, surtout du "galop au trot".

- Arrêt-pas : le buste reste redressé et tu peux sentir le mouvement alternatif de ton bassin qui descend à droite puis à gauche en avançant.
- Pas-trot enlevé : tu dois prendre immédiatement le rythme du trot enlevé.
- Pas-trot assis : les mains et les jambes ne servent plus à t'accrocher, ton bassin se lie immédiatement aux mouvements du dos du poney.
- Galop-trot enlevé : prépare tes chevilles à amortir ton poids car tu dois prendre immédiatement le rythme du trot enlevé, sans basculer vers l'avant avec ton buste, et sans sauter dans les étriers au risque de les perdre.
- Pas-galop : le buste reste légèrement en arrière, c'est le bassin qui doit partir vers l'avant pour accompagner, et non les épaules.

Si tu t'agrippes avec ton genou dans la transition galop-trot, tes épaules vont partir devant ton bassin et ta jambe se recroqueviller. Tu risques de perdre les étriers et de t'accrocher à la bouche de ton poney.

Si tu appuies très fort sur les étriers en te raidissant lors de la transition galop-trot, ton genou va se déplier et ton pied partir en avant. Pour te lever au trot enlevé, tu seras obligé de t'agripper à la bouche du poney.

Dans le départ au galop, c'est ton bassin qui doit se laisser propulser vers l'avant par le poney. Si tu mets tes épaules en avant, ton dos ne peut plus fonctionner dans le bon sens.

Ce travail sur l'équilibre, en améliorant ton aisance à poney, va te permettre d'utiliser plus facilement tes aides de façon coordonnée.

Tu pourras évoluer aux trois allures, avec ou sans contact avec la bouche.

MAL AU DOS ?

L'équitation sollicite les muscles profonds de ton dos.
Pour cette raison, les cavaliers ont un meilleur maintien et souffrent moins du dos que les autres. Mais ta position doit être correcte.

PLUS LONG !

Chausser plus long demande souplesse et assiette : le talon doit toujours pouvoir descendre sous la semelle de l'étrier. Si le bassin ne peut s'orienter et fonctionner dans le bon sens, il faut vérifier que les étriers ne sont pas trop longs ou trop courts : il est en effet plus difficile de se lier au trot assis avec les jambes repliées et c'est aussi pour cela que tu te sens plus à l'aise sans étriers.

Le bassin peut fonctionner en antéversion et rétroversion. On se sert beaucoup de la rétroversion en équitation. Avec des étriers trop courts, le bassin est déjà au maximum de sa rétroversion et ne peut plus accompagner. Avec des étriers trop longs, le bassin se retrouve souvent en antéversion et peut aussi fonctionner dans le mauvais sens, vers l'arrière à la place de l'avant.

Antéversion

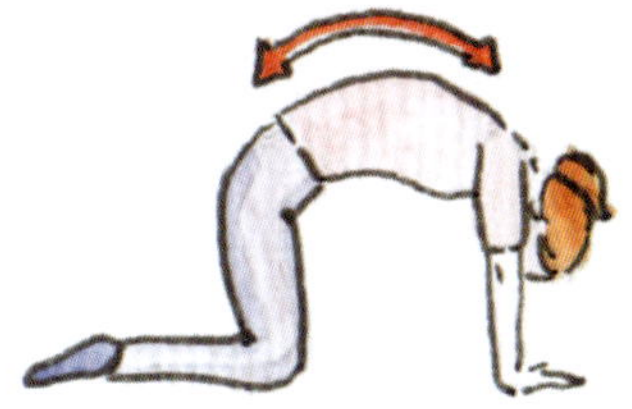

Rétroversion

Avancer

Le départ au galop du pas

Maintenant que tu contrôles de mieux en mieux ton équilibre, tu vas pouvoir partir au galop directement du pas, sans passer par le trot.

- Commence par ajuster tes rênes et tiens-toi droit comme si tu voulais ralentir.
- Pose tes mains en conservant la tension des rênes, cela doit légèrement ralentir le balancier d'encolure.
- Regarde où tu veux aller, et laisse tes jambes travailler.

Ces trois étapes se font presque en même temps.

- Si tu es à main gauche, recule la jambe droite en la faisant glisser sur le flanc du poney. Cette action prévient ton poney de tes intentions, mais ne le fait pas partir au galop. La jambe reculée ne fait aucune action, elle prend juste une autre place.
- Quand tu veux donner le signal de partir au galop à ton poney, appuie avec ta jambe gauche (mollet), là où elle se trouve naturellement, sans la reculer ni l'avancer, puis relâche-la.

- À ce moment ton poney doit légèrement se grandir pour s'appuyer sur ses postérieurs et partir au galop. Ne jette donc pas tes épaules en avant, sinon, tu le gênerais. Garde ton dos souple comme un accordéon et essaie juste de sentir le dos du poney avec ton assiette.

Grandis-toi pour faire grandir ton poney au pas, puis recule ta jambe extérieure, et enfin, déclenche le départ au galop avec la jambe intérieure en regardant loin.

Dans toutes les allures assises, mais encore plus dans le départ au galop, tu dois sentir ton bassin partir vers l'avant, comme si une main le poussait par l'arrière.

Tu verras rapidement la différence entre un poney qui a de l'impulsion et un autre qui n'en a pas.

- Celui qui a de l'impulsion va commencer à vouloir partir dès qu'il saura ce qu'il doit faire, c'est-à-dire dès que tu vas reculer la jambe extérieure ou même ajuster tes rênes. Dans ce cas, recule de moins en moins la jambe extérieure pour les départs suivants et sois très délicat avec tes mains.
- Celui qui est mou, partira au trot puis au galop lorsque tu agiras avec ta jambe d'impulsion. À la demande suivante, raccourcis tes rênes pour qu'il ne tombe pas dans le trot, mais conserve un pas actif avec ton

assiette pour que ton poney ne s'éteigne pas non plus. Si ton poney n'a toujours pas compris, appuie une deuxième fois, sans rien modifier dans la tension de tes rênes ou de ton dos. Au bout de quelques départs, tu devrais avoir un poney plus réactif (impulsion acquise par le travail).

Une fois le galop obtenu, vérifie toujours sur quel pied tu es : essaie de le sentir plutôt que de le voir.

La courbe aide le poney à partir sur le bon pied, la ligne droite te permet de vérifier que tes aides sont vraiment justes car il n'y a plus rien pour t'aider.

La rêne d'appui dans le départ au galop

Certains moniteurs préconisent une légère rêne d'appui intérieure dans le départ au galop.

Bien réalisé, cet effet de rêne amène malheureusement souvent l'épaule intérieure du cavalier en avant, alors qu'elle doit restée effacée. C'est une source de départ sur le mauvais pied.

Mal réalisée, elle se transforme vite en rêne d'opposition : la main recule et gêne le départ.

Le plus simple est de conserver le contact avec des mains symétriques de chaque côté du garrot.

Ton moniteur te dira peut-être de faire une légère rêne d'appui intérieure pour le départ au galop. Mais si tu tires, tu feras une rêne d'opposition qui gênera ton poney.

Rêne d'appui

Rêne d'opposition

Aucune action

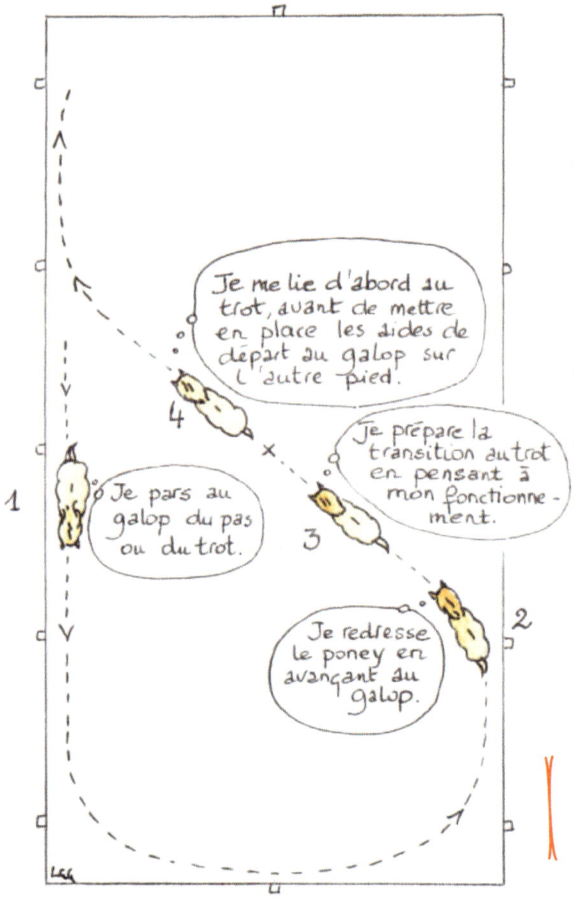

Départ au galop du trot en ligne droite et changement de pied

Lorsque tu maîtrises le départ au galop du pas sur la ligne droite, demande la même chose à partir du trot, sur la courbe puis sur la ligne droite. Tu pourras ensuite t'amuser à prendre des diagonales et changer de pied en passant par quelques foulées de trot seulement.

Au début, décompose bien toutes les étapes, ne sois pas pressé.

Tableaux récapitulatifs de l'accord des aides

Les actions sont simultanées sinon elles sont numérotées dans l'ordre.

Au pas

	Assiette	Mains	Jambes
Partir au pas	Bien en place, les fesses chassent vers l'avant.	Rênes ajustées, les mains accompagnent le mouvement de l'encolure.	Les mollets exercent une pression à leur place naturelle et se relâchent.
Sentir et accompagner	Accompagner par le rein seul (passif), pas les épaules.	Les mains se laissent attirer vers l'avant et reviennent souplement à leur place par leur propre poids.	L'une après l'autre, elles suivent les mouvements du ventre, puis agissent alternativement selon l'impulsion du cheval.
Réduire l'allure	Le buste se redresse, le rein accompagne de moins en moins.	Diminution de l'accompagnement des bras, les doigts résistent alternativement.	La fréquence et l'énergie des actions diminuent.
Arrêter	**2** - Redressement du buste.	**3** - Les mains se fixent et les doigts se ferment nettement mais pas brutalement.	**1** - Les jambes cessent d'agir.

Au trot

	Assiette	Mains	Jambes cravache
Partir au trot assis	**2** - Chasser l'assiette vers l'avant.	**3** - Céder et accompagner, sans les jeter en avant.	**1** - Les jambes agissent en même temps par une pression des mollets, à leur place naturelle.
Partir au trot enlevé	**2** - Prise du rythme immédiate avec la première poussée du trot.	**3** – Céder et accompagner, en conservant le contact et sans les monter en même temps que les fesses.	**1** - Les jambes agissent en même temps par une pression des mollets à leur place naturelle.
Ralentir	**2** - Limiter la poussée du bassin en se redressant au trot assis, ou tonifier son dos et se lever de moins en moins haut au trot enlevé.	**3** - Résister légèrement de façon discontinue et en rythme avec l'allure (fermer et ouvrir les doigts plusieurs fois).	**1** - Réduire l'intensité des actions.
Arrêter	**2** - Se redresser.	**3** - Doigts serrés, pas de mouvement des avant-bras (les mains ne tirent pas mais se figent).	**1** - Cession nette de toute action.

Au galop

	Assiette	Mains	Jambes cravache
Cadencer	Régler l'accompagnement du bassin.	Serrer et desserrer les doigts pour reprendre et reporter du poids sur les hanches.	Action de jambes discontinue comme pour demander un nouveau départ à chaque foulée.
Allonger	Amplifier les foulées par la poussée de l'assiette.	Les mains accompagnent dès que l'allure change, sans jamais mettre le poney dans le vide.	Les jambes peuvent venir au secours du bassin, éventuellement au début, avec un cheval froid.
Ralentir	Diminuer le jeu du bassin et se redresser.	Diminuer l'amplitude du balancier en serrant et en desserrant les doigts alternativement, à la cadence voulue.	Ne font rien mais restent en veille en cas de perte d'impulsion.
Arrêter	Ralentir le galop pendant 2 à 3 foulées avant, puis cesser d'accompagner et se grandir.	Fermer les doigts en soutenant les poignets, nettement mais sans brusquerie, faire cesser le balancement de l'encolure et du cheval.	Cesser toute action mais au contact pour contrôler l'attitude du cheval.

Diriger

Enchaîner et inverser les courbes

Les mains qui demandent le tourner seront d'autant mieux écoutées par le poney que tes autres aides coopèrent. Ainsi, tes mains vont pouvoir devenir de plus en plus discrètes dans leur déplacement. Ce sont les doigts plus ou moins serrés et les poignets plus ou moins tournés qui indiqueront la direction.

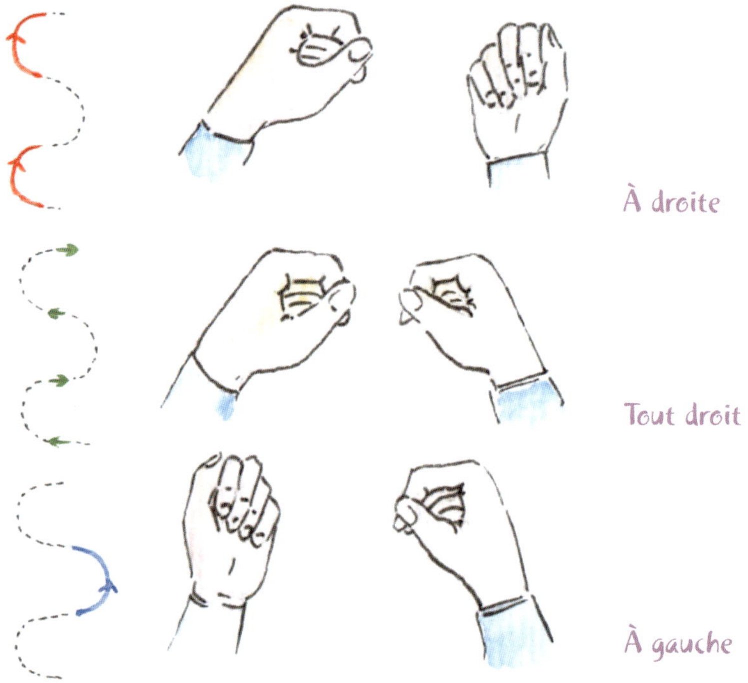

La position centrale permet de laisser glisser une rêne et de réajuster l'autre si nécessaire pendant l'inversion de courbe. Tu peux aussi limiter le mouvement des mains sur cette figure au pivotement des poignets ou au simple frémissement des doigts, selon la sensibilité de ton poney.

Cercle au galop

Sur le cercle au galop, ton regard doit avancer en même temps que toi, et tes épaules rester toujours face à ton tracé. Le perfectionnement de ton assiette te rend plus précis dans ta communication à cette allure :

- ton couloir de rênes oriente les épaules du poney ;
- ton bassin le pousse dans ce couloir ;
- pour éviter que le poney ne se couche sur le cercle, utilise discrètement la jambe intérieure en rythme avec l'allure. Cette jambe te permettra également de maintenir le galop sur la courbe avec un poney un peu paresseux ;
- ta jambe extérieure peut se positionner en arrière sans appuyer pour aider ton poney à s'incurver sur le cercle.

Cavalier et poney sont couchés sur le cercle (penchés à l'intérieur) : le cavalier compense en mettant ses mains et la tête du poney à l'extérieur au lieu de corriger sa position.

Sur le cercle, le regard est orienté sur le quart du cercle à venir, et non vers le centre du cercle : si tu as des repères visuels comme des cônes, tes yeux sont sur le cône suivant et avancent au fur et à mesure que tu avances.

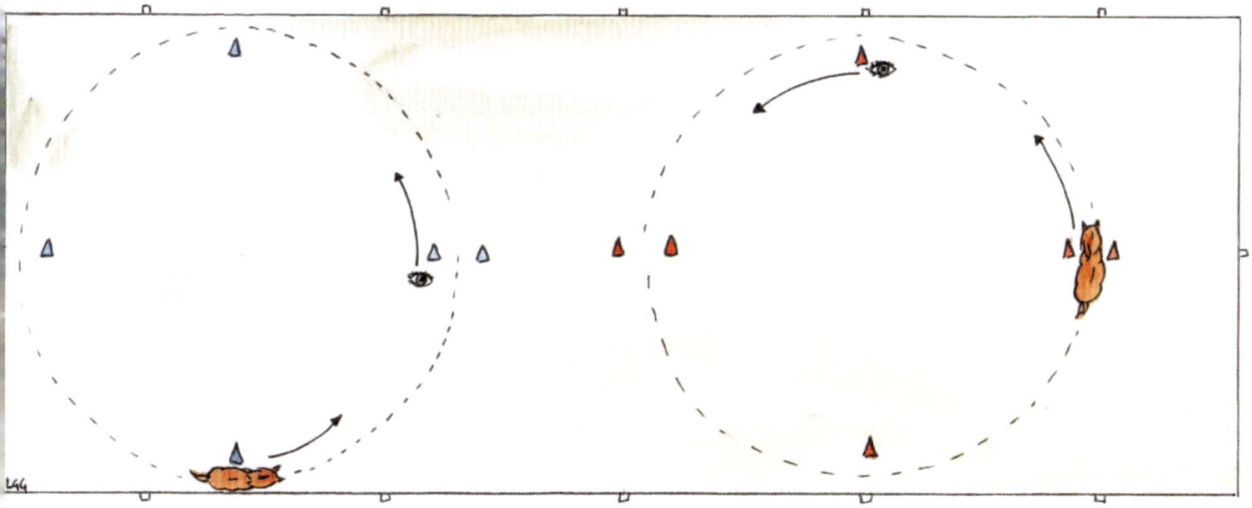

Prendre les tangentes des cercles de vingt mètres au galop

La tangente est une ligne droite qui fait suite à une ligne courbe.

Sortir un poney de la piste engendre toujours une petite perte d'impulsion.

Si tu peux utiliser tes aides d'incurvation sur le cercle, surtout ta jambe intérieure, cela ne va pas être aussi facile sur la ligne droite (diagonale) :

- ton poney va se "traverser", c'est-à-dire qu'il va rester incurvé sur une ligne droite ;
- et cette marche légèrement en crabe risque de perturber la précision de ton tracé.

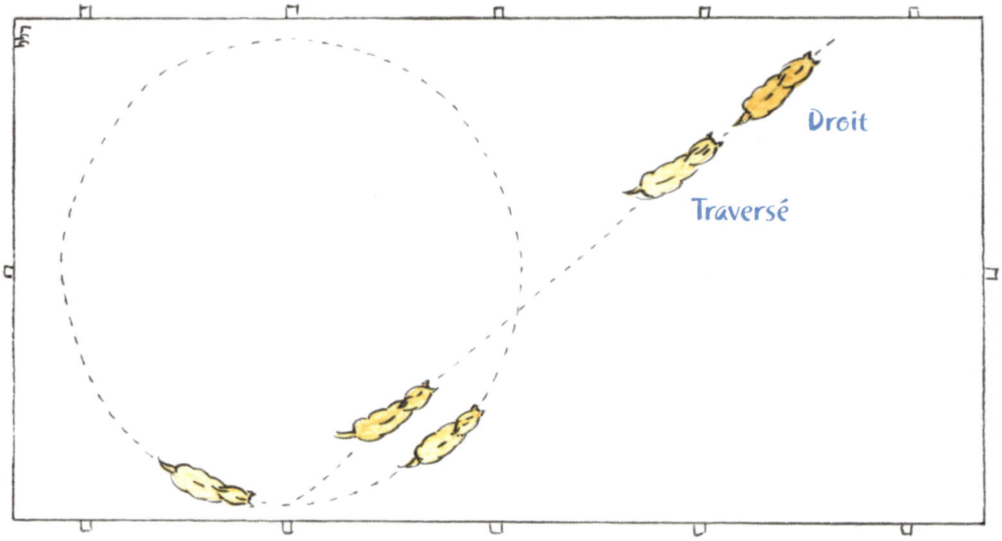

Sur le cercle, le poney est incurvé. S'il le reste sur la ligne droite au galop, on dit qu'il est traversé.

Pour prendre la diagonale après le petit côté :

- oriente les épaules du poney dans la direction et raccourcis un peu ta rêne extérieure pour redresser l'encolure sans perturber le galop ;
- en sortant de la piste, augmente la propulsion de ton bassin sans agiter tes épaules : pousse ton poney avec ton ventre vers la lettre au bout de la diagonale ;
- et grandis-toi pour repasser au trot juste avant d'entrer sur la piste.

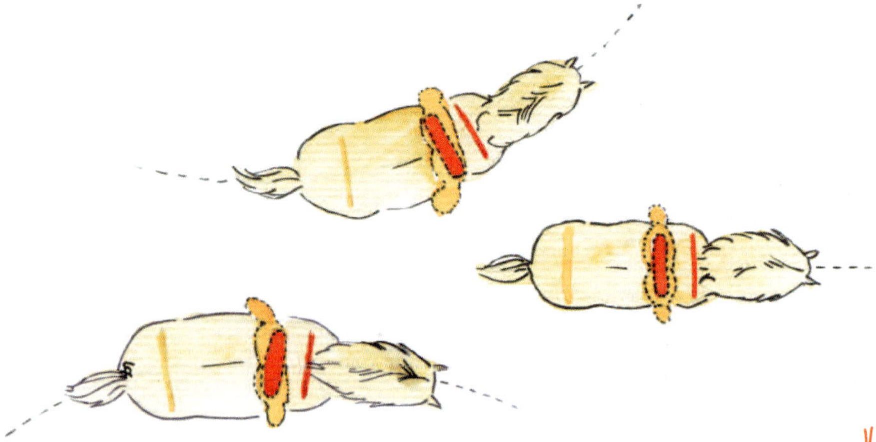

Sur le cercle, tes épaules sont orientées comme les épaules de ton poney. Même chose pour tes hanches. Pour redresser ton poney sur la ligne droite, réaligne tes propres épaules et hanches pour réaligner les siennes.

Une fois l'exercice réalisé, déplace le petit côté : quand tu es sur la piste, tu as moins de choses à faire que lorsque tu es en dehors. Enchaîne alors un demi-cercle en dehors de la piste puis une diagonale : le moment le plus délicat est celui où tu redresses la courbe pour prendre la diagonale. Transforme ton demi-cercle en cercle complet sans brûler les étapes.

Pour augmenter progressivement la difficulté, commence sur la piste (tracé vert : petit côté + diagonale FS) puis en dehors de la piste (tracé orange : demi-cercle VP puis diagonale PH) et enfin, ajoute la partie rouge avant pour avoir un cercle complet (cercle en P puis diagonale PH).

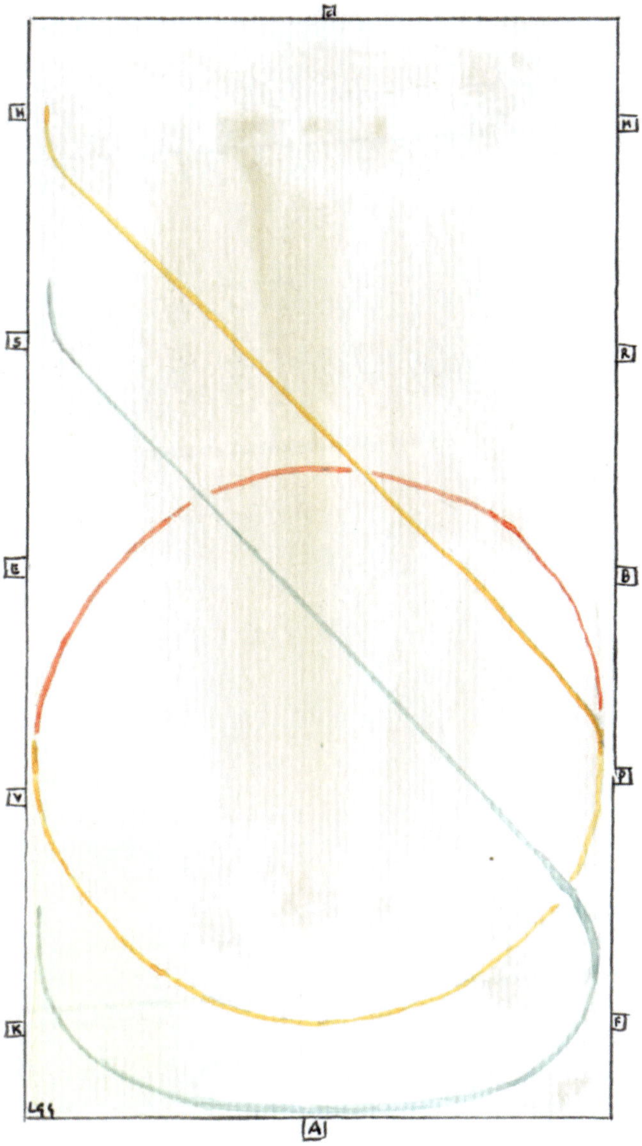

Déplacer les hanches au pas

Pour déplacer les hanches de ton poney au pas, tu vas te servir d'une jambe isolée. Il faut commencer par bien la placer en la reculant à partir du haut, à partir de la cuisse.

Tout en la déplaçant tu dois conserver une assiette stable qui continue de sentir et d'accompagner le dos du cheval : si tu bloques ton assiette, tu ne seras pas efficace et il te faudra beaucoup de force dans la jambe pour obtenir un résultat très timide. Tes épaules restent dans la direction initiale, il n'y a pas besoin de se tordre : ta jambe doit se déplacer et travailler toute seule.

Ta jambe isolée doit agir en discontinu : elle pousse et se relâche, pousse et se relâche, mais sans revenir à la sangle à chaque fois. Le moment où tu dois pousser correspond au moment où le cheval lève le postérieur du côté de la jambe reculée.

Commence par reculer ta jambe puis agis en discontinu en poussant contre le poney.

Tu as deux solutions pour être sûr de pousser au bon moment :

- tu sens ton assiette qui descend du côté de la jambe isolée, d'où l'importance de conserver une assiette souple ;
- tu regardes discrètement l'épaule du même côté : quand elle recule, c'est le moment où le postérieur va se lever, quand elle recule, tu agis avec ta jambe.

Pousse seulement au moment où le postérieur va quitter le sol.

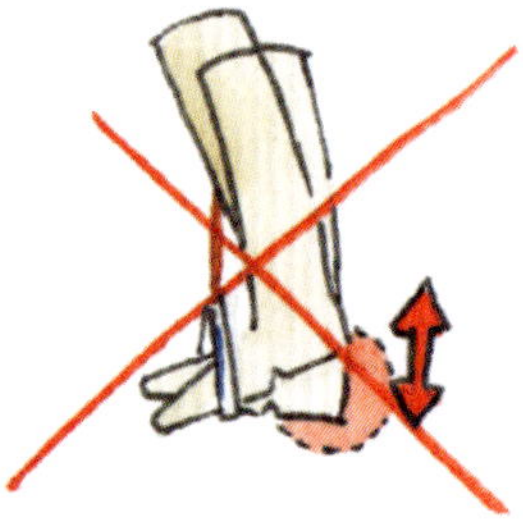

Pousse avec le gras de ton mollet en conservant le talon descendu. Ne gratouille pas avec le talon, ça ne fera qu'agacer ton poney et faire bouger toute ta jambe.

En poussant au moment où le poney va lever son postérieur, tu pourras modifier la trajectoire de ce membre : au lieu de déplacer le postérieur vers l'antérieur du même coté (tracé vert), le poney déplace son postérieur sous son ventre, vers l'autre antérieur (tracé rouge).
On dit aussi que le poney "engage" son postérieur sous la "masse".

Le postérieur se déplace sous le ventre du poney : ce mouvement fait partie des assouplissements du poney.

Lorsque tu déplaces les hanches sur le cercle ou sur la ligne droite, ne perd pas le contact sur la rêne extérieure, sinon, ton cheval pliera seulement l'encolure.

LES DÉPLACEMENTS LATÉRAUX

Cette appellation regroupe tous les exercices où le poney se déplace sur le côté. Ce travail est utile pour assouplir le poney et le rendre plus agréable à monter.

Certains exercices servent aussi à évaluer le niveau de dressage du poney et la maîtrise du cavalier. Tu en rencontreras donc bien d'autres dans la suite de ton apprentissage.

2 Se déplacer en enchaînant des saut

S'équilibrer

Il existe plusieurs équilibres sur les étriers :

- équilibre deux points : tes jambes sont au contact, ton poids est réparti dans les deux étriers, tu es en équilibre sur les étriers ;
- équilibre trois points : tes jambes sont au contact, ton poids est réparti dans les deux étriers et dans la selle, tu es assis légèrement. Cette position n'est pas celle que tu adoptes sur le plat où ton buste est un peu en arrière et ton poids complètement dans la selle ;
- équilibre deux points et demi : tes jambes sont au contact, ton poids est réparti dans les étriers, et sur le bas de l'assiette (les cuisses). Parfois ton assiette entière peut reprendre contact sur quelques foulées.

Les deux dernières positions peuvent être utilisées quand il te faut être efficace rapidement. Mais l'idéal est de dérouler le parcours dans la même cadence, sans rupture de rythme, en restant en position deux points, prouvant une parfaite harmonie entre ton poney et toi.

L'assiette enveloppe plus ou moins ton poney, mais même assis, tu te portes au maximum sur tes pieds et très peu dans la selle).

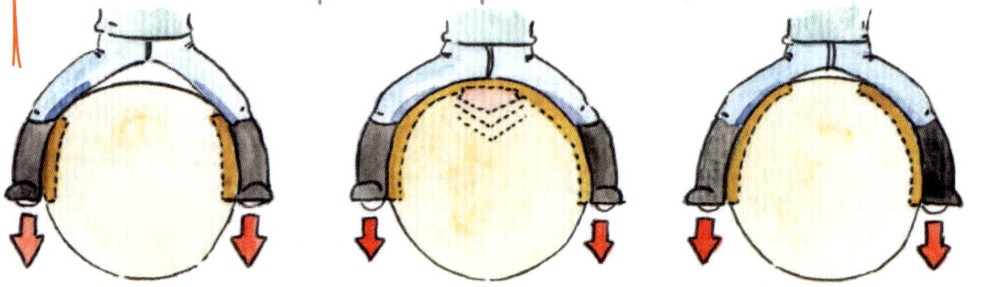

Position deux points — Position trois points — Position deux points et demi

- Les étriers au tiers du pied et les talons très descendus.
- La jambe tombe naturellement, en arrière de la sangle, l'intérieur est au contact.
- Le dos est plat et soutenu, la tête dégagée.
- La ligne droite " bouche-rênes-mains-poignet-avant-bras " est respectée.
- Tous les doigts tiennent les rênes.

- La souplesse du bras se fait par le coude qui s'ouvre et se plie. Le bras est élastique à partir de l'épaule.
- Cette élasticité amène une entière indépendance du bras par rapport au corps.
- Au-dessus de l'obstacle, les bras se déplient et les mains s'avancent sans que le haut du corps ne plonge trop en avant.
- Le cavalier doit toujours regarder loin et où il va.

La position trois points, assise, ne ressemble pas à celle de dressage : tu dois être toujours prêt à quitter la selle.

L'objectif de cette nouvelle position est de pouvoir enchaîner, sans problèmes d'équilibre, des obstacles rapprochés, c'est-à-dire séparés seulement par quelques foulées en ligne droite.

Une ligne est un ensemble de deux obstacles séparés par quatre à sept foulées.

Avancer

Pour contrôler les allures et leurs vitesses, tu vas apprendre à utiliser ton buste, tes doigts et tes jambes.
D'une position neutre, tu dois être capable de t'étirer vers l'avant pour accompagner le planer au-dessus des obstacles, mais également de te redresser sans tirer sur la bouche du cheval.

Ralentir
En te redressant, ne déplie pas tes jambes mais rapproche-toi de la selle sans t'asseoir : tes cuisses et tes mollets vont travailler pour te porter tandis que tes chevilles te servent toujours de petits ressorts.

Une fois que tu es redressé, tu peux contrôler la vitesse en donnant le rythme de l'allure avec tes doigts : au galop, ferme tes doigts sur le troisième temps, pour que le cheval n'étire pas trop son encolure. Et rouvre les doigts instantanément pour recommencer à la foulée suivante, jusqu'à obtenir la vitesse désirée.

Pour ralentir le galop, agis sur le troisième temps : ton dos, droit, revient vers la verticale. Rapproche-toi de la selle et descend les talons, serre tes doigts sans déplacer tes mains, tes jambes restent vigilantes.

Conserver l'allure

Pour conserver le galop, comme sur le plat, ta jambe intérieure s'utilise en rythme comme si tu demandais un nouveau départ au galop. Seule ta position change car tu n'es plus assis mais en équilibre. Il faut que tu cherches un nouveau fonctionnement.

Surtout, n'agite pas tes mains ou tes épaules pour faire avancer ton poney si tu le sens mollir, tu ne ferais que le gêner. Ne mollis pas non plus avec les rênes sous prétexte de l'aider, il mollirait lui aussi.

Reprends le contact avec la selle pour pousser avec ton assiette sur quelques foulées si ton poney manque vraiment d'impulsion, et sans détendre les rênes. Puis reprends rapidement ta position en suspension.

Éventuellement, rappelle ton poney à l'ordre avec la cravache selon les consignes de ton moniteur.

Si, à ce niveau, tes jambes te servent à t'accrocher (toujours serrées) pour maintenir ton équilibre, tu ne pourras pas t'en servir pour conserver l'allure. Entraîne-toi souvent dans cette position pour améliorer ton équilibre sur les étriers.

En équilibre au galop, tu dois avoir l'impression que le poney passe entre tes jambes, comme s'il traversait un cerceau.

Si tu t'agites, ton poney ne comprendra rien et prendra une décision seul.

Quand tu fais une partie du parcours au trot, tiens ton dos droit au trot enlevé, serre tes doigts au moment où tu te lèves en conservant tes jambes "en veille". Rapproche-toi de ta selle sans t'asseoir à l'abord et attends ton saut avec ton dos. Si tu te mets en équilibre trop tôt avec les mains posées, ton poney aura la possibilité de partir au galop, ou pas, mais ce n'est plus toi qui décideras.

Diriger

Si la vitesse est régulière et que tu es bien à ta place en équilibre, tourner ne va pas être très difficile.

Discrétion des mains

Tes mains restent devant toi comme sur le plat, et des indications des doigts qui se ferment et s'ouvrent, permettent de tourner sans trop déplacer les mains.

Pour rectifier les trajectoires, n'ouvre pas les bras à droite ou à gauche (rêne d'ouverture), mais repousse les épaules sur le tracé (rêne d'appui).

Ainsi pour tourner un peu plus à droite, n'écarte pas la main droite, mais ramène ta main gauche vers la droite en conservant le contact sur tes deux rênes.

Si tu es bien à l'aise en équilibre, déplace très légèrement tes deux mains sur le côté.

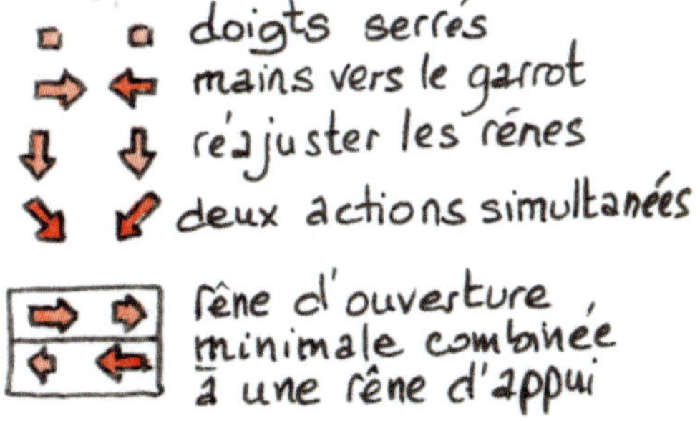

À l'obstacle, utilise principalement les mains près du poney. Si tu écartes une main, l'autre main doit la suivre sans dépasser la ligne d'encolure.

Pour conduire droit, pense à renvoyer ton poney vers le centre en le repoussant, comme si tes rênes étaient des raquettes où il rebondirait.

Cas n° 3 : si le poney dévie vers la gauche, ta rêne gauche le repousse sur son tracé.

Cas n° 2 : si tout va bien, continue à maintenir un léger couloir à droite et à gauche pour rester au centre jusqu'au bout.

Cas n° 1 : si le poney dévie vers la droite, ta rêne droite le repousse sur son tracé.

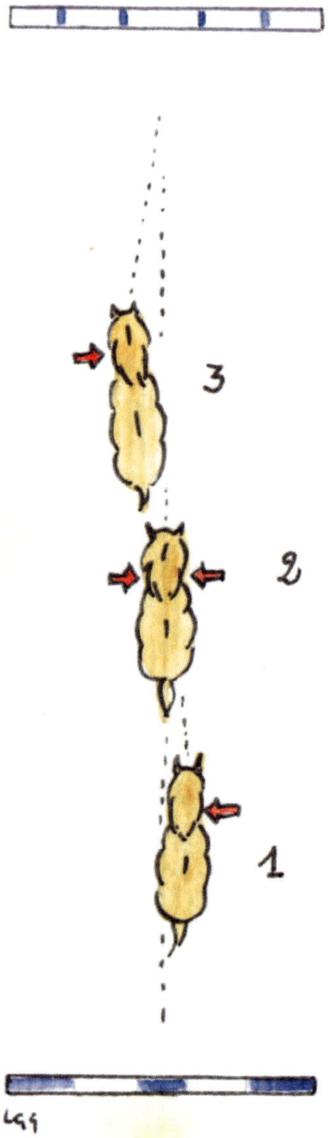

A-A' : si ton poney dévie à gauche et que tu le tires vers la droite avec ta rêne droite, ton poney va se retrouver au bon endroit, mais tordu.

B-B' : si ton poney dévie à droite, et que tu le tires vers la gauche avec ta rêne gauche, ton poney va retourner au bon endroit, mais tordu.

Un poney tordu n'est pas dans les meilleures conditions pour sauter un deuxième obstacle : tu risques un refus, une dérobade, ou de faire tomber une barre.

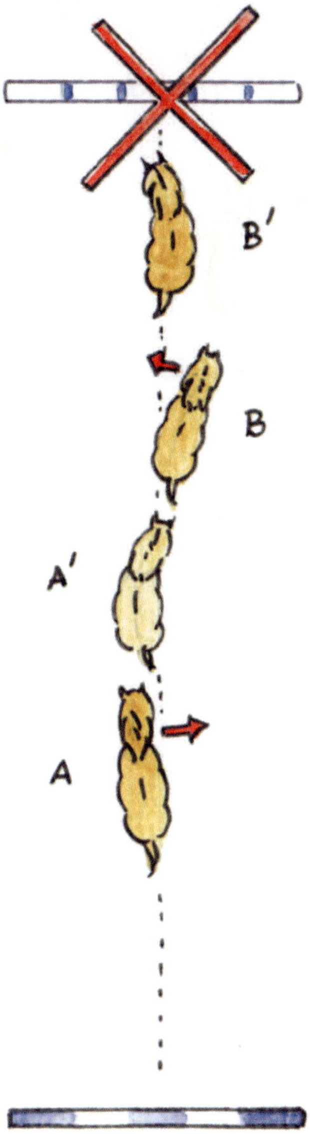

PARCOURS ET CRAVACHE

Ne change pas la cravache de main sur un parcours. Mets-la dans la main où tu es le plus à l'aise ou du côté où tu risques d'en avoir le plus besoin.

VOCABULAIRE

Dérobade : ton poney fait une dérobade quand, au dernier moment, il évite l'obstacle en se jetant sur le côté. Il faut l'arrêter le plus vite possible et revenir devant l'obstacle.

Refus : ton poney fait un refus quand il s'arrête subitement au pied de l'obstacle. Ces arrêts sont très déstabilisants pour le cavalier. Ils peuvent avoir pour origine un défaut du cavalier mais aussi un obstacle particulièrement "regardant" à cause de sa couleur ou de sa forme.

3 Se déplacer en extérieur

Monter à poney, ce n'est pas seulement monter dans un manège ou une carrière. C'est également se faire plaisir en sortant en extérieur. Que ces sorties soient sportives ou purement récréatives, savoir s'équilibrer, avancer et conduire, selon les variations de terrain, est important pour ta sécurité, comme pour celle de ton poney.

S'équilibrer

Les descentes, les montées, t'obligent à varier ton équilibre pour rester lié à ta monture. Selon l'allure, tu peux être assis ou en équilibre. C'est ton buste qui va jouer le plus grand rôle.
Prends les montées et les descentes en ligne droite et pas de travers.

En montée, mets-toi en équilibre sur les étriers avec tes mains sur la crinière et tes rênes molles.
En descente, assieds-toi bien en avant et recule tes épaules. Ton buste doit rester droit par rapport au paysage. N'empêche pas le cheval de descendre la tête : ne pars pas avec elle, c'est tout.
Pour le passage de branches basses, recule tes fesses dans la selle et penche-toi en avant en descendant tes mains sur les épaules du poney.

PETITS OBSTACLES D'EXTÉRIEUR

Les obstacles d'extérieur sont aussi appelés obstacles naturels ou obstacles fixes car ils ne tombent pas comme les barres posées sur les taquets. Ils se sautent dans un galop régulier, sans ralentir ni accélérer. Tu peux rencontrer au cours d'une balade ou d'une randonnée, de petits obstacles comme un contre-haut, un contrebas, un fossé, un tronc.

Le contrebas est le seul obstacle qui ne se saute pas, mais se descend.

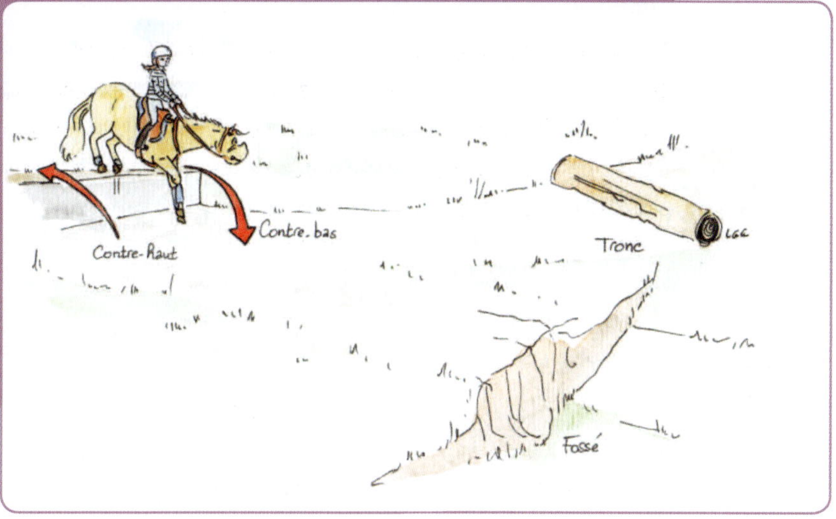

Avancer

En extérieur, les poneys sont souvent plus dynamiques. Dose bien l'action de tes jambes et sois prêt à contrôler l'allure pour éviter des débordements joyeux. Dans tous les cas, écoute les consignes de ton enseignant, elles sont là pour t'aider à contrôler ton poney : se mettre en file indienne, conserver sa place.

Au pas, essaie de laisser les rênes les plus longues possibles pour que ton poney puisse regarder partout mais sans brouter.

Au trot, laisse le cheval regarder légèrement devant lui, et maintiens un couloir à droite et à gauche avec tes deux rênes.

Au galop, mets-toi en équilibre pour dégager le dos de ton poney : cette position te permet aussi d'éviter de subir les sauts de joies, sauts de mouton et éventuellement les petits sauts imprévus, par-dessus les flaques d'eau par exemple.

CRAVACHE EN EXTÉRIEUR ?

Emmène toujours une cravache en extérieur, même si ton poney semble facile. Si tout va bien, tu ne t'en serviras pas. Mais si tu rencontres une situation où ton poney se bloque sans raison, elle pourra t'être d'un grand secours : arrêt au milieu d'une rivière ou d'une route.

Diriger

En promenade il y a peu de virages à maîtriser. Si le chemin tourne, le poney suit le chemin et tourne souvent tout seul. On peut ainsi tourner rênes longues, les deux rênes dans une seule main, la précision n'est pas toujours requise.
Pour les sorties de travail en terrain varié, il faut mettre en place les mêmes aides que sur le plat, en sachant que tu es déstabilisé en permanence par le relief : tous ces changements t'apprennent à être souple et liant en restant efficace.

SAVOIR METTRE PIED À TERRE

Les allures se choisissent en fonction du terrain : le trot est possible sur les terrains bien réguliers, pas trop durs ni trop souples, le galop sur le sable et les sols herbeux et le pas pour tous les autres terrains : cailloux, goudron, terrain très profond, descente abrupte.
En cas de passages difficiles, ton enseignant te conseillera peut-être de descendre pour soulager l'effort de ton poney ou lui montrer le chemin.

Galop 4 : évaluation montée

Voici la liste des choses que tu dois savoir faire à poney pour passer ton GALOP 4.

Au pas

Tu enchaînes et inverses les courbes avec précision en maîtrisant le déplacement des hanches.

Au trot

Tu trottes enlevé naturellement sur le bon diagonal en enchaînant et inversant les courbes serrées. Ton équilibre assis te permet d'utiliser tes aides avec précision pour contrôler la vitesse, les virages et l'incurvation de ton poney.

Au galop

Tu pars au galop naturellement sur le bon pied, tu contrôles la vitesse et conduis sur des courbes larges assis ou en équilibre.

Sauter

Tu enchaînes un parcours en restant en suspension et en contrôlant la vitesse et l'allure.

En extérieur

Tu sais respecter un tracé en contrôlant la vitesse sur un terrain varié sans saut.

PROTOCOLE DE DRESSAGE

Exemple de reprise de dressage

1	**A** entrée au trot. **C** piste à main droite.	Précision du tracé.	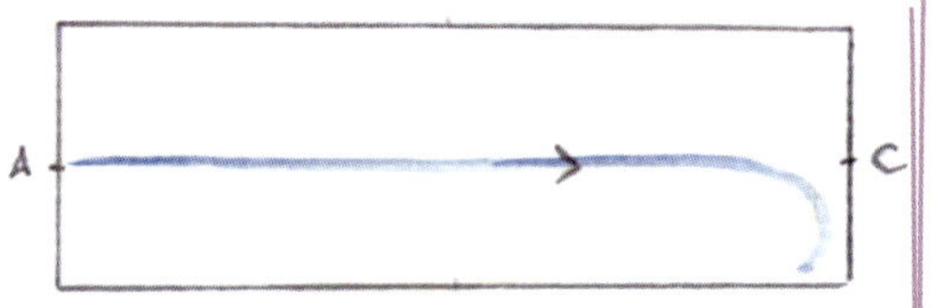	/10
2	**MK** diagonale au trot assis.	Jambes relâchées.	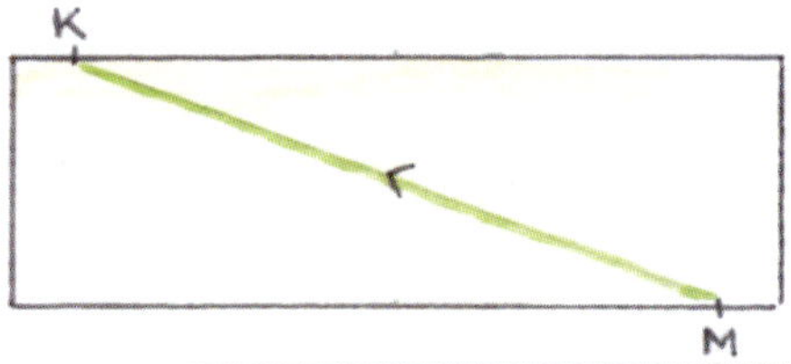	/10
3	Avant **A** au pas.	Redressement du buste, étrivières verticales, transitions sans heurts.		/10
4	Entre **A** et **F** départ au galop à gauche.	Stabilité du buste, étrivières verticales. Galop à juste.		/10
5	**PC** galop assis.	Redressement du buste. Jambes relâchées.	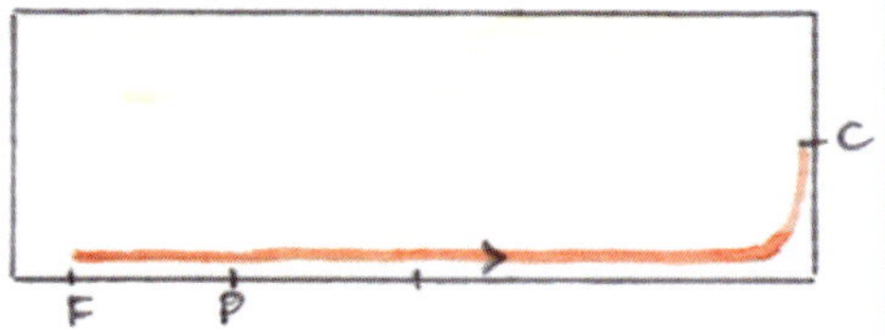	/10
6	**C** cercle de 20 m au galop.	Allure maintenue, précision du tracé.		/10
7	Entre **H** et **S** au trot.	Étrivières verticales, transitions sans heurts.	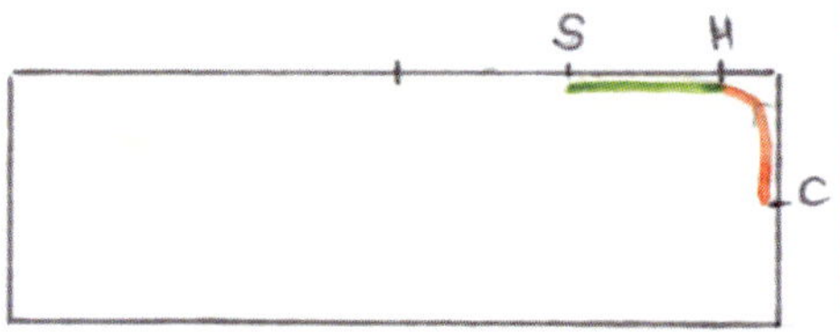	/10

8	**E** au pas.	Transitions sans heurts.	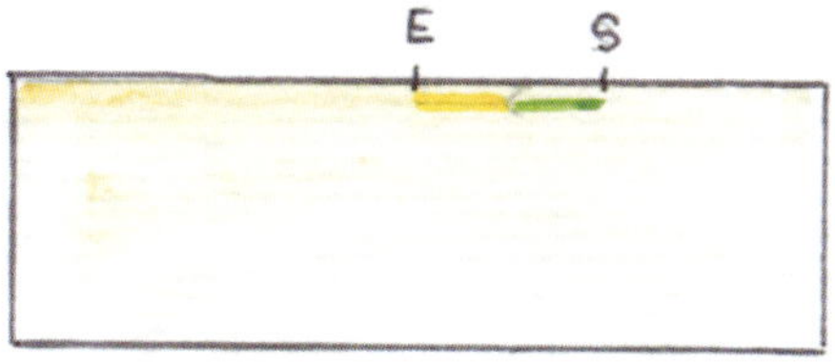	/10
9	**VL** demi-cercle à gauche de 10 m. **LP** demi-cercle à droite de 10 m.	Précision du tracé. Épaules du cavalier perpendiculaires au tracé.	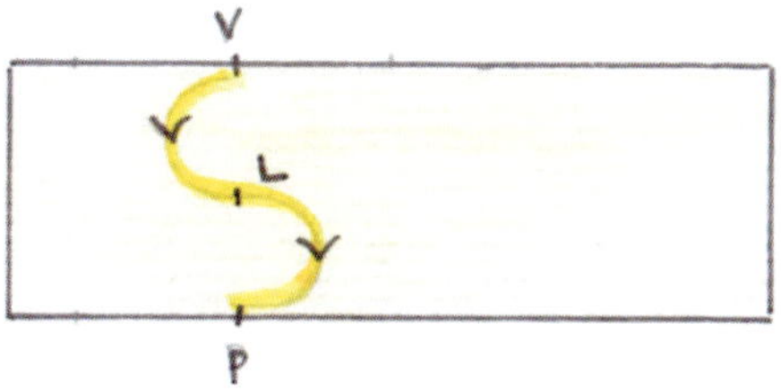	/10
10	Entre **A** et **K** départ au galop à droite.	Stabilité du buste, étrivières verticales. Galop à juste.	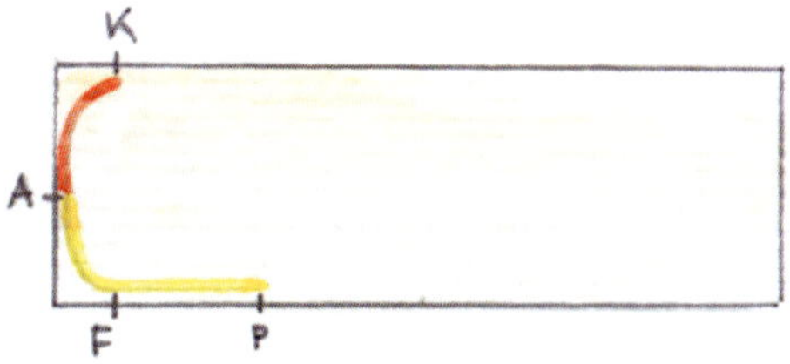	/10
11	**KC** galop assis.	Redressement du buste. Jambes relâchées.	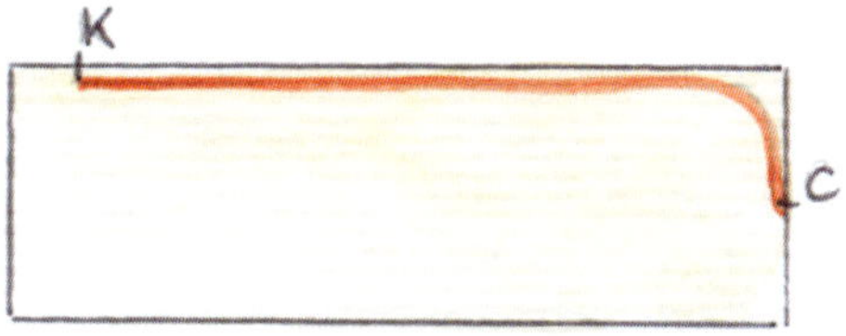	/10
12	Avant **M** au trot.	Étrivières verticales, transitions sans heurts.		/10
13	**B** au pas. **P** doubler.	Transitions sans heurts. Précision du tracé.	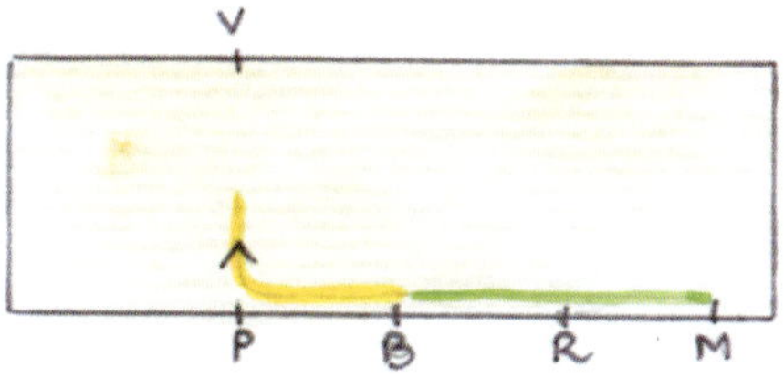	/10

14	L'arrêt de profil. Prendre les deux rênes dans la main droite.	Redressement du buste, étrivières verticales, immobilité.	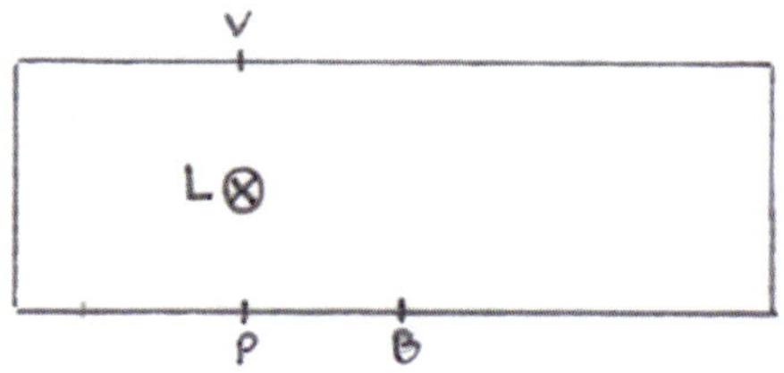	/10
15	En avançant vers **V,** un quart de tour à gauche pas à pas.	Buste d'aplomb sans tirer. Jambe gauche isolée. Jambe droite à la sangle.	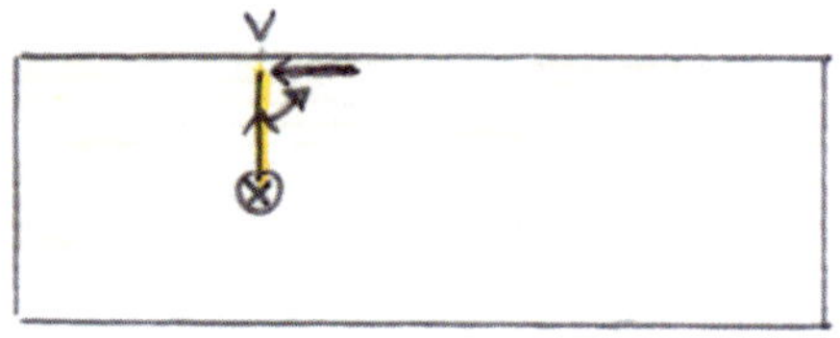	/10
16	Avant **A** au trot enlevé.	Étrivières verticales. Netteté de la transition.	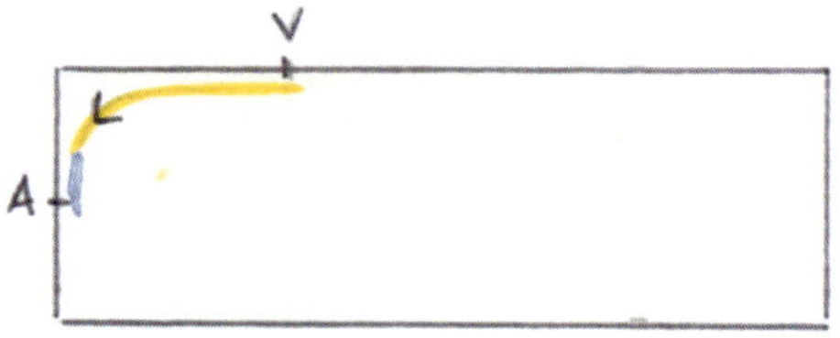	/10
17	**AC** serpentine trois boucles au trot enlevé.	Étrivières verticales, deux changements de bipèdes. Précision du tracé. Épaules du cavalier perpendiculaires au tracé.	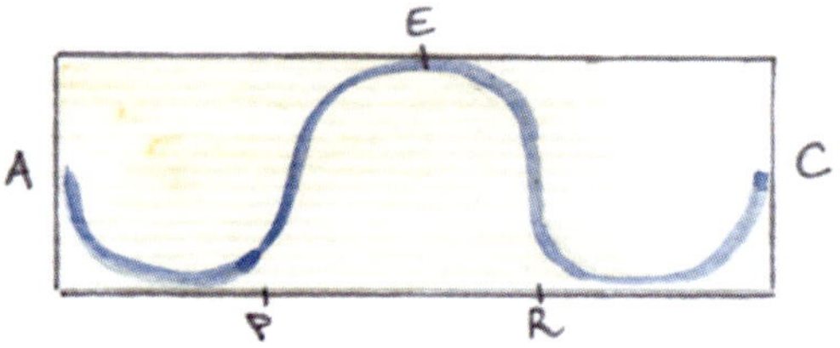	/10
18	Avant **S** au pas. **E** doubler. **X** doubler/ arrêt.	Transitions sans heurts. Précision du tracé.	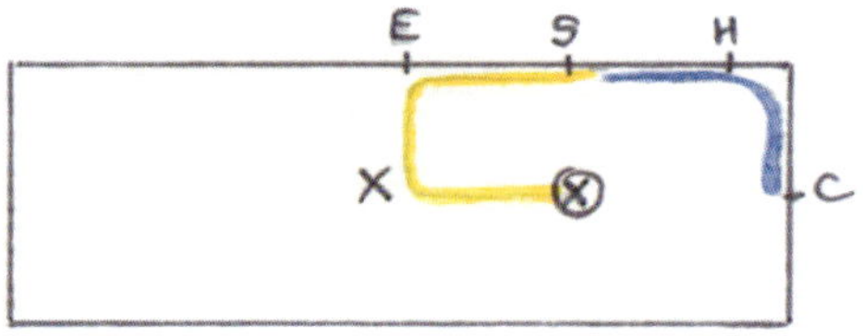	/10

Total reprise	/180
Note d'ensemble : position	/10
Note d'ensemble : présentation	/10
Total	/200

⊗ Arrêt
Pas
Trot assis
Trot enlevé
Galop

LES ERREURS EN DRESSAGE

Voici la liste des erreurs qui risquent de te faire perdre des points.

- Penché en avant, tête baissée, regarde ses pieds.
- Avance les jambes.
- Talonne, talons remontés.
- Trotte sur le mauvais diagonal.
- Perd le contact ou tire, rênes mal tenues ou mal ajustées.
- Ne respecte pas les allures.
- S'agite, bouge trop les jambes ou les mains.
- Départ au galop sur le mauvais pied, désuni ou en désordre.
- Bout du nez du poney à l'extérieur sur les courbes.
- Assis sur l'enfourchure ou le troussequin.
- Saute dans la selle, cavalier contracté, dos rond.
- Pas d'aplomb.
- Épaules bloquées, bras tendus, coudes ouverts.

La reprise de dressage pour le galop 4 peut se faire dans un rectangle de dressage comme les concours de cette discipline.

PROTOCOLE D'OBSTACLE

1	Se présenter au Jury.	Salue, se présente.	/10
2	**A** prendre le trot enlevé. Cercle au trot en équilibre autour du fanion rouge.	Buste légèrement en avant, étrivières verticales, contrôle de la vitesse et respect de l'allure.	/10
3	Passer la ligne de départ en équilibre, se diriger vers le n° 1.	Buste légèrement en avant, étrivières verticales, contrôle de la vitesse et respect de l'allure. Abord droit et centré.	/10
4	Sauter le n°1 au trot en équilibre sur les étriers.	Cavalier en phase avec le saut. Étrivières verticales.	/10
5	Marcher droit au trot en équilibre. Décrire une courbe au trot en équilibre jusqu'au fanion bleu.	Buste légèrement en avant, étrivières verticales, contrôle de la vitesse et respect de l'allure.	/10
6	Prendre le galop à droite au fanion bleu. Sauter le n° 2.	Contrôle de la vitesse et respect de l'allure. Cavalier en phase avec le saut. Étrivières verticales. Abord droit et centré.	/10
7	Marcher droit au galop à gauche et en équilibre. Courbe au galop en équilibre pour se diriger vers le n° 3.	Buste légèrement en avant, étrivières verticales, contrôle de la vitesse et respect de l'allure. Abord droit et centré.	/10
8	Sauter le n° 3.	Cavalier en phase avec le saut. Étrivières verticales.	/10
9	Se diriger vers le n° 4.	Contrôle de la vitesse et respect de l'allure. Cavalier en phase avec le saut. Étrivières verticales. Abord droit et centré.	/10
10	Sauter le n° 4.	Cavalier en phase avec le saut. Étrivières verticales.	/10
11	Au galop à gauche et en équilibre. Faire le petit côté et se diriger vers le n° 5.	Buste légèrement en avant, étrivières verticales, contrôle de la vitesse et respect de l'allure. Abord droit et centré.	/10

12	Sauter le n° 5.	Cavalier en phase avec le saut. Étrivières verticales.	/10
13	Marcher droit, passer la ligne d'arrivée puis se mettre en cercle autour du fanion rouge.	Buste légèrement en avant, étrivières verticales, contrôle de la vitesse et respect de l'allure	/10
14	Sur le cercle, passer au trot, puis progressivement à l'arrêt, saluer.	Contrôle de la vitesse, respect des allures, s'assoit progressivement, étrivières verticale.	/10
		Total reprise	**/140**
	Note d'ensemble	**Maîtrise émotivité**	**/10**
	Note d'ensemble	**Maîtrise respiration**	**/10**
	Note d'ensemble	**Maîtrise règlement**	**/10**
	Note d'ensemble	**Respect des barres**	**/10**
	Note d'ensemble	**Qualité du tracé**	**/20**
		Total	**/200**

Exemple de parcours d'obstacles avec cercles de départ et d'arrivée et critères d'évaluation.

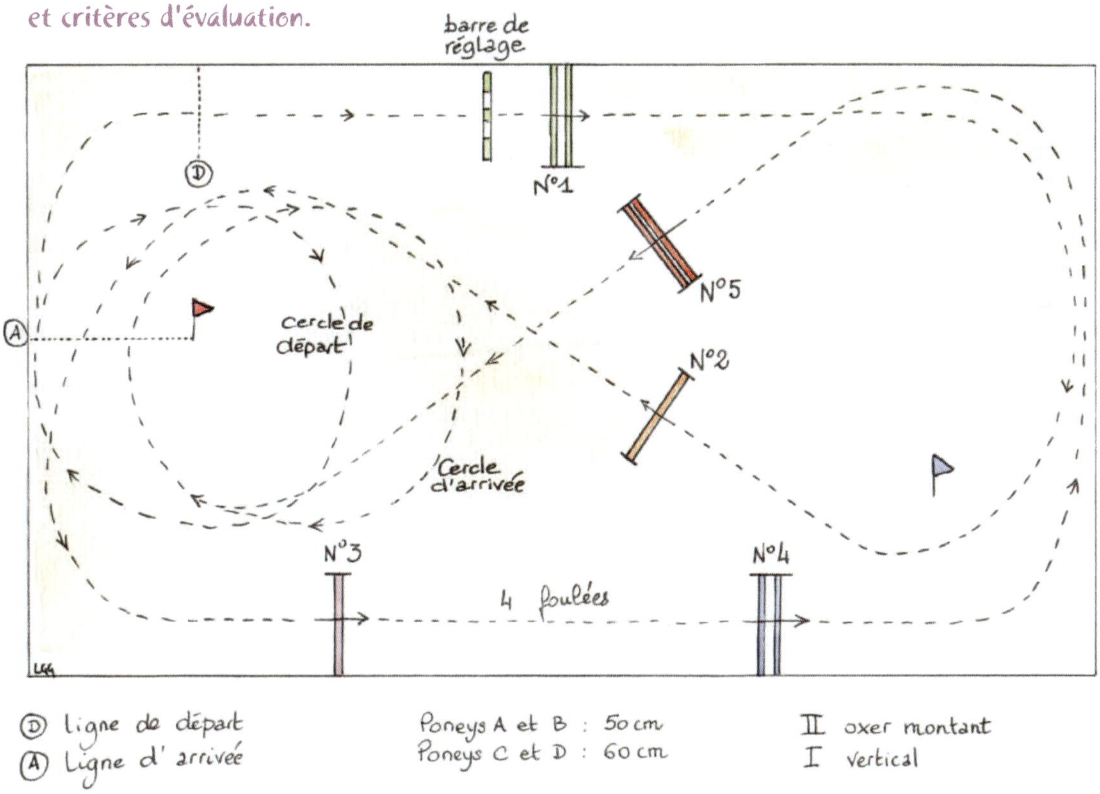

Eurorider

Le diplôme du galop 4 porte la mention "EURORIDER". Il s'agit d'un niveau qui est valable dans tous les pays d'Europe. Il signifie que tu es capable de t'occuper entièrement, et en toute sécurité, de ta monture, du moment où tu arrives pour le préparer avant le travail, jusqu'au moment où tu le remets dans son box après le travail et les soins.

Règles de sécurité

En main

- Adopter la position la plus sécurisante par rapport à ce que l'on veut faire.
- Anticiper les obstacles en faisant très attention aux objets qui traînent ou qui peuvent tomber : boîtes de pansage, bombes, balais, fourches.

Au manège et en carrière

- Porter une bombe.
- Respecter les priorités.
- Respecter les distances de sécurité pour éviter à votre poney les coups de pieds et les morsures.
- Ne pas laisser les poneys se sentir surtout s'ils ne se connaissent pas : ils pourraient avoir des réactions agressives.
- Monter un cheval en bonne santé.
- Protéger les membres du poney en fonction de la discipline.
- Demander l'autorisation d'entrer dans un manège ou une carrière où d'autres cavaliers montent déjà.
- Vérifier le sanglage en montant et après un peu d'exercices.
- Vérifier le matériel et son entretien et l'entretenir.

En plus, à l'extérieur

- Choisir un équipement qui garantit la sécurité : bombe, gilet, selle, filet.
- Choisir des vêtements confortables et qui ne risquent pas de s'accrocher dans les branchages.
- Toujours tenir ses rênes.
- Respecter les distances et sa place, généralement en file indienne.
- Respecter les allures indiquées par l'enseignant, choisies en fonction du terrain et du niveau.
- Transmettre les consignes et les informations jusqu'au dernier cavalier.
- Respecter le code de la route : marcher à droite, en file indienne, s'arrêter au stop.
- Respecter la nature : ne rien jeter par terre, ne rien cueillir, ne pas faire peur aux autres animaux.
- Repasser au pas en croisant toute personne, à pied, à vélo, ou à cheval, et la saluer.
- Ne pas laisser brouter quand les autres avancent, ni prendre de distance pour rattraper au trot ou au galop.
- De manière générale, éviter de laisser brouter (plantes toxiques).
- Toujours rentrer à l'écurie au pas, même en cas de fortes pluies inattendues.
- En cas de difficulté, soyez patients, montrez l'objet au poney s'il a peur, à pied s'il le faut.

Remerciements

À tous mes élèves.

À Virginie Govoroff-Regnault, monitrice diplômée d'état, et cavalière de sauts d'obstacles, pour sa participation aux scénarii humoristiques (marqués d'une étoile*) et pour les photographies prises au poney-club de Biercy (77) duquel elle est responsable depuis 2004 (création et développement).

À Madame et Monsieur Stern pour les photographies prises au poney-club de la forêt (95).

Aux cavaliers figurant sur les photographies : Alexiane, Audrey, Cécile, Charlotte, Célia, Élise, Émilie, Emma, Floriane, Inès, Julie, Juliette, Laure, Ludivine, Marine, Marion, Mathilde, Melissa, Morgane, Océane, Pauline, Tifany, Thomas, Zoé.

À Madame Brico, propriétaire de l'école d'équitation de la forêt à Andilly (95).

À Monsieur Hardouin, propriétaire du poney-club de Biercy (77).

À Bénédicte Desgroux, monitrice diplômée d'état et indépendante, pour la première relecture et ses avis.

Bibliographie

- *Galops 1 à 4, manuel officiel,* Éditions Lavauzelle, 1994.
- *La Récré des Cavaliers,* Muriel Hequet et Quitterie Lanta, Éditions Amphora, 2011.
- *"...Hop ! à poney"* Agnès Soulet de Brugière, Éditions Lavauzelle, 1991.
- *Quand le cheval a peur,* Véronique de Saint-Vaulry, Éditions Vigot, 2005.

Notes personnelles

Notes personnelles

Notes personnelles

Notes personnelles